JN063394

Q&Aで学ぶ

メタバース・XR

ビジネスのリスクと対応策

アンダーソン・毛利・友常法律事務所
外国法共同事業
弁護士 中崎 尚
Takashi Nakazaki

商事法務

はしがき

　本書は、業務でメタバース・XRと関わりがある方、プライベートでメタバース・XRに関心がある方に向けて、メタバース・XRにまつわる法的課題を広く俯瞰し、Q&A形式で紹介しようとするものです。ビジネスにせよ、プライベートにせよ、メタバース・XRに何らかの形で関わる場合、未知のチャンスを得られる反面、未知のリスクに直面する可能性も生じてきます。チャンスについてはすでに多数の書籍・解説が登場しているところですが、リスクについては本格的な検討があまりなされていない状況です。本書では、メタバース・XRについて、法的観点を中心として、どのようなリスクがありうるのか、それにどのように対応すべきかを見ていきます。

　2016年にソニー株式会社がPlay Station® VRを発売した前後から"VR元年"というフレーズが繰り返され、その後、2021年にはVR、AR、MRを総称するXR元年、メタバース元年というフレーズが使用されるようになっているのと歩調を合わせるように、メタバース・XRに関連するビジネスが国内外で一気に動き出そうとしています。

　XRについては、ゲーム、小売業、不動産業、広告業といった対消費者ビジネスのみならず、製造業、建設業、医療をはじめとする産業分野、また、文化遺産の保存などの非ビジネス分野など、多岐にわたり利用されるに至っています。

　メタバースについては、「メタバースは黎明期」であるとか「真のメタバースの登場は技術の発展が不可欠で数年間待つ必要」であるとかの言説が数多く見られ、「メタバースとは何か」をめぐる議論もまだ端緒についたばかりのように見られます。他方で、バズワードとして広く流布したこともあり、選挙特番で導入されるなど政界からも注目されており、日々メディアで取り上げられない日はない状況です。ビジネス的な観点からは、国内外で事業分野を問わず、大企業とスタートアップを中心として、多数の企業が「メタバース事業への参入」を喧伝し、実際に動き始めており、これからもさらに多くの企業が参入を検討し、現実に参入していくことが想定されています。

はしがき

　このような状況下では、好むと好まざるとを問わず、業務において XR やメタバースに関わることが多くなってきます。メタバースであれば、現実世界の建物や物品をメタバース世界で再現したいと考える事業者やプラットフォーム事業への進出を検討する事業者もいれば、ブロックチェーンや NFT に絡めたビジネスの展開を考える事業者も出てきています。他方で、自身のあずかり知らないところで、ブランドや人気コンテンツが無断で利用されてしまい、いわば被害者としてメタバースに関わらざるを得ない事例も発生しています。XR のうち、AR であれば、現実世界と AR 世界を端末上で融合し活用することが技術的には容易になっておりビジネスとしては取り組みやすくなっているのに対して、法律上の整理が追いついていない面もあり、ビジネスとして本格的に取り組むべきか悩む場面も生じてきています。

　プライベートで XR・メタバースに関心を持って、参加する人も増加しています。メタバース内で現実世界の建築物をまねた建物を建てたり、聖歌隊に参加したり、メタバース内のクリエイターとしてものづくりを行ったりすることも珍しくなくなります。その際、自身が創作したモノやコンテンツの権利を確保できるかは意外と重要な問題ですが、あまり意識されることがありません。また、多人数が同時に参加するメタバースでは、自身が悪くなくとも思わぬトラブルに巻き込まれることもありえます。

　このようにビジネスでもプライベートでも、XR・メタバースにかかわりを持とうとする人、持たざるを得ない人は、リスクとその対応を把握しておく必要があります。本書がそのような読者の方の一助になることを祈っております。

　さて、冒頭で述べましたようなコンセプトですので、本書では、情報へのアクセス性を重視して、Q&A 形式を採用しています。先ほども書きましたように、担当者によって、おかれている状況はばらつきが大きく、必要としている情報もまた、大きく異なることが想定されるためです。シーンごとに必要と思われる Q を記載しましたので、ご参考になさってください。

メタバース編

上司から、ビジネスの検討を早急に行うよう指示を受けて、すぐに全容を知りたい方	Q01 〜 Q02、Q08 〜 Q11
初歩から知りたい方	Q01 〜 Q02、Q05 〜 Q07
歴史的な成り立ちを知りたい方	Q03 〜 Q04
アバターのことを知りたい方	Q19、Q22 〜 Q24
メタバース運営事業にご関心のある方	Q11、Q18、Q36 〜 Q39、Q41
メタバースでクリエイティブなお仕事にご関心のある方	Q12 〜 Q17、コラム「クリエイターが企業と契約する際の留意事項」
メタバース内のアイテムをめぐるトラブルに巻き込まれた方	Q14 〜 Q17、Q26
メタバース内で他の参加者とのトラブルに巻き込まれた方	Q24、Q33
メタバースで既存の知的財産の活用をお考えの方、無断利用されるのをご懸念の方	Q13 〜 Q15
メタバース内の「取引」をお考えの方	Q25 〜 Q31
メタバースで新規出店、新規ビジネスをお考えの方	Q27、Q29、Q34、Q40

XR 編

上司から、ビジネスの検討を早急に行うよう指示を受けて、すぐに全容を知りたい方	Q42、Q49
初歩から知りたい方	Q42 〜 Q43
歴史的な成り立ちを知りたい方	Q44

　本書では、できる限り最新情報を盛り込むべく、2022 年 12 月までの情報を記載していますが、メタバース・XR に関しては、政府及び民間組織において、法的課題を含む全般的な検討が進められており、ビジネスにお

いても重要な情報が出てくることが想定されます。そのため、最新情報につきましては、オンラインのリンク集をご用意しましたので、以下のURL からアクセスいただければと思います。

　URL：www.nakazaki.com

　最後に、このようなチャレンジングな企画の趣旨をご理解いただき、短期間での刊行に至るまでご尽力いただいた商事法務の井上友樹氏に、心より御礼を申し上げます。

2023 年 2 月

弁護士　中崎　尚

Contents

Contents

コラム：アバターの「中の人」（実演家）の権利

I-5　メタバースの経済取引機能に関わる法的課題（カネ）

コラム：メタバースにおける消費者保護の変容の可能性

Contents

I - 6 メタバースのもう一つの現実を創出する機能に関わる法的課題

れますか。

Contents

コラム：デジタルツイン・ARクラウド

II - 3　XR ビジネスで生じる法的課題（AR を中心に）

キーワード

《メタバース入門・XR入門》

医療	Q11、Q34、Q45、Q46、Q48
AR端末	Q42、Q44、Q49、Q53、Q54
ARディスプレイ	Q46、Q47
MR	Q01、Q45
エモート	Q03、Q41
オンラインゲーム	Q02、Q03、Q04、Q05、Q09、Q11、Q12、Q18、Q22、Q26、Q28、Q29、Q37
ガチャ	Q11、Q18、Q25、Q29、Q35
観光	Q07、Q08、Q46、Q47
Second Life	Q04、Q16、Q18、Q24、Q29、Q33
VRゴーグル	Q02、Q04、Q05、Q06、Q07、Q09、Q11、Q19、Q20、Q22、Q24、Q27、Q34、Q36、Q37、Q42、Q45、Q49

《メタバースのクリエイト機能（モノ）・XR関連》

アイテム	Q07、Q13、Q14、Q15、Q16、Q17、Q18、Q26
意匠法	Q13、Q14、Q16、Q17
写り込み	Q13
看板	Q07、Q13、Q14、Q49、Q54
形態模倣	Q15、Q16、Q17
軽微性	Q13
指定役務	Q15、Q17
周知表示	Q15、Q16、Q17
商標法	Q08、Q12、Q15、Q16、Q17、Q53
著作権法	Q07、Q08、Q12、Q13、Q14、Q16、Q17、Q50、Q51、Q52

著名表示	Q15、Q16、Q17
伝達	Q13、Q34、Q46
東京タワー	Q13
バーチャル渋谷	Q04、Q05、Q07、Q11、Q13、Q32
付随性	Q13
不正競争防止法	Q08、Q12、Q13、Q15、Q16、Q17
UGC（ユーザ・ジェネレイテッド・コンテンツ）	Q05、Q08、Q27、Q41

《メタバースのコミュニケーション機能（ヒト）関連》

アイデンティティ権	Q19、Q22
アバター	Q01、Q02、Q03、Q04、Q05、Q06、Q07、Q08、Q09、Q10、Q11、Q12、Q14、Q16、Q17、Q18、Q19、Q20、Q22、Q23、Q24、Q25、Q26、Q27、Q28、Q29、Q31、Q33、Q34、Q36、Q37、Q39、Q40、Q41、Q43、Q45
域外適用	Q20、Q21
越境移転	Q19、Q20、Q21、Q48
個人情報	Q02、Q07、Q08、Q09、Q19、Q20、Q21、Q23、Q24、Q34、Q38、Q39、Q48
なりすまし	Q10、Q19、Q22、Q25、Q27、Q34、Q36
Ｖチューバー	Q19、Q23、Q24
プライバシー	Q04、Q07、Q09、Q19、Q20、Q22、Q33、Q34、Q36、Q41、Q48
プロバイダー責任制限法	Q11、Q23、Q39
名誉毀損	Q19、Q20、Q23、Q33

《メタバースの経済取引機能（カネ）関連》

暗号資産	Q25、Q26、Q28、Q29、Q30、Q31
NFT	Q02、Q04、Q05、Q07、Q08、Q10、Q11、Q12、Q13、Q14、Q15、Q16、Q17、Q20、Q25、Q26、Q28、Q29、Q30、Q31、Q35、Q36
金融	Q02、Q05、Q08、Q11、Q25、Q28、Q29、Q30、Q34、Q40、Q45、Q48
景品表示法	Q28、Q30、Q35
「ゲームはゲーム」	Q25、Q29、Q30、Q35
資金決済法	Q28、Q29、Q31、Q39
損害賠償	Q14、Q17、Q38、Q39、Q41、Q54
特定商取引法	Q27、Q30、Q38、Q39、Q40
取引	Q02、Q03、Q04、Q05、Q07、Q08、Q10、Q11、Q12、Q15、Q16、Q18、Q20、Q25、Q26、Q27、Q28、Q29、Q30、Q32、Q33、Q35、Q36、Q38、Q39、Q40、Q41、Q45、Q49
不動産	Q05、Q06、Q07、Q10、Q11、Q12、Q18、Q25、Q26、Q27、Q28、Q29、Q31、Q32、Q33、Q40、Q45、Q48、Q49、Q54
前払式支払手段	Q25、Q28、Q29、Q39

《その他》

管轄	Q10、Q18、Q25、Q27、Q41
準拠法	Q10、Q25、Q27、Q41
青少年保護	Q02、Q08、Q11、Q37
セキュリティ	Q02、Q08、Q11、Q29、Q32、Q33、Q34、Q36、Q40、Q48
賭博	Q11、Q30、Q35
風俗営業法	Q11、Q34

I

メタバース編

Ⅰ-1　メタバース入門

Q01　メタバースとは何か？

　社内で「メタバース」事業を検討するよう指示されました。テレビでも
よく目にしますし、インターネットでも調べたのですが、様々な説明が
あって、どれが正しいのかよくわかりません。「メタバース」とはいった
い何なのでしょうか。

Point

　「メタバース（Metaverse）」がバズワードとなって日常生活で耳にする
ことが多くなっている反面、統一された定義が存在するわけではない。ビ
ジネスにおけるメタバースを検討するときは、定義にこだわらず、その特
徴を踏まえた検討が求められる。

1　メタバースの語源

　「メタバース（Metaverse）」とは「Meta」と「Universe」を組み合わせ
た造語であり、1992年にアメリカで刊行されたSF小説「スノウ・クラッ
シュ」（著者：ニール・スティーヴンスン）に登場する仮想空間サービスの
名前として初めて登場した。同小説において、VRゴーグルを通じて体験
する三次元のオンライン仮想世界を指す単語として「Metaverse」が登場
した。

2　メタバースのイメージ

　メタバースが世界的に広く知られるようになった一つの契機が、
Facebook社のMeta社への社名変更である。Meta社は社名変更とともに、
メタバース事業へのビジネスモデルの転換を発表し、大きな注目を集めた。
このためメタバースといえば、Meta社の提示するイメージを思い浮かべ

る人も少なくない。他方で、多くのゲーム会社が自分たちこそがメタバースの真の理解者であると主張するかのように、メタバース・ビジネスに本格進出しようとしていることからもわかるように、オンラインゲームの進化形ととらえるユーザも相当数存在する。さらには、一部の人には懐かしいかもしれない Second Life の延長という印象を持つ人もいるだろう。あるいは xR のうちの VR との関連を強く意識する人もいるだろう。たとえば、メタバース企業 ThirdVerse の代表者である國光宏直は、自著においてメタバースは「VR、AR、MR、XR、ミラーワールドのリブランディングである」という割り切った指摘をしている。[1]

　このように、人によってメタバースのイメージが異なっているのは、現在はまだ「メタバースの黎明期」であり、様々なタイプのサービスがメタバースとして名乗りを上げ、あるいは人気を博している段階であり、これこそメタバースだという決定的なプロダクトやサービスがまだ登場していないことも背景にあるだろう。このような「真のメタバース」が登場するのは技術の発展が必要であり、少なくとも数年を要する、とする論者も少なくない。

3　現在登場している、メタバースの定義

　メタバースをめぐる議論が随所で見られるようになった現在、各界の論者が、各々の考える「メタバース」について議論を繰り広げ、その中でメタバースの「定義」も示されてきている。

　たとえば、2021 年 7 月に公表され、日本国内のメタバースの政策議論に大きな影響を与えることとなった、経済産業省の委託調査事業「仮想空間の今後の可能性と諸課題に関する調査分析事業」報告書（KPMG コンサルティング）[2]では、「仮想空間」を「多人数が参加可能で、参加者がその中で自由に行動できるインターネット上に構築される仮想の三次元空間。」であって、「ユーザはアバターと呼ばれる分身を操作して空間内を移動し、他の参加者と交流する。ゲーム内空間やバーチャル上でのイベント空間が対象となる。」と定義する。

　同報告書は、アバターに着目している点が特徴的であり、参加者はアバターを操作して仮想空間内に身を投じることに着目した論点を数多く紹介している。

　また文化審議会第1期文化経済部会　基盤・制度ワーキンググループが2022年3月に公表した報告書³⁾では、上記報告書の定義を踏まえつつ、空間の設計目的に応じて、メタバースには以下の4つの類型が存在すると便宜上、説明している。

① 　オンラインゲーム型

② 　モバイル型

③ 　ソーシャルVR型

④ 　経済圏構築型

　2022年現在、日本国内ではメタバースに関する書籍が多数刊行されており、それぞれメタバースの定義を示しているが、「誰もが現実世界と同等のコミュニケーションや経済活動を行うことができるオンライン上のバーチャル空間」⁴⁾という経済産業省の報告書に近い定義もあれば、「インターネットにおける仮想世界」⁵⁾と非常に広範囲がメタバースに含まれ得るとする定義も示されており、国内の同時期の議論でも、論者による見解の差異が比較的大きいことがわかる。

　注意が必要なのは、多くの論者は、各自が「メタバース」として想定しているプロダクト・サービスを参考に「メタバース」の定義を導いているようであり、その際、意識的なのか無意識的なのかはともかく、各論者のバックグラウンド（文化圏・どのようなサービスを見聞きし、経験してきたか）も少なからず影響していることである。それらの背景事情を無視して、メタバースの定義とそれをベースとする議論に飛びついてしまうと、自身のビジネスに必ずしも有用とは言えない情報の海にとび込むことになりかねない。

　このような定義一つをとっても議論が錯綜している状況で、実務でメタバースに取り組もうとする段階で重要なのは、メタバースの定義を追求することではなく、これから取り組もうと考えているビジネスを前提に、メタバースに由来する特徴・機能が何かを考え、そこからどのようなリスクが想定されるのか、それらのリスクに対応するにはどのような姿勢が求められるのかの検討を行うことであると思われる。

　では、具体的には、どのような観点を軸として、メタバースに取り組んでいくべきなのだろうかを、**Q02**で詳述する。

4　メタバースと現実世界の距離感

　メタバースとは何かを考える際に、もう一つ押さえておきたいのが、日本国内と国外のメタバースをめぐる文化の差異である。日本国内では現実世界には存在し得ないファンタジーな世界を好む参加者が比較的多いのに対し、日本国外（主に欧米）では現実世界の延長あるいは類似した世界を好む参加者が比較的多いように見受けられる。アバターのデザインにもこのようなメタバース文化の差異が影響しているのか、日本国内ではアバターのデザインを選択するときに現実世界の性別・年齢・容姿とは必ずしも一致しないデザインを選択する参加者が少なくなく、あるいは人外や無機物を好んで選択する参加者も見られるのに対し、日本国外（主に欧米）ではアバターのデザインを選択するときに現実世界の性別・年齢・容姿に近いデザインを選択する参加者が多く見られる。このようなアバターへの特徴的な距離感は、メタバースに連なるソーシャルメディアを見ても、Facebook の日本上陸時に原則実名のサービスは普及が難しいのではないかと指摘されていた点、世界でも日本が最多の登録ユーザ数を誇る Twitter において、日本のユーザの特徴として、実名を避け、架空の氏名・キャラクター名で登録するユーザ数が圧倒的に多い点でも見られた距離感の延長であるようにも見える。

　このように、日本国内のメタバース参加者の特徴として、日本国外（主に欧米）と比較すると、メタバースと現実世界の距離感が空きがちな傾向があることを指摘できる。この傾向は、メタバース内の参加者間のコミュニケーション・トラブルをめぐる課題の検討において影響する可能性がある（**Q24**参照）。

---

1)　國光宏直『メタバースと Web3.0』（エム・ディー・エヌ・コーポレーション、2022年）57 頁。他方で、同氏は、その前年に発刊された「ele-king 臨時増刊号　仮想空間への招待　メタヴァース入門」（P ヴァイン、2021 年 11 月）のインタビューにおいて、「メタヴァース」という言葉をどのようにとらえているかと問うインタビューアーに対して、「このメタヴァースという流れは、いくつかのトレンドがまじりあった中でムーブメントとして起こってきているなと思います。」とした上で、「一つ目は SNS の進化。二つ目はゲームの進化。三つめは XR（VR や AR といった技術の総称）の進化、そして最後にブロックチェーンの進化ですね。」として 4 つのトレンドを指摘している。

2）　https://www.meti.go.jp/press/2021/07/20210713001/20210713001.html
3）　https://www.bunka.go.jp/seisaku/bunkashingikai/bunka_keizai/seido_working/
4）　久保田瞬＝石村尚也『メタバース未来戦略』（日経 BP、2022 年）18 頁。
5）　岡嶋裕史『メタバースとは何か』（光文社、2022 年）14 頁。

Q02　メタバース・ビジネスに取り組む際に求められる観点とは？

　「メタバース」の定義にこだわらなくともよいというのはわかりました。では、実務でメタバースに取り組もうとする場合、どのような観点からとらえていくべきでしょうか。

Point

　ビジネスでメタバースに取り組む場合、①クリエイト機能（モノ）、②コミュニケーション機能（ヒト）、③経済取引機能（カネ）、④オンライン上の仮想（三次元）空間というもう一つの現実の創出機能、それらを提供する⑤メタバース世界の維持とプラットフォームに関連付けて整理するのが有用である。

1　メタバースに求められる要素・要件

　Q01で紹介したように、メタバースの定義は、日本国内でも数多くの論者により提示されている反面、振れ幅が大きく、バズワードとして普及したこともあり、法律用語のように統一された安定した定義を求めるのは現実的とは言えない状況である。

　他方、その有する特徴から、メタバースとして議論すべき対象範囲を規定すべく、特徴をリストアップする論者も少なくない。

　たとえば、2020 年に、仮想現実（VR）分野の著名投資家 Matthew Ball が提唱したのは、以下の 7 つの要件である[1]。

① Persistent（永続的であること）
② Synchronous and live（同時性＆ライブ性）
③ No cap to concurrent participants（同時参加人数に上限がないこと）
④ Fully functioning economy（参加者によるモノの制作・保有・投資・売買などが可能）
⑤ Both digital & physical worlds（デジタルと物理、両方の世界にまた

がる体験）

⑥ Unprecedented interoperability（今までにない相互運用性）

⑦ Wide range of contributors（数多くの企業／個人がコンテンツや体験を生み出す）

現在存在するいわば黎明期と言うべきメタバースにおいて、これらすべてを満たすものは存在しない。とりわけ、③や⑥のようなまだ技術的・経済的に達成が困難な項目も含まれており、要件すべてをクリアできるメタバースが登場するのはしばらく先のことになるだろう。

ここで着目すべきなのは、多人数が参加することを前提に、参加者間のコミュニケーションの在り方が重視されている点である。

国内有数のメタバース企業の創業者である加藤直人氏は上記の①から⑦を紹介しつつ、これでは従前から存在するオンラインゲームなどのサービスとメタバースを差別化するファクターに欠けているとして、⑧「身体性（ゴーグルやグローブの装着によって没入できること）」と⑨「自己組織化（ゲームでは運営者がイベントを定期的に開催するなどリードしないといけないところ、メタバースでは参加者の自主性に委ねられていること）」を付加することを提唱している[2]。

また、起業家 Jon Radoff 氏が提唱したのは、以下の7つの要素（バリューチェーン）である。

① Experience（体験）

② Discovery（発見）

③ Creator Economy（クリエイターエコノミー）

④ Spatial Computing（空間コンピューティング）

⑤ Decentralization（非中央集権・分散）

⑥ Human Interface（ヒューマンインターフェース）

⑦ Infrastructure（インフラ）

こちらはより概念的・抽象的な要素が並べられているが、注目すべきは⑤の非中央集権・分散の要素であろう。欧米では、分散型ファイル交換ソフト（Napstar）の時代から、Decentralization の価値を重視する動きが一部で見られ、ここでもその価値観が影響しているのかもしれない。これは

メタバースと関連するムーブメントとして取り上げられることが多いWeb3.0（論者によってはWeb3）との親和性を示しているとも評価できる。

　また、**Q04**で詳述するSecond Lifeのブーム後の2011年に刊行された「バーチャルリアリティ学」では、仮想世界を以下の要素を備えるものと定義しており[3]、これを参照する論者もみられる。

① 三次元のシミュレーション空間を備えること

② 自己投射性のためのオブジェクト（アバター）が存在すること

③ 複数のアバターが、同一の三次元空間を共有できること

④ 空間内に、オブジェクト（アイテム）を創造できること

　同書では、これに加えて、経済取引機能及びVR技術を活用することで得られる没入感についても、将来期待される要素として言及していた。

　このように、メタバースとは何かという根本的な問いかけにおいても、論者によって、議論のレイヤーも視点の所在も大きく異なっており、共通の議論の土台に乗せるのも現状では難しいことがわかる。

　他方で、現時点あるいは近い将来に登場することが予期されるメタバースにまつわる法的課題・リスクの洗い出しや、洗い出された課題・リスクやそれらへの対応を議論・検討していこうとする場合、やはりある程度の軸となる観点があったほうがわかりやすいのもまた事実である。

2　本書におけるメタバース検討の観点

　このような発想に立って、本書では、現時点で存在する、あるいは登場が予想されているサービスを前提に、メタバースの機能という観点を軸として、メタバースにまつわる法的課題・リスクの洗い出しを試みるものである。

　具体的には、ここまで登場している議論や観点の多くは、メタバースの四つの機能、すなわち①クリエイト機能（モノ）、②コミュニケーション機能（ヒト）、③経済取引機能（カネ）、④オンライン上の仮想（三次元）空間で展開することによる、もう一つの現実の創出機能、⑤それらの機能を提供するメタバース世界の維持とプラットフォームにそれぞれ関連付けて整理することができるのがわかる。

　もちろんこのような整理は、いささか乱暴ではあることは否定できないし、技術の進歩に伴って将来登場するであろうサービスや機能に由来する

メタバースの有する機能と特徴	これまでに登場している議論や観点	関連する法的トピック
①クリエイト機能	・クリエイターエコノミー ・User Generated Contents	・知的財産の保護・権利侵害（3Dオブジェクト）
②コミュニケーション機能	・大人数の同時接続 ・永続性 ・自己組織化	・アバター ・個人情報とデータ保護 ・参加者間のトラブル
③経済取引機能	・NFT、ブロックチェーン	・金融規制 ・税金 ・電子商取引
④もう一つの現実の創出機能	・オンライン上の仮想（三次元）空間 ・身体性（没入性）（VR）	・広告規制 ・業法規制
⑤メタバース世界の維持とプラットフォーム		・セキュリティ ・青少年保護 ・プラットフォーム規制

法的課題やリスクは拾えないものの、メタバース黎明期ともいうべき現時点でいったん整理しておくことはそれなりの意義があると考えるものである。

　なお、VR技術の利用、すなわち、VRゴーグルを利用するメタバースへのアクセスについては、VRゴーグルを利用しないメタバースも存在し、メタバースに必須の概念ではないものの、没入性を強調する論者も多いことを踏まえ、④の観点において検討対象に含めている。

3　実務で求められる、メタバースに向き合う姿勢とは

　2で説明した観点から、メタバースの法的課題・リスクを洗い出す、といっても、メタバース固有のリスクをいきなりゼロから検討するのはあまり現実的ではない。少なくとも現時点で登場しているメタバースは、既存のサービス（例：ソーシャルメディア、オンラインゲーム等）に類似する点が多く、これらの既存のサービスについての従前の議論を参考にするのがわかりやすいと思われる。たとえば、参加者間のコミュニケーション機能に着目するのであれば、従前のソーシャルメディアをめぐる議論が参考になるだろうし、メタバースではそれが3Dのアバター経由で提供されることで、従前の議論とは変化があるのか、あるいは新たな観点からの議論が必要なのかを検討するのがわかりやすいだろう。

　次項からは、このような観点から、メタバースが登場するに至るまでの

歴史を、オンラインゲーム及び Second Life に着目して紹介し、メタバースの登場でどのような変化が期待されているのかを見ていく（**Q03**）。

....

1）　Matthew Ball ” The Metaverse, What it is, How to Find it and Who will build it”(https://www.matthewball.vc/all/themetaverse) 及びマシューボール（訳井口耕二）『ザ・メタバース　世界を創り変えしもの』（飛鳥新社、2022 年）49 頁。
2）　加藤直人『メタバース　さよならアトムの時代』（集英社、2022 年）37 頁・46 頁。
3）　日本バーチャルリアリティ学会『バーチャルリアリティ学』（コロナ社、2011 年）251 頁。

Q03 メタバースはオンラインゲームとは違う？

メタバースについての概説書で、メタバースのルーツの一つがオンラインゲームであるという説明を目にしました。オンラインゲームとメタバースはどのような関係にあるのでしょうか。

Point

現時点で存在するメタバースの代表例の一つとしてオンラインゲーム「Fortnite（フォートナイト）」が紹介されることが多いことからも明らかなように、オンラインゲームが現在のメタバースを形作っている面は否定できない。とりわけ、オンラインゲームの長い歴史の中で発展してきたコミュニケーション機能は、メタバースを検討する軸として重要な観点となる。

1 Fortnite（フォートナイト）とは

Fortnite は、大人から子供まで幅広い年齢層に人気を博している、2017年に米 Epic Games がリリースしたオンラインゲームである。同社が開発・提供する Unreal Engine をベースとしており、100名の参加者が生き残りをかけて闘うバトルロイヤルモードが有名だが、他にも、ユーザがワールドを創ることができるクリエイティブモードを含む複数の異なるゲームモードで遊ぶことができる。キャラクターの選択やスキン（コスチューム）など、ゲーム内の強さにかかわらない部分で有料サービスが提供されており、エモート機能も購入が可能である。これらの課金アイテムは、有名キャラクターやブランドとのコラボで生み出されたものも多い。高い集客力を誇ることに注目したエンターテインメント業界との距離感はさらに縮まっており、今日に至るまで、映画やスポーツ、人気アーティストとコラボしたオンラインイベントやバーチャルライブが数多く開催されており、オンラインゲームの枠を超えた存在と化しつつある。

　経済取引機能についていえば、Fortnite では、「V-BUCKS」と呼称されるゲーム内通貨を使って、アイテムなどを取引することができる。ただし、「V-BUCKS」は、あくまでゲーム内で利用が可能な通貨であり、現実世界の通貨とは交換できないという限界があり、この点では多くのオンラインゲームと共通している、つまり、経済取引機能はその世界内で完結しており、Q04 で紹介する Second Life や近年のメタバースの一部とは異なり、経済取引機能的にはあくまでゲームの枠にとどまっている、とみることができる。

　同社の創業者である Timothy Dean Sweeney は、早くも 2016 年の時点でメタバースの実現について言及しており、実際に Capturing Reality 社（現実の三次元空間のスキャンツール）や Mediatonic 社（人気オンラインゲーム Fall Guys の開発元）をはじめとするメタバース関連企業を買収し、コンテンツから基盤技術まで、メタバース事業の本格展開を見据えた動きを示している。メタバースの特徴であるアバターとの関連では、デジタルヒューマンの制作ツール「Meta Human Creator」の展開が注目されている。

2　「Habitat」の登場とアバターの歴史

　1990 年台にパソコン通信に触る機会のあった読者の中には、「アバター」という単語を耳にしたとき、「富士通 Habitat」シリーズ（1990 年）を思い浮かべた人もいるかもしれない。同シリーズは、富士通株式会社が、ルーカスフィルムのゲーム部門が開発した「Habitat」（1989 年）のライセンスを受けて、パソコン通信 Nifty Serve 会員向けに展開したサービスである。2D のアバターを操作し仮想の街の中でチャットを行うもので、当時としては文字だけのチャットを脱却した画期的なものであった。「富士通 Habitat」では、参加者は自身のアバターとして、約 300 種類ほどのヘッド（頭部）を選択できた。ヘッドは取り外し自由で、ヘッドショップで買うことができた。各アバターは 1 軒ずつ自分の家を持つことができた。

　ゲーム史研究家である田中 "hally" 治久氏は、この「Habitat」をセンセーショナルなプレ・メタバース作品として位置付けるとともに、「Habitat」に至るまでのゲームの歴史を、アバターの概念を軸に、次のように説明している[1]。

すなわち、アバターという概念の根本は「異世界にいる何者かを演じ続ける」ことにあると位置付けたうえで、その起源をロールプレイング・ゲーム（RPG）の元祖である「Dungeons & Dragons」（D & D）（1974年）に求めるとともに、後世のネットワークRPGに大きな影響を与えたゲームとして、「Multi User Dungeon」（MUD）（1979年）に言及している。D&Dが、紙と筆記用具とサイコロを用いる非コンピュータ・ゲームであったのに対し、MUDはすべての情報をテキストで表示するコンピュータ・ゲームであった。MUDではプレイヤー間のテキスト・メッセージによる会話が重要であり、ゲームシステム的には無意味なふるまいが生まれ、これが「Fortnite」の人気の要因の一つでもあるエモート機能の原点となったと同記事では解説している。

3　アバター型チャットサービスの隆盛

Windows95が発売され、インターネットの個人利用が一気に拡大した1995年は、「ヴァーチャル・ワールド史における一つのターニングポイントとなった」と同記事は説明し、中でも、「Habitat」の系譜であるアバター型チャットサービスである「Active Worlds」（1995年）を「10年早すぎたSecond Life」であったと位置付けている[2]。経済取引機能はないものの、課金ユーザは広大な3D空間である「街」に自由に建築可能であり、多くの大企業や学校が進出していた点で、Second Lifeとの類似性の高さを同記事は指摘している。

4　MMORPGの登場

1990年代後半に入ると、現在まで続く、いわゆるMMORPG（Massively Multiplayer Online Role-Playing Game、マッシブリー・マルチプレイヤー・オンライン・ロール・プレイング・ゲーム）というジャンルの存在を世に知らしめた、「ウルティマ・オンライン」（1997年）、「リネージュ」（1998年）が登場する。いずれもRMT（リアルマネートレード、プレイヤー間でゲーム内アイテムを現実の通貨で取引する行為）の社会問題化を招き、ゲーム内の経済取引の在り方をめぐる議論に一石を投じることとなった。

同記事によれば、前者が「リアル・ワールドを志向し、生態系までもが自律的に駆動する」ものとし、プレイヤーは「自分の責任において何を

年代	ゲーム（サービス）名	一言コメント
1974	「Dungeons & Dragons」（D & D）	アバター概念の始祖
1979	「Multi User Dungeon」（MUD）	プレイヤー間のテキスト・コミュニケーション
1989	米国「Habitat」	2D アバターによるコミュニケーション
1990	富士通「Habitat」	日本国内におけるインターネット黎明期のチャットツール
1995	「Active Worlds」	10 年早すぎた Second Life
1997	「ウルティマ・オンライン」	リアル・ワールド志向の MMORPG で、高い自由度を誇る
1998	「リネージュ」	韓国発の MMORPG
2003	「Second Life」正式版	現在も続いている「メタバースの老舗」
2007	「Second Life」日本語版	日本国内でもブームになり、多くの日本企業が進出

やってもいいし、何もやらなくてもいい」世界であったのと対照的に、後者は「コミュニケーションよりも戦闘行為を楽しませる、俗にいう「Hack & Slash」」に力点を置き、プレイヤーは戦闘という一つの大きな目標に向かってプレイしていくことが求められる点で大きく異なっていた。[3] この差異は、Q02で触れたメタバースの要件の一つである「自己組織性」の有無に直結するといえるだろう。

5　Second Life に至る系譜

　ここまで紹介したゲームの歴史を踏まえて、同記事では、「2000 年代のメタヴァース・ブームを牽引した『Second Life』が決して前代未聞の新発明だったわけではなく」、先例に見られるアイディアを引き寄せ、巧みに発展させ」たものと評価すべきであると強調する。[4] 現在のメタバースの機能に着目した検討をするに際しても、これらの機能が何に由来して、登場した当時どのような状況であったかを探ることには、ある程度の有用性はあるかもしれない。

　次項Q04では、こうして誕生した Second Life とメタバースの違いを見ていく。

....

1）オンラインゲームの歴史については、「ele-king 臨時増刊号　仮想空間への招待　メ

タヴァース入門」（Pヴァイン、2021年11月）82頁〜95頁の、田中 "hally" 治久氏による「プレヒストリック・メタヴァース　『ごっこ遊び』はいかにして『メタヴァース』へと至ったか」に依拠している。

2）　田中・前掲注1）89頁。

3）　田中・前掲注1）92頁、93頁。

4）　田中・前掲注1）95頁。

Q04　Second Life はメタバースの元祖？

　メタバースのことを調べていたところ、Second Life に言及している記事がでてきました。Second Life とメタバースは何か違いはあるのでしょうか。

Point

　2006 年に世界的な大ブームになった Second Life はメタバースの先駆者として紹介されることも多く、国内外で一定の法的議論も行われており、現在のメタバースの検討においても先例として参照されることも多い。他方、Second Life とメタバースは異なるものとする主張もみられる。両者の差異を把握することが重要である。

1　Second Life とは

　Q03で紹介したオンラインゲームからの流れを受けて、2002 年にベータ版がリリースされ、2003 年に正式公開されたのが Second Life である。Second Life は、米国 Linden Lab の提供するオンラインの仮想空間を提供するサービスの名称で、2022 年 12 月現在も継続して運営されており、メタバースの「元祖」や「老舗」と位置付けられることも多い。VR によるアクセスは想定されておらず、PC 専用の「Second Life Viewer」と呼ばれるアプリケーションで参加するのが基本である。このアプリケーションが年々進化するとともに、グラフィックが向上している反面、依然としてハイスペックな PC が必要とされる。サードパーティーからスマートフォン用のモバイルアプリも提供されているが、Second Life のサービスを満喫するには、やはり PC からのアクセスが望ましいという意見もみられる。

　Second Life は 2006 年に世界的な雑誌で紹介されたのをきっかけに、当時一大ブームを巻き起こし、個人ユーザだけでなく、現実のビジネスへの影響力の高さからビジネス的にも高い注目を集め、実際に多数の企業が店

舗を出し、自社の現実世界の商品の外観を有するアイテムを Second Life 内で制作し、展開するに至った。一時は世界で数百万人のユーザが登録するなど、仮想空間サービスの枠にとどまらぬ、世界でも指折りのオンラインサービスとして人気を博した。2007 年 7 月には公式の日本語版サービスが開始され、三越、野村證券、ソフトバンクモバイル、ブックオフコーポレーション、エイチ・アイ・エス（HIS）、NTT ドコモ、テレビ東京などなど、日本国内の多数の有名企業が仮想店舗を展開した。

2 Second Life の特徴

Second Life では、ユーザはアバターを自分の分身として設定し、3D グラフィックスで構成された Second Life の仮想世界の中で自由に行動することができる。外観は当時すでに人気を博していた MMORPG のような 3D オンラインゲームに似ているが、Second Life はゲームとしての目的やストーリーは設定されていないため、ユーザは、それぞれの意思で行動する必要がある。ゲームに慣れ切ったユーザからは、登録してログインしたものの、何をしたらよいのかわからない、という声も多く聞かれ、ブームの終焉とともにログインしなくなってしまったユーザも多数いた。

Second Life の大きな特徴としては、ユーザは専用のツールを使ってあらゆる 3D モデルを制作することができ、その権利（知的財産権を含む）が当該ユーザに帰属するという取扱いが利用規約において定められていた点を挙げることができる。後者の権利帰属の点については、2003 年のサービスの正式開始の時点においては、運営事業者に帰属するとされていた点が、ある時点で利用規約が変更されたもので、当時高い関心が寄せられた。現在では外部の 3DCG ソフトを使って造形したデータをアップロードできるようになり、よりリアルな現実世界の再現が可能となっている。

Second Life のもう一つの特徴は、その経済取引機能である。ユーザは、仮想世界内で 3D オブジェクトで表示されたアイテムを売買することが可能であり、その決済手段として、仮想世界内の独自の通貨として Linden ドルが用意されている。オンラインゲームでも、ゲーム内通貨でゲーム内アイテムをユーザが取引できる機能を提供するものは当時から存在していたが、稼いだゲーム内通貨をゲームの外に持ち出すことができないという制約があったため、ゲーム外で非公式の換金所というべき RMT 業者が跋

尾する状況だった。これに対し、Linden ドルは現実の米ドルへの換金機能が公式に用意された点も革命的であった。

　この経済取引機能は、負の側面も呼び込んだ。Second Life 内では、Linden ドルを預かって、高利回りで運用することを売りにした Ginko Financial なる「仮想投資銀行」が設立された。約 3 年半にわたって活動したが、最終的に総計約 2 億 Linden ドル（当時の 75 万米ドルに相当）を返金できないまま破綻し、仮想空間におけるビジネスに対する監督、透明性、説明責任の強化を求める声が高まることとなった。

3　Second Life と現在のメタバースの差異

　Second Life は「早すぎたメタバース」と呼ばれることも少なくない。実際、Second Life は、Q02 で紹介したメタバースが備えるべき要素の大半を充足しており、メタバースそのものではないかとする論調も多くみられる。

　そのように議論が分かれる状況で、Second Life と現在のメタバースで大きく異なるのは、対応デバイスの幅の広さと VR 技術の活用といえる。

　前者は、Second Life にログインし、アバターで動き回り、他のアバターとコミュニケーションをとり、アイテムを制作し、頒布するなど、それなりに仮想生活をエンジョイしようとすると、ハイスペックな PC が要求されるのに対し、メタバースはサービスによっても異なるが、スマートフォンを含め幅広い端末に対応しようとしている。たとえば、世界初 VR 音楽ライブ「輝夜 月 LIVE@Zepp VR」や世界初 eSports 専用バーチャル施設「V-RAGE」、渋谷区公認の「バーチャル渋谷」等、国内向けの訴求力の高いコンテンツで知られる国産メタバースの cluster は、PC、VR デバイス、スマートフォンのいずれにも対応することで、メタバース参加の間口を広げることに成功している。もっとも、間口を広げることは、言い換えれば、PC やネットリテラシーが決して高くない人も流入してくる可能性があることを意味しており、従前のマナーや慣習を遵守しない、あるいは想定外の言動をしてしまい、これらがトラブルの量・種類を増大させるリスクをもたらしかねないというデメリットも考えられる。

　後者は、Second Life では導入されなかった VR 技術がメタバースでは活用されることが多くなっており、とりわけ VR ゴーグルをつけてアクセ

スすることを推奨するサービスが多くなっていることである。これにより、Second Life ではあくまでモニタの向こう側の世界でしかなかった仮想世界に、ユーザ自身がその身体をあたかもそこにおいているかのような没入感を得ることが容易になっている。このことは、仮想世界の体験の質の向上をもたらす一方で、ユーザが仮想世界にのめりこんでしまうリスクを増大させかねない。また、VR ゴーグルについては現在の技術的限界に起因する重量や、バッテリーの問題が常に付きまとい、一定時間以上の連続使用は困難であり、装着者の身体への影響も考慮して、一定時間ごとの休憩が推奨されている。また、VR ゴーグルの装着時には、装着者の視線情報が収集されることから、仮想世界内でのアバターの言動だけでなく、現実世界でユーザの視線情報も収集されることになり、プライバシー保護の観点からの議論が生じてくる可能性がある（詳細は Q20 参照）。

　また Second Life は経済取引機能に力点を置いてはいたが、後発のブロックチェーン技術や NFT は採用していなかった。これらにまつわる法的課題は、現在のメタバースになって初めて登場してきた論点といえるだろう（詳細は Q25 〜 Q31 参照）。

I-2　メタバース関連ビジネスと法的課題

Q05　メタバースの代表的なサービスは？

　現在、実際に展開されているメタバースで代表的なサービスにはどのようなものがありますか。

Point

　現時点はメタバースの黎明期であり、**Q02**で紹介した要件すべてを充足するメタバースは存在しない。要件をいくつか充足するサービスの例として、Fortnite や VR Chat をあげることができる。

1　代表的なメタバースのサービス（世界編）

　2022 年現在はメタバースの黎明期であり、**Q01**で紹介した定義、**Q02**で紹介した要件すべてを充足するメタバースは存在しないといってよい。そのような状況においても、メタバースを代表するサービスがいくつか登場してきているので、簡単に紹介していく。Fortnite については、**Q03**で説明しているので、以下では割愛する。

(1) Roblox

　「Roblox」は、1 日あたり 5880 万人ものアクティブユーザを抱えるゲーミングプラットフォームである。運営企業である Roblox は、Fortnite の運営企業である Epic Games と並んで、現時点でのメタバース業界の主要なプレイヤーであり、かつ、「一番メタバースに近い会社」と評価されている[1]。

　サービス「Roblox」は、2006 年にリリースされたゲームのプラットフォームであり、参加者はオリジナルゲームを開発・投稿し、世界中のユーザに公開し、そこで YouTube の動画投稿者のように収益を得ること

できる。「Roblox」は、ユーザ自作のオリジナルゲームである UGC コンテンツだけで構成されており、「ゲーム版 YouTube」とも呼称される。クリエイターは、ドルと交換可能であるゲーム内通貨「Robux」を用いて、ゲームアイテムやアバターを売買することで収益を得られる。

　運営企業「Roblox」の共同創業者兼 CEO である David Baszucki がメタバースについて積極的発言を繰り返していることもあり、注目を集めている。

(2) VR Chat

　「VR Chat」は、Graham Gaylor と Jesse Joudrey によって開発され、アメリカのベンチャー企業である VR Chat Inc. によって運営が行われているソーシャル VR プラットフォームである。ソーシャル VR とは、「オンラインの三次元仮想空間でアバターの姿でコミュニケーションを行うことができるサービスのうち、VR ゴーグルで没入体験が可能なものを」いい、その90パーセント以上が VR Chat の利用者とされており[2]、2022 年元旦には全世界で最大同時アクセス数が9万人に達したとされる。

　「VR Chat」は、ゲームのような明確な目的はなく、参加者同士のコミュニケーション促進を目的とするため、SNS に類似した強力なソーシャル機能を備える。各参加者は、運営や他の参加者が提供する「アバター」を「着て」参加するほか、コミュニケーションのための仮想空間「ワールド」を無限に作り出すことができる。「アバター」「ワールド」は自由度が高い反面、初心者には難しすぎるとの声がある。

　「VR Chat」は、仮想世界最大のマーケットイベントとしてギネス記録も有する「バーチャルマーケット」（略称：VKet）の開催プラットフォームとしても知られている。他方で、「ワールド」の同時接続数が表示上は40名に制限されていることや、システム内に決済機能が設けられていないことから、経済性には課題があると指摘されている[3]。

(3) Neos VR

　「Neos VR」は、北米・欧州では「VR Chat」に次ぐ人気を誇るとされる[4]。「Neos VR」はメタバースをコンセプトに掲げて開発されたソーシャル VR であり、チェコのベンチャー企業 Solirax が提供している。参加者

が仮想空間内でアバター・アイテム・ワールドを自在に創作可能である「創作性」、仮想通貨による個人間決済機能を有する「経済性」、アイ・トラッキング、フェース・トラッキングだけでなく、全身フル・トラッキングに対応する「アバターの表現力」が特徴的である。高機能を誇る反面、参加には高スペックの端末が要求されることから、アクセス性に難があると指摘されている。[5]

(4) Decentraland

「Decentraland」は、アルゼンチンに開発拠点を置く Metaverse Holdings Ltd が開発し、2020 年 2 月に公開された、DAO（Decentralized Autonomous Organization）によるユーザ主導のイーサリアム・ブロックチェーン・プラットフォームである。

「Decentraland」では、「MANA」というゲーム内通貨を用いて、アバターに装着できるウェアラブルアイテムを NFT として取引することで、収益をあげることができる。また、仮想空間の土地や建物を「LAND（ランド）」という NFT の形式で売買される。この仮想不動産の賃貸で定期収入を得たり、イベント開催時の土地の使用料で収益をあげたり、あるいは転売で利益を得たりと、経済的な観点からは、あたかも現実の不動産であるかのような取扱いが可能となっている。

DAO は、人間が介することなく、ブロックチェーンの技術のみで運用されたコミュニティであり、提案があればコミュニティ参加者の投票で決定されるのも「Decentraland」の特徴といえる。

(5) Horizon Worlds

Meta 社（旧 Facebook 社）は、2014 年に VR ゴーグルを開発する Oculus VR, LLC を買収し、本格的に VR 事業に参画した。2021 年 12 月より「Horizon Worlds」（旧称「Facebook Horizon」）という名称で、ソーシャル VR サービスの提供をアメリカ合衆国とカナダでの提供を開始した。注目すべきは、参加者は VR 空間内にいながらワールドを自作できる「ワールドクリエイトツール」で、直感的なワールドづくりが可能となっている。

「Meta Horizon」の参加者は VR ゴーグルをつけ、「Meta Avatars」と

いうアバターで参加する。アバターは、ユーザが自由にカスタマイズできるようツールが提供されるほか、開発者がデザインした衣料品を制作して販売できるプラットフォーム「Meta Avatars Store」が展開され、有名ブランドの参入が予定されている。また、Q24で紹介するように、アバター同士が設定した距離内に近づくことを防ぎ、よりパーソナルな空間を作り出し、望まない交流を避けること目指して、パーソナル・バウンダリー（個人境界線）の機能を2022年2月に導入したことでも知られている。

「Horizon Worlds」に対しては、Store の販売手数料として、売上高の最大47.5パーセントが Meta 社に差し引かれる点について、強い批判がなされた。また、他のメタバース・サービスと同じく、技術的な限界から、一つのワールドに同時にアクセスできるユーザの上限（改善予定と伝えられる）、VR ゴーグルでのみアクセス可能である点が課題として指摘されている。

(6) Omniverse

ここまで紹介してきたメタバースとはだいぶ毛色が異なるサービスとして、世界的半導体メーカー Nvidia が展開する「Omniverse」がある。仮想コラボレーションとリアルタイムシミュレーションのために開発されたオープンプラットフォームである。現在の用途は AI 学習を加速するための環境整備が中心であり、いわゆるメタバースとは異なるが、着目しておくべきサービスではある。

2　代表的なメタバースのサービス（国内編）

(1) cluster

「cluster」は、クラスター株式会社が開発・運営する国産のメタバースプラットフォームであり、VR ゴーグルがなくともスマートフォンから参加できるなど、マルチプラットフォーム対応を一つの売りにしている。2022年3月の「ワールドクラフト機能」のリリースにより、UGC のワールド制作機能が強化された。

Cluster の知名度向上につながったのが、2018年8月31日に「cluster」初の有料チケット制イベントとして開催された、世界初の VR 音楽ライブ「輝夜 月 LIVE@Zepp VR」であり、その後も「バーチャル渋谷」「バー

チャル大阪」など多数のイベント・展示会を展開している。

(2) HIKKY

　HIKKY 社は、世界最大の VR イベントともされる「バーチャルマーケット（通称：Vket）」を定期的に開催している。同イベントは、一般の参加者がそれぞれの趣味の制作物を持ち寄る巨大な同人イベントの側面を有する一方で、小売・服飾・食品・金融といった多岐にわたる分野の事業者が参加する商業イベントの側面も注目されている。また世界 100 都市をメタバース化する『パラリアルワールドプロジェクト』を展開している。

(3) REALITY

　REALITY は、2018 年 4 月に設立された REALITY 株式会社の提供する、アバターを使ったバーチャルライブ配信アプリサービスである。スマートフォン一つで自分だけのオリジナルアバターを作成してライブ配信による交流からゲームまで楽しめる手軽さが受け、2022 年 10 月には全世界での累計ダウンロード数が 1000 万を突破したとされる。REALITY 株式会社の親会社であるグリー株式会社は、2021 年に REALITY を中核として、メタバース事業に参入することを発表し、注目を集めている。

3　小括

　ここまで見てきたように、現時点のメタバースの代表的なサービスだけみても、オンラインゲーム、ゲーム版 YouTube、ソーシャル VR、ブロックチェーン・プラットフォーム、VR イベント事業等、多岐にわたっていることがわかる。では、これらのメタバースで、どのようなビジネスが必要とされているのだろうか。Q06 ではビジネスをいくつかに分類してみていく。

1)　加藤直人『メタバース　さよならアトムの時代』（集英社、2022 年）37 頁・46 頁
　　42 頁。
2)　バーチャル美少女ねむ『メタバース進化論』（技術評論社、2022 年 4 月）46 頁。
3)　バーチャル美少女ねむ・前掲注 2）50 頁～59 頁。
4)　バーチャル美少女ねむ・前掲注 2）48 頁。
5)　バーチャル美少女ねむ・前掲注 2）60 頁～67 頁。

Q06　メタバース関連のビジネスはどのようなものがあるか？

　現在、実際に展開されているメタバースに関連してどのようなビジネスがありますか。

Point

　メタバースに関連するビジネスは、メタバース自体の基盤の提供、メタバース内のモノづくりとそのサポート、メタバース上でのサービスの提供がある。

1　メタバースの基盤を提供するビジネス

　Q05で見てきたようにメタバースは、展開されるサービスや運営形態に関しては現時点でも多様なものがあるが、オンラインで展開される 3D インターネットである以上、その内容を問わず、まず基盤づくりが必須である。不動産でいえば、メタバース内の不動産については、現状、現実世界の不動産と類似した経済的機能を持たせることが可能であるが、現実世界の不動産と異なり、そこにはじめから存在しないものを新たにゼロから生み出す必要がある。

　メタバースを運営するプラットフォーム事業者だけでなく、プラットフォームが稼働するクラウドやデータセンター、プラットフォームや参加者が使用する VR ゴーグルなどのハードウェアのメーカーもここに含まれる。「Horizon World」への参加には VR ゴーグルの「Meta Quest2」が必要だが、Q05で説明した買収によって、Meta 社は、運営事業者だけでなく、ハードウェア事業者としてもビジネスを押さえることに成功している。

　基盤を提供する場合、相当なコストが発生することは避けられない。コストを回収できるだけの収益をメタバースから得るには、メタバースの規模がある程度拡大し、経済圏が発達する必要があるが、現実にはなかなか難しい。Second Life がブームだった時代、約 30 社程度のプラットフォー

ム事業者が登場したが、現在まで生き残っているのは同社のみであるとして、プラットフォーム事業の継続の困難さを示す一例として紹介されている。

2　メタバース内でモノづくりをするビジネス

メタバース内のモノづくりというと、メタバース内のアイテム・アバター・「建物」の制作が思い浮かびやすいが、VR Neos のようにワールドそのものの創作が可能なメタバースも存在する。メタバースにおけるクリエイターは、絵心が求められるアーティスト、デザイナーのみならず、プログラマーなどの開発者も含まれてくる。とりわけワールドそのものの制作は、外観づくりのみならず、世界内の重力などの物理法則を決定することも求められる場合もあり、メタバースに特徴的な業務内容であるといえるだろう。

メタバースにおいて、運営事業者側とは関係なく独自に活動するクリエイターを数多く確保し、また積極的に活動してもらうには、メタバースの参加者を増やして、メタバース自体を盛り上げるだけではなく、活動に向けたインセンティブを確保することが重要となる。クリエイター活動から生まれる収益をいかにクリエイターに効率よく還元できるか、クリエイターエコノミーの確立が重要となる。そのためには、クリエイターの生み出すモノの権利関係の整理や権利保護が重要になってくる（コラム「クリエイターが企業と契約する際の留意事項」も参照のこと）。

3　メタバース内のモノづくりをサポートするビジネス

メタバース内のモノづくりのサポートは、Neos VR においては当初から仮想世界の一部として、Horizon Worlds においてはアバターやワールドづくりのツールとして、それぞれ提供されているように、プラットフォーム運営事業者から提供されることが多い。メタバースによっては、外部ツールの使用を開放している場合もある。

いずれにしても、ツールを提供する事業者と、ツールを利用する事業者の権利関係が問題となりうる。

クリエイターエコノミーの確立のためには、クリエイターの生み出すものの権利関係や権利保護のサポートはもちろん、権利関係を踏まえたユー

ザ間の個人間決済システムを提供することもインセンティブのため重要である。逆に、クリエイターが生み出したモノによる、他のクリエイターが生み出したモノ、あるいは、現実世界にすでに存在するモノに対する権利侵害が問題になる可能性もあり、そのような事態への対応をサポートする機能も必要になってくる。Roblox のように、参加者が開発・投稿したマルチゲームで収益をあげることが予定されているメタバースでは、これらの環境整備の重要性が大きいといえるだろう。

4　メタバース上でサービスを提供するビジネス

　最後に、メタバース上でサービスを提供するビジネスは、性質上、多様なビジネスが想定される。現時点で典型的に考えられるのは、プラットフォームが存在することを前提に、メタバース上で仮想店舗を運営して、メタバース内のアイテムやアバターを販売したり、バーチャル・ライブなどメタバースでしか味わえない体験を提供したりするビジネスだろう。

　コロナ禍において現実世界の店舗で、画面越しにアバターを用いた接客自体が流行したが、その仮想店舗版、すなわち、消費者も店舗従業員ともにアバターの姿でコミュニケーションを行い、そのまま購買行動まで至るパターンが想定されている。これによって、現実世界の店舗における充実した購買体験と、従来のオンラインショッピングサイトでのインスタントな購買体験のギャップを、メタバース上の仮想店舗によって埋めることができるのはないか、という期待がある。

　たとえば、百貨店の三越伊勢丹は、2021 年 3 月に、伊勢丹新宿本店とその周辺を仮想世界に再現した仮想空間サービス「REV WORLDS」をリリースした。ユーザはアバターとして仮想店舗に入店し、該当する売り場に行くと、現実の商品を 3DCG 化したオブジェクトをチェックすることができる。気に入れば、商品ごとに設定された百貨店の運営するオンラインショッピングサイトにジャンプして、現実に商品を購入することができる。またソーシャル機能も備えており、フレンドを誘って、仲間だけで貸し切った状態でショッピングができるようになった。現実世界では難しい、遠方の友人を伴ってショッピングができるというのは、現実世界を超えた体験をメタバースで得られることを意味しており、ギャップを埋める以上の体験を影響するものと評価できるだろう。

　もちろん、性質上、アバターの姿では受けられないサービスもあるので、仮想店舗で取り扱う商品・サービスには限界があるが、アクセスに利用するデバイスの発達により、その範囲も狭まっていくことが予想される。

　また、現実世界で店舗を構え、対消費者の事業を展開する場合、業種によっては、業規制の順守が重い負担になる場合がある。仮想世界は現実世界ではないから、そのような規制は関係ないと割り切ってしまってよいのかという視点は常に持っておくべきだろう。

　さらに、仮想店舗で販売する商品が、外観上、メタバース内外の他の商品の「パクリ」であったり、あるいは、有名人や有名ブランドに無断で利用した商品だったりすると、商品のつくり手だけでなく、商品の売り手としての店舗の責任が問われる可能性が生じることから、そのコントロールをどうするかは検討の必要がある（Q14、Q15、Q40）。さらに言えば、店舗の所在する、プラットフォーム運営事業者の責任についても整理しておくべきだろう（Q38、Q39）。

コラム クリエイターが企業と契約する際の留意事項

Q06 で紹介したように、クリエイターが企業から依頼を受けてアバターやアイテムを制作する場合、権利関係を含め、いくつか契約時に留意すべきポイントがある。発注者である企業側としては、将来の利用の妨げになる事象が生じないよう、権利をもれなく確保しておきたいところではあるが、クリエイター側としては、ゼロスクラッチではなく、たとえば、あらかじめ用意しておいた土台を、発注を受けて加工しましたという場合、土台部分まで権利を企業に帰属（譲渡）するわけにはいかないので、権利帰属の範囲を明確化する必要がある。一案として、企業側の将来の利用に悪影響が生じないよう、対価とのバランスを勘案しつつ、必要な範囲で許諾を付与する等の対応が考えられる。その際、利用できる期間や利用できる地域（国）・利用できる範囲（ビジネスの種類等）も明確にしておくべきである。また、著作権を譲渡するにしても、安易に全部を譲渡するのではなく、発注者である企業の依頼内容に該当する支分権に限定して譲渡することを検討すべきである。このような限定を求める場合は、妥協策として、発注である企業が使用しやすいように『契約期間中の運営や宣伝等の目的での使用及び加工を予め許可する』といった条件を提案することも考えられる。

クリエイターが著作者である場合、著作者人格権が譲渡できないことから、企業から不行使特約に合意するように求められるのが一般的であり、クリエイターが No といっても、企業もなかなか譲れないポイントであることが多い。このような膠着状態を避ける観点からは、不行使特約を入れたうえで、さらにその特約として、修正・加工等を行う場合にはクリエイターの承諾が必要である、という別の特約を上乗せする、ということが実務上行われており、メタバースの文脈でも参考になるだろう。

もう一つ重要なのが、発注者である企業の指示に問題があって、結果的に作成したアバターやアイテムが他者の権利を侵害するものであることが後日発覚した場合に、当面、誰がどのように対応するかという点と最終的な責任の所在を明確化しておくことである。当面の対応、つまりいずれの当事者が、どのような方針で対応するか、その際、相手方にどのようなタイミングで通知する必要があるか、相手方はどのような指示（コメント）を出せるか等を予め定めておかないと、いざ権利侵害の通告があった場合には、混乱に巻き込まれかねない。また、最終的に解決した場合でも、それまでにレピュテーションリスクや機会損失を含め、どれだけの損害を被るかもわからない。このため、発注者である企業の指示に問題があった場合は、最終的な責任は企業が負うことも定めておくべきである。パワーバランス上、このような対応が難しい場合は、クリエイター側で組織化してひな形を作成して企業と交渉に臨むことも考えられる。

Q07　メタバース上で提供される サービスにはどのようなものが あるか？

メタバース上では小売に限らず、様々なサービスが提供されているとのことですが、実際にどのような分野のサービスが出てきているのでしょうか。

Point

メタバース黎明期の現在、メタバース上で提供されているサービスとしては、小売のほか、ファッション、広告、不動産、観光、エンタテインメントなどが登場してきている。

1　ファッション分野

ファッション分野では、すでに複数の世界的有名ブランドがメタバース上のビジネスへの参入を果たしている。中でも積極的な動きを見せているのが、ナイキ社である。2021 年 11 月、ナイキは Roblox と提携して、「ナイキのバーチャル・テーマパーク」ともいえるバーチャルワールド「NIKELAND」を開設した。ここでは、ユーザは鬼ごっこやドッジボールといったゲームを楽しめるほか、Roblox のアバターで着用可能なナイキとのコラボ製品などを購入できた。さらにナイキは同年 12 月、バーチャルアパレルのデザイナーグループ RTFKT を買収、Nike Virtual Studios を立ち上げた。そして、2022 年 4 月には満を持して、デジタルスニーカービジネスに参入した。このデジタルスニーカーは、NFT（非代替性トークン）でその価値を保証した仮想のスニーカーであり、実際には履くことができない。それにもかかわらず、デジタルスニーカーがネット上で高額で取引をされており、注目を集めている。

このようなファッション分野の参入は、他のファッションアイテムにも広がりつつある。2022 年 3 月には、メタバース上での世界最大・規模のファッションウィーク「Metaverse Fashion Week」が Decentraland 上で

4日間にわたり開催された。ここではランウェイショーやアフターパーティーなどの各種イベント開催だけでなく、分散型ネットワーク「Boson Protocol」の技術を利用した、実際の商品と交換可能なNFTの販売も行われた。

このようにファッション分野はすでに一定の成功がみられる反面、第三者が著名ブランドを模倣した仮想アイテムをメタバース上で販売するなどトラブルも多発しており、海外では法的紛争が発生するなど、この分野でも権利保護の在り方をはじめとして多様な問題が顕在化している（詳細はQ14、Q15参照）。

2　広告・マーケティング分野

広告・マーケティングは、メタバースとの相性がよいとされる分野の一つであり、メタバース内の広告というビジネスモデルに期待が寄せられている。現在指摘されているメタバース内広告の強みだが、一つはVR体験による力強い広告効果を期待できることである。日産自動車は、VR Chat上に複数のワールドを開設している。とりわけ2021年11月に公開した「Nissan Crossing」は、現実世界で東京・銀座に開設している同名のギャラリーを再現したことで話題となった。その後も様々なワールドを公開しており、VRで新型EVの試乗体験を提供している。

もう一つの強みはメタバースでは、従前のサイト閲覧履歴やソーシャルメディアの投稿・利用履歴にとどまらない、仮想世界内における一挙一動、さらにVRゴーグル経由で得られる視線情報を収集できることから、より豊富な情報に基づき、より正確に参加者それぞれの関心に沿った広告展開が可能なことである。視線情報については、ケロッグ社とアクセンチュアが、VR空間の陳列棚に並べたケロッグ製品について、VRゴーグル経由で収集した視線情報を用いて、どの商品をどれだけ熱心に見ていたか等を分析する実験を行った。このような商品棚の前の購買客の挙動をカメラで撮影して、どの商品に関心があるのかを分析する実験は、現実世界のコンビニなどの店舗もしばしば行われているが、メタバースではより正確な分析が期待できるとされている。

このような豊富な情報でより精緻な関心事項の分析ができるのは裏返せば、メタバース参加者からすれば、一挙手一投足をモニタリングされ、よ

り内面に踏み込んだ分析をされることになるため、個人情報・プライバシー保護の要請が強まる可能性があり、その対応の検討が求められることが想定される。詳細は**Q20**参照。

3　不動産分野

2020年5月にcluster上で「バーチャル渋谷」が初登場するなど、現実世界の特定の地域や建築物をメタバース世界で再現する取組みは、他の分野に先駆けて行われてきた。「バーチャル渋谷」ではその後も継続的にハロウィンやクリスマスなどイベントシーズンごとにコラボイベントが開催され、人気を博している。不動産業界自身が主導したイベントとしては、2021年に行われた、名古屋久屋大通公園や周辺店舗を仮想空間上に再現した「Hisaya Digital Park」の実証実験が知られている。

実施主体がいずれであるにしても、現実の街並みや建築物を再現する場合、建物以外にも看板やモニュメントが風景として入ってくることになるため、著作権含む権利関係の処理や、有名建築物や歴史的建造物の場合に慣習上求められているオーナーへの配慮をどうするかが課題として登場することになる（詳細は**Q13**参照）。

4　観光分野

コロナ禍において苦境に陥った世界各地の数多くの観光地は、現実の観光地を仮想世界上に再現し、VRゴーグルを通じてあたかも目の前に観光地があるかのような体験ができるツアーを提供してきた。しかしながら、これらはあらかじめ用意されたVRコンテンツを、各ユーザが一人で体験するものが大半であり、コロナ以前の、友人と旅行に出かけて、現地の観光を楽しむという非日常の経験を100パーセント再現するには至っていなかった。2021年に沖縄の地元企業がVR Chat上のワールドとして開設した「バーチャルOKINAWA」は、他の参加者とともに仮想世界のOKINAWAを観光できるメタバース・サービスとして注目を集めた。

バーチャルOKINAWAでは、コロナ禍で中止になった音楽イベントを多くの人に楽しんでもらうべく、仮想世界内でのビラ配りによるイベントの告知や、お店の物販に繋げたいと、通販サイトをつないで購買に繋げる試みが行なわれた。さらに、参加者同士がアバターで記念撮影をしたり、

本職のガイドだった人がアバターで観光案内したりするなど、コミュニケーションの場としても積極的に活用されていた。

5　教育分野

コロナ禍で、学校や大学がリアルの授業を断念し、オンライン会議システムを利用した、インターネット経由での授業に移行せざるを得なくなった。このような状況も手伝ってか、メタバースを教育分野で活用する実験的な試みが増えつつある。通信制高校として知られる角川ドワンゴ学園では、VR を活用した授業プログラムを 2021 年 4 月に開始した。VR ゴーグルの装着が必要だが、バーチャルの教室で授業を受けることができるため、目の前に先生がいて隣にはクラスメイトがいるという現実世界の教室の様子が再現されている。アバターが自分の手と同じ動きをするため、まるでリアルの教室にいるかのような感覚で授業を受けることができ、没入性も高いとされている。

ただこれはもともと通信制高校であって、生徒も教師も VR 授業になじむ素地があったことや、学園側が VR ゴーグルを用意できたことなど、環境が整っていた特有の状況があった。広く普及させようとする場合は、生徒全員への VR ゴーグルの配布や、生徒・教師双方のリテラシーの向上など、超えるべきハードルが多いのも事実である。

6　エンタテインメント

メタバースでは、国内外を問わずすでに数多くのライブエンタテインメントが開催されている。コロナ禍で多くのライブイベントや展示会が中止に追い込まれる一方で、メタバース上で開催されるエンタテインメント・イベントは盛り上がりを見せてきた。例年、数十万人の来場者規模を誇る「東京ゲームショウ」は、コロナ禍で一般開催を断念せざるを得なくなり、代替手段として、バーチャル会場での実施に踏み切った。

また、エンタテインメントはこのような大規模なものだけではなく、小劇場のお芝居やライブハウスでのバンド演奏、ストリート上でのパフォーマンスを、メタバースに場所を置き換えて行うことも増加することが予想される。

規模の大小を問わず、これらのエンタテイメントは、楽曲や脚本など著

Q07　メタバース上で提供されるサービスにはどのようなものがあるか？

作物を取り扱うことが多いため、著作権法上の権利処理は必須である。メタバースの性質上、イベントを開催しパフォーマンスをする側、参加する側の感覚としては、現実世界と同様の取扱いを求めたいところであるが、法律的にはオンライン上での配信すなわち公衆送信（可能化）の場面として取り扱わざるを得ないことから、権利処理の難しさが指摘されている（コラム「メタバースにおける楽曲利用」参照）。

Q08 メタバースのクリエイト機能（モノ）の特徴と法的課題は？

メタバース内で現実世界の街並みを再現するサービスを見かけますが、問題ないのでしょうか。また、アイテムをクリエイトできる機能で、現実世界の有名ブランド製品を模倣することもできそうですが、これらのクリエイトの機能に関連して、どのような法的課題があるのでしょうか。

Point

メタバースのクリエイト機能に関連して検討すべき主な法的課題としては、①現実世界を仮想世界で模倣する場合（街並みの再現を含む）、②仮想世界を現実世界で模倣する場合、③仮想世界内での模倣、④ UGC 対応、⑤コンテンツのライセンス、⑥実演の保護を挙げることができる。

1 本書におけるメタバースの検討軸

本書では、ビジネスにおけるメタバースを検討する読者に向けて、そもそもどのようなビジネスが存在し、そこではどのような検討すべき事項・論点が考えられるのかを主に法的観点から紹介するとともに、現在までの議論を整理することを目標としている。

法的観点に着目した場合、現在までの日本国内及び海外におけるメタバースをめぐる議論、とりわけ、「メタバース」というくくりで議論されるようになる従前の議論とのつながりを踏まえると、「メタバース」の特徴として指摘されることの多い、Q02でも紹介したメタバースの四つの機能、すなわち①クリエイト機能、②コミュニケーション機能、③経済取引機能、④オンライン上の仮想（三次元）空間で展開することによる、もう一つの現実の創出機能、それらを提供する⑤メタバース世界の維持及びプラットフォームに関連づけて法的課題を検討していくのが、わかりやすいように思われる。本項ではこのうち①を軸として、Q09では②を軸として、Q10では③を、Q11では④・⑤を軸として、法的課題を概観する。

メタバースの有する機能と特徴	これまでに登場している議論や観点	関連する法的トピック
①クリエイト機能	・クリエイターエコノミー ・User Generated Contents	・知的財産の保護・権利侵害（3D オブジェクト）
②コミュニケーション機能	・大人数の同時接続 ・永続性 ・自己組織化	・アバター ・個人情報とデータ保護 ・参加者間のトラブル
③経済取引機能	・NFT、ブロックチェーン	・金融規制 ・税金 ・電子商取引
④もう一つの現実の創出機能	・オンライン上の仮想（三次元）空間 ・身体性（没入性）（VR）	・広告規制 ・業法規制
⑤メタバース世界の維持とプラットフォーム		・セキュリティ ・青少年保護 ・プラットフォーム規制

2　クリエイト機能に関連するメタバースの特徴的な要素

(1) 現実の街並みの再現

　Q05やQ07でも紹介したように、現実の街並みをメタバース内で再現するサービスが大都市や観光地を中心に多数登場している。これらのサービスにおいては、歴史的な建造物や有名なタワーなど地域を象徴するシンボルを中心として、周囲の建物を含めて、できるだけ現実世界の街並みを忠実に再現しようとする。もちろん、屋上に設置された看板や店舗に貼られたポスターなどは随時変わっていくので、再現には限界があるし、メタバースのコンテンツとしてふさわしくないものも現実世界に存在するのは避けられないので、意図的に再現を避ける場合もある。

(2) 現実世界のアイテムの再現

　メタバースの技術仕様にもよって程度の差異はあるものの、現実世界のアイテムをメタバース内で再現することは Second Life 当時より行われており、当時よりも全般的に再現の程度は高まってきている。また、再現するためのツールの敷居も下がっており、メタバースの運営事業者が公式に用意してくれるツールの利用、外部ツールの利用によって、メタバース内で有名なブランドの製品や人気キャラクターを再現することが技術的には容易になりつつある。このようなツールの普及は、クリエイター層の拡大と文化の発展の促進につながる一方で、安易な権利侵害をもたらしかねず、

法的リスクを大きくする可能性がある。

(3) ユーザ・ジェネレイテッド・コンテンツ（UGC）

　メタバースの中には、ユーザがコンテンツを生み出すことを推奨し、制作ツールを提供する、あるいは外部ツールの成果物をメタバースに容易に導入できるシステムを用意するサービスも出てきている。動画投稿サービスの敷居が下がったことで、テクノロジーに詳しくない層も動画投稿に参加するようになり、コンテンツの幅が大きく広がったのと類似した状況と言える。他方で、ここでも権利侵害するようなコンテンツが登場するリスクも上がっており、その対策の必要性が指摘されている。将来的には、運営事業者の責任が議論される可能性もある。

(4) ユーザが他者のコンテンツを利用する場面

　メタバースでは、現実世界のコンサートホールあるいはストリートのように、ユーザが他者の音楽を演奏や歌唱したり、他者のお芝居の脚本を上演したりすることができるものもある。これらの利用場面について問題になるのは主に著作権法であり、これまでその解釈・運用は、現実世界での利用を前提に行われてきた。メタバースでもコンサートホールやストリートが再現されているものの、オンラインの世界のため、その取扱いが問題となる。

3　想定される法的課題

(1) 権利保護の必要性

　メタバースにおいて現実世界のアイテムを再現する場面が増大しつつある。メタバース内のアイテムが、メタバース内の他のアイテム、あるいは現実世界のアイテムを模倣するなどして権利侵害している可能性が後日判明した場合のリスクとその対応は別途検討しておく必要がある（詳細はQ14、Q15参照のこと）。逆に、保有するメタバース内のアイテムが、メタバース内の他のアイテムあるいは現実世界のアイテムに模倣されてしまった場合、どのような主張が可能なのかという観点から対応を検討しておく必要もあるだろう（詳細はQ16、Q17参照のこと）。また、外部クリエイターに制作を依頼する場合のポイントを意識しておく必要がある（詳細

はQ16参照のこと）。

（2）権利侵害への対応

　メタバース内のアイテム・建物をめぐる権利侵害が問題となる場面は、大きく分けて、三つのパターンが想定される。一つは、メタバース内のアイテムが、現実世界の権利を侵害していると主張されるパターン、もう一つが、メタバース内のアイテムが、他者によって権利侵害されていると主張するパターンで、これは他者がメタバース内に所在する場合と、現実世界に所在するパターンにさらに分類することができる。それぞれについて、著作権法、商標法、意匠法、不正競争防止法等の観点から検討することが求められる（詳細はQ14～Q17参照のこと）。

（3）現実の街並みの再現

　現実世界の街並みを再現する場合、再現対象を建築物や看板、ポスターその他に分解して、それぞれについて法的問題がないかを検討することになる。建築物については多くの場合著作権が制限されることから、断りなく再現しても法的問題は発生しにくいが、一部の名所に関しては実務上お断りしておくことが望ましい場合がある。他方、看板やポスターについては、街並みの再現という場面においては、著作権制限規定が適用されない可能性が高い。このため、看板やポスターについては、再現に含めないことが現実的な対応といえる（詳細はQ13参照のこと）。

（4）UGC への対応

　UGC との関係では、まず権利関係及び利用形態（権利の帰属、メタバース運営事業者はどの範囲でいつまで利用できるのか、参加者が当該メタバースの利用を終了した時点での取扱い等）をどのように定めるかがポイントとなる（詳細はQ41参照）。加えて、UGC による他者の権利侵害が発生していた場合の、メタバース運営事業者の責任の在り方が問題となる。ここでは、メタバース運営事業者が責任を負うべき場合があるとしたら、それはどのような場面なのか、逆に責任を負う事態を避けるために注意すべきポイントはどこかを検討することが、近い将来必要になるだろう（詳細はQ41参照）。

(5) コンテンツのライセンス

　メタバース内で他者の楽曲を演奏する場合のライセンスについて、JASRAC がガイドラインを公表するなど、今まで不明確だったルールが明らかになりつつあるが、メタバースの特性を踏まえたさらなる議論が待たれるところである（詳細はコラム「メタバースにおける楽曲利用」参照)。

(6) 実演の保護

　メタバース内の実演の保護についても、議論が始まっているが、そもそも何を保護すべきなのか、という点でも見解が分かれており、この点もさらなる議論が待たれるところである（詳細はコラム「アバターの「中の人」（実演家）の権利」参照)。

コラム　メタバースにおける楽曲利用

　2012年12月末、JASRACは「メタバースでの音楽利用について」として、メタバース内での楽曲利用に関する使用料金のガイドラインを公開し、通常のインターネット配信の料金体系が適用されることを明らかにした。メタバースでバーチャルライブを行う場合は、動画配信の規定に基づきライセンスすることになるため、例えば、有料のバーチャルライブをストリーム形式で配信する際は、月間の情報料・広告料などの収入の2.1%（最低使用料5000円）が徴収される。また、メタバース上の店舗でBGMを利用するケースについては、音楽配信の規定に基づくことになるため、例えば、広告やアバターアイテム課金などによる収入があるサービス内でBGMをストリーム配信する場合は、月間の情報料・広告料などの収入の3.5%（最低使用料5000円）が徴収されることになる。当該ガイドラインの公開によって、メタバースにおける楽曲利用における権利処理は、一定の明確化が図られたといえるだろう。

　他方、メタバースでの配信は、一般的なインターネットのように必ずしも一般にオープンにされているものではなく、中には、非常にクローズドな環境で行われることが想定されているものも少なくない。そのような場合も含めて一律に公衆送信（可能化）が行われることを前提として、権利処理や使用料金を議論することについて、将来的に議論すべき課題があるのではないかとする声も出てきており、今後の議論が待たれるところである。

Q09　メタバースのコミュニケーション機能（ヒト（アバター・情報））の特徴と法的課題は？

　ほとんどのメタバースでは強力なコミュニケーション機能を備え、多くのユーザがアバターでコミュニケーションしていますが、どのような法的課題があるのでしょうか。

Point

　メタバースのコミュニケーション機能に関連して検討すべき主な法的課題としては、①アバターの利用に伴う問題、②個人情報とデータ保護、③参加者間のトラブル対応を挙げることができる。

1　コミュニケーション機能に関連するメタバースの特徴的な要素
(1)　アバター

　メタバースを、多人数間のコミュニケーションが展開される舞台であるととらえると、従前の電子掲示板やオンラインチャット、各種ソーシャルメディアと類似の機能を有しつつ、アバターを操作して参加することでより進化したコミュニケーションを図ることが期待される、という特徴を指摘することができる。

　Q03 で紹介したように、「アバター」の定義にもよるが、「異世界にいる何者かを演じ続ける」ことにあると位置付けた場合は、古くは 1970 年代の「Dungeons & Dragons」（D & D）及び「Multi User Dungeon」（MUD）にアバターの起源を求めることができ、その後、時を経て 1990 年に日本に上陸したオンラインゲームパソコン通信時代のサービス「富士通 Habitat」において、2D アバターという一つの形に結実したものと評価できる。その後のアバター型チャットサービス、MMORPG、Second Life の隆盛を経て、アバターは技術的に大きく進化し便利になった。反面、没入感の高まりにより、「性的被害」の発生など思わぬトラブルが発生しつつある。

(2) 収集される個人情報・データの拡大

　メタバースでは、従前のサイト閲覧履歴及びソーシャルメディアの投稿・利用履歴にとどまらない、仮想世界内における一挙一動、さらにVRゴーグル経由で得られる視線情報を収集できることから、一人当たりのデータ主体について収集できる個人情報・データは爆発的に増えることとなる。もちろん、収集する情報・データの中で有用性が高いものは限定されるし、すべての情報・データを処理するのは、技術的・物理的あるいは経済的に見て現実的ではないかもしれない。しかし、適切に情報・データを処理できるのであれば、より正確に参加者それぞれの関心に沿った広告展開が可能となり、より精緻なマーケティングも可能となるだろう。

　もっとも、あまりに徹底した個人情報・データの収集と広告展開の精緻化は、消費者目線から見れば、不要な反発を招くことにもなりかねない。このため、バランスをとった対応が求められる。

2　アバターに関連して想定される法的課題

(1) アバターの情報は個人情報として保護されるか

　アバターの表示名や外見は変更できても、メタバースの参加者として登録時に割り当てられるIDは変わらないと考えられる。メタバースの運営事業者や店舗の出店者はこの参加者IDが見えていると思われるため、参加者IDと個人情報が紐付けられるか、がポイントになってくる（詳細は **Q20** 参照）。

(2) アバターを操作する参加者のプライバシー侵害

　アバターのプライバシー侵害が問題となり得る典型的なパターンとしては、(i) アバターの皮を被っている参加者のリアルの情報を暴露してしまうパターン、(ii) アバターそれ自体の公表していない状態をメタバース内で公表してしまうパターンの二つが考えられる。前者に関連する裁判例として、Vチューバーのプライバシー侵害が争われた裁判にて、特定のVチューバーの演者であるとわかる形で、演者の顔写真を公開したことにつき、プライバシー侵害の成立を肯定したものがある（詳細は **Q23** 参照）。

(3) 名誉毀損の成否

　アバターと参加者である「中の人」の同一性が認識されている場合は、アバターに対する誹謗中傷を「中の人」に対する名誉毀損と整理することができる。ここでも、特定のVチューバーと現実世界の自然人が同一であることを認めたものが出てきており、アバターについても、同様の理屈が妥当すると考えられるためである（詳細は**Q23**参照）。

(4) アバターへの性的侵害

　メタバースでは、アバター間の性的な攻撃による被害事例が、ここ数年各所ですでに発生しており、メディアでも「バーチャル・レイプ」問題として取り上げられている。刑法174条（公然わいせつ）の適用は難しいと考えられている。ポイントの一つとして、刑法実務では「行為」を「人の意思に基づく身体の動静」と解するのが一般的であるところ、アバターの挙動を「身体の動静」といえるのか、という点は解決されずじまいである（詳細は**Q33**参照）。

3　個人情報とデータ保護

　収集される個人情報・データの拡大に伴い、メタバースの参加者間では個人情報及びデータ保護、プライバシー保護への懸念が強まっている。また、メタバースのプラットフォーム運営事業者と出店企業の間の個人情報・データのシェアの在り方によっては、第三者提供の規制の適用関係にも影響する可能性があることから、ビジネスにおける情報・データの設計が問題となってくる（詳細は**Q20**参照）。

　また、パブリックチェーン上に個人情報・データを展開する場合、本人の権利行使の要求、とりわけ削除請求や第三者提供停止を求められた場合、技術的なハードルで対応できない可能性がある。この場合に対応しないことを法律的にどうすれば正当化できるのかは検討が必要と思われる。

　加えて、メタバースによっては、グローバルに展開しているサービスも存在する。そのなかでは国境もなく、様々な国からの参加者がやってくるため、日本の事業者も自然と外国の個人情報を取り扱うことになる。逆に、海外の事業者が、日本の個人情報を取り扱う場面も出てくる。国によって個人情報の保護のルールは意外に差異があるため、どの国の個人情報保護のルールが適用されるかは、事業者にとって切実な問題となり得る（詳細

Q09 メタバースのコミュニケーション機能（ヒト（アバター・情報））の特徴と法的課題は？

はQ21参照）。

4 参加者間のトラブル対応

　参加者間のトラブルに対して、メタバース運営事業者が積極的に対処しようとする場合、問題行動を起こした参加者のアカウントを停止し、あるいは、会員資格のはく奪まで踏み込んだ対応をとることが考えられる。このような強い態度をとろうとする場合、これらの措置は利用規約に基づいて行われることが必要であるため、利用規約においてそのような強硬措置をとる権限を確保しておくことが不可欠になる。実際に強硬措置を取ろうとすると、参加者から運営事業者に対しては禁止行為には該当しないという反論がなされる可能性がある。このような反論を封じる観点からは、利用規約上の禁止行為の範囲を網羅的かつ明確にしておくことが重要になる（詳細はQ24参照）。

Q10　メタバースの経済取引機能（カネ）の特徴と法的課題は？

　多くのメタバースでは経済取引機能があることを売りにし、実際にこれを利用したサービスも登場していますが、どのような法的課題があるのでしょうか。

Point

　メタバースの経済取引機能に関連して検討すべき主な法的課題としては、①アイテム・土地建物の権利保護・権利侵害、②金融規制、③税金を挙げることができる。

1　経済取引機能に関連するメタバースの特徴的な要素
(1)　NFT・ブロックチェーン技術の活用

　メタバースの中には、「The Sandbox」や「Decentraland」（詳細は**Q05**参照）をはじめとして、近年急速な普及を見せている NFT やブロックチェーン技術を導入し、経済取引の舞台として活用可能であることを売りにしているところも少なくない。ブロックチェーンでは一定期間の取引記録を一つのブロックにまとめ、それをつなぎ合わせることで、正しい記録として蓄積していく。このブロックには、誰がいつ、いかなる取引をしたのかを記録した「取引データ」、過去の取引を暗号化したデータ「ハッシュ値」、そしてマイニングと呼ばれるブロックをつなぐためのデータ「ナンス値」の三つが格納されている。複数のコンピュータで同じ取引データを管理することによって、一部が改ざんされたとしても、すぐにそれが不正であることが発覚することから、データの信頼性、正確性が担保されている。このため、メタバース上のアイテム・不動産・アバターの取引履歴についても改ざんを防止でき、取引安全が図られる。NFT は「Non-Fungible Token（非代替性トークン）」の略称だが、アートやゲーム内のアイテムなどの資産に所有者情報を記載し、ブロックチェーンで具現化され

た信憑性を証明できるデジタル資産として活用されている。

(2) 現実世界の通貨への換金可能性

　また、NFT やブロックチェーンを導入していないメタバースにおいても、現実世界の通貨への換金可能性を確保している場合は、その経済取引機能に期待が寄せられる傾向がある。メタバースの「老舗」というべきSecond Life（詳細は **Q04** 参照）においても、Linden ドルという独自の仮想世界内独自の通貨が発行され、世界内の取引に用いられただけでなく、米ドルへの換金機能が世界内で提供されたことで大きな注目を集めていた。このように、経済取引の舞台としての機能が期待されているのは直近に始まったお話ではない。しかし、これまでの経済取引は一つの仮想世界内にとどまってきたのに対し、メタバースでは仮想世界の境界を飛び越えて資産を移動させることも検討されており、より現実世界に近い経済取引が期待されようとしている。

2　想定される法的課題
(1) アイテム・土地建物の権利保護・権利侵害

　メタバース上で経済取引を行う場合、まず取引当事者が、取引対象について法律上の権利を有していなければならないし、取引対象が法律上の保護を受けていなければ、対価を払って取引する意味がなくなってしまう。ユーザの購入体験が現実世界に接近している一方で、取引対象はあくまで特定のメタバース上でしか表現されないデジタルデータのままであることから、法的観点からの検討が必要になる（詳細は **Q27** 参照）。

(2) 電子商取引

　メタバース内で行われる経済取引は、オンライン上の取引であるため、いわゆる電子商取引として規律されることになる。一般的な電子商取引に関連する法的課題（契約の成立、未成年取引、第三者によるなりすまし、裁判管轄・準拠法等）がここでも問題となる。これに加えて、メタバース特有の論点として、①現実世界の店舗のようなスタイルで運営される仮想店舗は、現実世界のリアルの店舗とオンラインストアいずれのルールがふさわしいのか、②経済取引がアバターを通じて行われるが、AI が動かすアバ

ター相手の取引はどのように評価すべきかが新たな法的課題として生じてくる（詳細は**Q27**参照）。

(3) 金融規制

　経済取引では必ず対価としての資産の移動を伴うことになるため、金融規制についても検討は欠かせない。1で言及した特徴は直接的には、いずれも金融規制の検討に影響する。具体的に想定される主な法的課題としては、①メタバースにおけるデジタル資産・デジタルマネーの金融規制の適用の有無、②メタバースにおける金融規制の名宛人（規制が適用される場合には、誰が規制対象となるか）、③メタバース上の金融サービスに対する金融規制（いかなる取引が規制対象となるか）、④メタバースとNFTゲーム（GameFi）における法的論点、⑤メタバースにおける日本の金融規制の適用範囲等が指摘されている（詳細は**Q28**～**Q30**参照）。

(4) 税法関連

　経済取引に伴うもう一つの大きな法的課題が税法である。これもSecond Lifeの時代からすでに理論上の問題として議論されることはあったところ、近時のメタバースにおいては経済取引機能が強化され、現実に「不動産」をはじめとする高額の取引が多数行われるようになったことから、喫緊の課題となりつつある。

　税法の適用関係を検討するに際して、①メタバースには物理的国境が存在しない、②メタバース内の取引当事者には匿名性が確保されている場合も少なくない、という二つの特徴が大きく影響してくると考えられる。①からは取引当事者がそれぞれ日本国内の居住者である場合、非居住者である場合、いずれの組み合わせについても検討する必要が生じる。越境取引である場合は、消費税における輸出免税の適用証明の在り方が問題となってくる（詳細は**Q31**参照）。

　また、所得税・法人税について、メタバース内の資産につき減価償却をどのように行うか（何をもって減価償却資産とするのか、使用しているかどうかをどのように判定するのか）が問題になり得る。また、メタバース上のコンテンツについて、相続や贈与が行われたと考えられる場合には、相続税・贈与税の取扱いが問題となり得る。

Q11　メタバースのもう一つの現実を創出する機能とプラットフォームの特徴と法的課題は？

　メタバースの多くは、オンライン上の仮想（三次元）空間で展開することによる、もう一つの現実の創出機能があることを売りにし、実際にこれを利用したサービスも登場していますが、どのような法的課題があるのでしょうか。また、メタバース世界の維持にはどのような法的課題が考えられますか。

Point

　もう一つの現実の創出機能に関連して、①疑似的「不動産」、②現実世界の「犯罪行為」の再現、③業法規制、④賭博規制、メタバース世界の維持との関連では、①情報セキュリティ、②青少年保護、③プラットフォーム事業としての規制等を挙げることができる。

1　もう一つの現実の創出機能とメタバース世界の維持に関連するメタバースの特徴的な要素

　「バーチャル渋谷」のように現実世界の街並みを仮想世界に忠実に再現するプロジェクトが増加していることからもわかるように、3Dオブジェクトの制作技術その他の技術の発展により、現実世界のアイテムや不動産を仮想世界に取り込む需要が高まっている。これまでオンラインゲームの世界では、できる限り現実世界からかけ離れている幻想世界が好まれてきたのとは対照的な動きといえる。他方で、このようなデジタルツインを「疑似現実」と呼称し、「仮想現実」たるメタバースとは区別すべきであるとする論調もみられる。これには国ごとの文化的・社会的背景が影響しているのではとする指摘もみられる。

2　想定される法的課題
(1)　メタバース内の疑似「不動産」特有の法的課題

　メタバース内では仮想世界内の「土地」「建物」を示す3Dオブジェクトで購入でき、現実の不動産のように利用することができるが、購入・レンタルによって得られる権利は現実の不動産に比べてかなり限定的である。また、メタバースのサービス終了時のみならず、規約違反を理由に利用資格をはく奪された場合でも、「土地」も「建物」も容易に消滅するなど、現実世界の不動産のような安定性は有していない。加えて、立入権限の設定や広告表示の設定は、メタバースのシステムに頼らざるを得ない、という問題もある（詳細は **Q32** 参照）。

(2) 現実世界の「犯罪行為」をメタバースで再現した場合の取扱い

　実世界では「犯罪行為」に該当する挙動をアバター経由で、メタバース内で再現した場合、現実世界とは異なる「犯罪行為」として規律される可能性がある。たとえば、メタバース内の「不法侵入」を現実世界の住居・建造物侵入罪で罰することはできないが、その手法がたとえばシステム上、IDとパスワードを入力しないと立入りできないよう制限をかけているところに、不正に入手したIDとパスワードを使って立ち入るというものであった場合は、不正アクセスで罰される可能性が生じる（詳細は **Q33** 参照）。

(3) メタバースと業法規制

　現在、対消費者ビジネスを規制する業規制の大半は、現実世界の店舗の存在を所与の前提として法律が定められ、デジタル時代になった現在においても、その運用は大きく変わってはいない。たとえば、現実世界であれば風俗営業法上の対応が必要になるサービスや業務を、メタバースにおいて提供する場合に同様の対応が求められるのか、あるいは求めるべきかは検討が必要だろう。金融分野や医療分野など、規制の厳しい分野では、メタバース内のサービス設計段階から、細心の注意を払った検討が求められる（詳細は **Q34** 参照）。

(4) メタバースと賭博規制

　メタバース内のキャラクターやアイテムを表章するNFTを販売するに際して、「ガチャ」の仕組みを採用する場合、賭博規制が適用されるか問題となる。実務では賭博の「得喪を争う」の要件が認められるかがポイン

トになってくる。NFT 販売の購入価格を下回るようなアイテムがガチャからでないのであれば、「得」だけで「喪」はないことになり、「得喪」性は否定されやすくなるためこれを踏まえて、ガチャ要素を含んだ NFT 販売のスキームを設計することが考えられる。

　NFT 販売サービスが賭博に該当しうる場合には、賭博場開張等図利罪が成立する可能性にも別途留意が必要である。また、メタバース運営事業者の責任が問われる事態を避けるための配慮も必要となる（詳細は Q35 参照）。

（5）メタバースの情報セキュリティ

　メタバースでは、視線情報を含む膨大な情報が収集・利用される一方で、外部からのサイバー攻撃に日々さらされており、その対応が不可欠である。メタバースではさらに、ダークバースにおける闇取引、ソーシャルエンジニアリングによる情報の引き出しなども危惧される（詳細は Q36 参照）。

（6）メタバースにおける青少年保護

　メタバースでは技術の発展によって、VR ゴーグルの装着による負担の軽減が将来見込まれるところ、長時間ログインして、日常生活の大半をメタバースに費やすケースも考えられる。また没入感の高いコミュニケーションは、反面、青少年にとっては周囲から影響を受けやすいというマイナスもありえる。

　それらの対策として、メタバース運営事業者は、まず、青少年保護にフォーカスしたサービスとして、徹底した安全なメタバースを目指すか、青少年にフォーカスはせずに、一定程度の安全性を保つにとどめるか、の大きな方針を検討すべきである。方針が定まったら、禁止事項・注意事項を明確にし、これを遵守させることが重要になる。日々の運用においてどこまでの人員・コストをかけてそれを徹底させるかは、方針を踏まえて個別事業者ごとに判断することが求められる（詳細は Q37 参照）。

（7）プラットフォームとしてのメタバース運営事業者

　メタバースも様々な形態があるし、一つのメタバースが複数の機能を有することが一般的であるが、コミュニケーション機能に重点を置くメタ

バースはソーシャルメディアに近い機能を有するし、経済取引機能に重点を置くメタバースのうち、参加者の事業者自身が店舗を営み、エンドユーザーの参加者にサービスを提供する場合は、オンライン・ショッピングモールに、エンドユーザーの参加者間の取引を想定する場合は、オンライン・フリーマーケットに、それぞれ近い機能を有することから、メタバースの運営事業者は、プラットフォームビジネスに該当する可能性が高い。この場合、メタバース運営事業者が「取引デジタルプラットフォーム提供者」に該当するかが問題となってくる（詳細は**Q38**参照）。

(8) メタバース運営事業者に適用される規律と留意事項

　メタバース運営事業者が、「取引デジタルプラットフォーム提供者」に該当するかは未知数である。しかし、これらのいずれに該当しない場合でも、メタバース内で提供するサービスの在り方によって、電気通信事業法やプロバイダ責任制限法による規制や責任を果たさなければならない場合が出てくる。また、オンライン・ショッピングモールのサービスを提供するメタバースであれば、取引にトラブルが発生した場合に、名板貸しの法理に基づいて、運営事業者が責任を問われる可能性があるのも注意すべきである（詳細は**Q39**参照）。

(9) メタバース内に参加者として出店する際に留意すべき事項

　メタバース内に参加者として出店する場合、まずメタバースで行いたいことを明らかにし、それにふさわしいメタバースを選択することが重要である。メタバースではもっぱら知名度を上げて集客したい場合は、メタバースの日本国内における知名度や世間でのイメージ、メタバースの参加者人口（登録者数、日々の訪問者数）、公的機関や競合会社の利用動向等々を踏まえて判断することになる。その際、サービスとしての利便性や対価などの利用条件だけでなく、法務面（利用後のアバターやアイテムの持出しの可否・難易度、顧客情報を含む情報の保護、知的財産権をめぐるルールほか）のチェックも欠かすべきではない。その後は、出店先としての「不動産」の検討、アイテムの制作や権利処理、メタバース内の活動に適用される規律、出口戦略等々を検討していくことになる（詳細は**Q40**参照）。

コラム　課題整理の視点〜メタバースの内側と外側〜

　メタバース関連ビジネスの法的課題の整理に当たって、もう一つよく指摘される観点がメタバースの内側と外側という視点の置き方である。これは、インターネットのウェブサイトやソーシャルメディアとオフラインという視点の置き方に似ているが、メタバースの場合、ことさらに現実世界（現実空間）に対する仮想世界（仮想空間）という特徴が強調されることが多いため、法的課題をこの観点から整理するとわかりやすそうに見えることが背景にあるように思われる。メタバースの内側、外側それぞれの当事者を設定することで、課題が発生しやすい場面を設定・説明しやすいという側面がある。

　他方で、メタバースもオンラインの一つのサービスに過ぎず、特に現時点ではマルチバース時代の到来までは相当な時間を要し、個々のメタバースが（多少の提携関係がある場合も含めて）バラバラに存在・運営されているにとどまる現時点においては、会員登録しないとコンテンツにもアクセスできないタイプの会員制ウェブサイトやソーシャルメディア、オンラインゲームと法的課題をみてもそれほど差異はないのだから、従前のオンラインとオフラインという観点の延長にとどまるのではないという見方も出てくるだろう。

　たとえば、漫画の海賊版サイトが近年たびたび摘発されているが、オフラインのコンテンツが無断でアップロードされる、オンライン側で侵害される状況は長年オフラインの権利者の頭を悩ませている。反面、オンライン発の人気小説や漫画も珍しくなくなっている現在、勝手に作られたキャラクター商品が通販サイトで売られる事件も発生しており、いわばオフライン側で侵害される状況も生じている。もちろん、オンライン上での人気コンテンツは、デジタルコンテンツのコピーの容易性も手伝い、第三者にオンライン上で無断でパクられる事態はよく見られる。このようにオンラインとオフラインが相互に相手を侵害し、オンライン同士で権利侵害が生じる状況はすでに日常化している。

　メタバースで特徴的なのは、① 3D 空間という現実を模倣しやすい空間に3D オブジェクトというやはり現実を模倣しやすいアイテム等を配置できるため、外観上はより現実そっくりな状況を再現しやすいし、現実世界においてもよりそっくりな状況を再現しやすいことと、②没入性が高く、利用者の意識に残りやすいことから、トラブルが発生しがちであること、にあると考えられ、単なるオフライン・オンラインの対立状況の延長にとどまるものでもないといえ、メタバースの特徴を踏まえた有用な視点と思われる。内側・外側のどこに視点を置くかの視点は、法的課題の検討においても念頭におくべきと思われる。

Ⅰ-3　メタバースのクリエイト機能に関わる法的課題（モノ）

Q12　メタバースの「モノ」に関わる法的課題とは？

　メタバース内では3Dオブジェクトで表現されるアイテムを制作し、利用し、場合によっては、メタバース内の通貨で取引することもできるようになっていますし、土地建物も高額で取引されている事例も報じられており、MMORPGの時代から見ると隔世の感があります。これらのアイテムや土地建物は、現実世界と同様に、法律的にも保護されるようになったのでしょうか。

Point
　メタバース内のアイテム・土地建物は、技術の発達により、3Dオブジェクトとして現実世界に近い外見を有するようになっているが、その法的保護・権利侵害の成否については、依然として現実世界と大きく異なっている。

1　なぜ法的保護の在り方が問題となるのか

　本書では、「メタバース」にまつわる法的課題を、メタバースの四つの機能、すなわち①クリエイト機能、②コミュニケーション機能、③経済取引機能、④オンライン上の仮想（三次元）空間で展開することによる、現実とのリンクの強化ともう一つの現実の創出機能と、それらを提供する⑤メタバース世界の維持とプラットフォーム、に関連付けて整理しようと試みている。

　このうち、①に関連するものとしては、3Dオブジェクトの権利保護、権利侵害及び現実の街並みの再現について検討している。

2　経済取引と 3D オブジェクトの権利保護

(1) 経済取引の隆盛と取引の対象

　メタバース内では、伝統的なオンラインゲームとは異なり、正面からアイテム・土地建物が取引対象として位置付けられ、むしろ一種の経済圏として機能することが期待されている。具体的には、アイテムとしては、メタバース内で持ち運びができる 3D オブジェクト、建物としては持ち運びができない 3D オブジェクト、土地としてはメタバースの運営事業者によってあらかじめ用意された区画が盛んに取引されている。一部のメタバースでは、取引の安全確保の観点から、これらを NFT に紐付けて、その NFT を取引することとしている。

　ここで取引されているのは、デジタルデータに過ぎず、メタバース内のアイテム・土地建物いずれも所有権の対象とはならないのが現状であり、著作権法をはじめとする無体財産権法による保護を検討する必要が生じている（詳細は**Q26**参照）。

(2) 権利侵害への対応

　メタバース内のアイテム・建築物をめぐる権利侵害が問題となる場面で、トラブル解決に向けた対応の方針としては、まず紛争が同一のメタバース内で発生している場合は、メタバースの運営事業者に連絡して解決に向けたアクションを取ってもらうことが考えられる。これで解決すれば、双方当事者とも多大なコストをかけることなく、トラブルを解消できるので、効率性の観点からは最も望ましいといえる。他方で、メタバースの運営事業者が期待したようなアクションを取ってくれない、あるいはそもそも運営事業者はメタバース参加者間の紛争には関与せず、自己解決を求めている場合は、同一のメタバース内の紛争であっても、法的な紛争解決手段に頼らなければならなくなる可能性が生じてくる。さらに、関係当事者が同一のメタバース内に収まらない、すなわち、別のメタバースで権利主張している、あるいは現実世界で権利主張している場合も、同じく、法的な紛争解決手段に頼らなければならなくなる。

　法的な紛争解決手段に頼ることになった場合、大きく分けて、三つのパターンが想定される。一つは、メタバース内のアイテムが、現実世界の権利を侵害していると主張されるパターン、もう一つが、メタバース内のア

イテムが、他者によって権利侵害されていると主張するパターンで、これは他者がメタバース内に所在する場合と、現実世界に所在するパターンにさらに分類することができる。

　メタバース内のアイテムが現実世界の権利を侵害していると主張されるパターンについては、著作権・意匠権侵害を主張されるケース（**Q14**）と、商標権侵害・不正競争防止法違反を主張されるケース（**Q15**）に分けて説明している。

　メタバース内のアイテムが、他者によって権利侵害されていると主張するパターンについては、まずメタバース内のアイテムが法的に保護されていることが前提となるため、著作権法、商標法、不正競争防止法、意匠法それぞれの観点から、法的保護の可能性を検討している（**Q16**）。そして法的に保護されることを前提に、権利侵害されているという主張がそもそも可能なのかをそれぞれの法律について検討している（**Q17**）。この場合、メタバース内のアクションによって権利侵害される場面と、現実世界でのアクションによって権利侵害される場面を想定してそれぞれ検討している。これはアクションが行われる場所によって、権利侵害の成否が大きく異なってくると考えられるためである。また、メタバース内で他者によって権利侵害されるおそれのある3Dオブジェクトとしては、アバターが対象となる事態も考えられるが、こちらはアイテムや建物と異なり、知的財産権以外の権利（肖像権やパブリシティ権）によって保護される可能性もあることから、別途検討する（詳細は**Q22**参照）。

3　現実の街並みの再現

　現実世界の街並みを再現する場合、再現対象を建築物や看板、ポスターその他に分解して、それぞれについて法的問題がないかを検討することになる。建築物については多くの場合著作権が制限されることから、断りなく再現しても法的問題は発生しにくいが、一部の名所に関しては実務上お断りしておくことが望ましい場合がある。他方、看板やポスターについては、街並みの再現という場面においては、著作権制限規定が適用されない可能性が高い。このため、看板やポスターについては、再現に含めないことが現実的な対応といえる（詳細は**Q12**参照）。

4　疑似「不動産」固有の問題

　メタバース内で疑似的な「不動産」を購入し、あるいは賃借する場合、不動産について生じる問題が、疑似的な「不動産」ではどうなるのか検討を要する場合がある。たとえば、現実の不動産では、近隣の不動産が奇抜なデザインであることによって、住環境が破壊されたとして、近隣トラブルにつながる場合があるが、メタバース内でも似たような主張が可能なのだろうか。また不動産についてはネーミングライツ・ビジネスが各所で展開されているが、メタバース内でも同様のビジネスが成立するだろうか。これら疑似「不動産」固有の問題も検討が必要になるだろう（詳細は Q31 参照）。

Q13 メタバース内で、現実世界の街並みを再現しても大丈夫？

「バーチャル渋谷」のプロジェクトを見た上司から、類似のプロジェクトの検討を指示されました。メタバース上で現実世界の街並みを再現する場合の留意事項を教えてください。

Point

現実世界の街並みを再現する場合、再現対象を建築物や看板、ポスターその他に分解して、それぞれについて法的問題がないかを検討することになる。建築物については著作権が制限されることから、断りなく再現しても法的問題は発生しにくいが、一部の名所に関しては実務上お断りしておくことが望ましい場合もある。

1　メタバース上で現実の街並みを再現するとは

近年、国内外を問わず、メタバース上で現実の街並みを再現するプロジェクトが急増している。またメタバースそのものではないが、国土交通省が主導する、日本全国の3D都市モデルの整備・活用・オープンデータ化事業Project PLATEAU（プロジェクト プラトー）[1] では、数多くの都市の実際の街並みを3D空間に再現している[2]。

このように現実の街並みを再現しようとする場合の留意事項を検討する場合、「街並みを再現する」というふわっとした概念のまま行うと見落としが発生する恐れが高まりかねない。そのような見落としを避ける観点からは、街並みを再現するに際して実際にどのような作業を行うことになるのかをリストアップし、リストアップした作業ごとに、ありうるリスクとそれを軽減するための対応を検討していくのが望ましいといえる。

以下は、典型的な都会の街並みをメタバース上に再現する際に行われることが想定される作業を整理したものである。

・街並みの中核ポジションにある有名な建築物（例：○○タワー）の再現

・有名建築物に設置された看板やポスターの再現

・有名建築物の周囲のスペース（緑化スペースが配置され、アート作品が設置されている場合も少なくない）の再現

・周辺の建築物の再現

2　有名建築物の再現

　街並みの再現においては、限られたコストの有効活用の観点から、中核ポジションをなす有名な建築物の再現に特に力を入れる傾向が強い。その際、歴史上の有名建築物には該当しないが、有名建築物の周辺には、有名建築物のディテールを再現すべく、看板やポスターが再現される場合も少なくない。さらに地域によっては、建ぺい率の関係で、高層ビルの周囲には庭園が設置される場合があり、また、アート作品が設置されることも珍しくない。再現度を上げる観点からは、これらの周囲のスペースまで含めて再現されやすい。

　このように巨大建築物をメタバースに配置する場合、看板や周囲のスペースを含めて、できる限り現実世界を忠実に模倣すべく、3D オブジェクトを制作し、メタバース上に配置することになるため、現実の建築物や看板、屋外の美術品等の著作権に抵触しないかを検討する必要が生じる。なお、令和2年4月より施行された意匠法改正により、新たに建築物、内装の意匠が、意匠法による保護の対象となっており、すでに商業用建築物、オフィスビル、飲食店、マンション、橋梁、集合住宅を含む住宅の登録事例が公表されており、メタバースに取り込もうとする場合は、事前の確認が必須となっている。

(1)　建築物自体

　まず、建築物については著作物性が認められるのは「客観的、外形的に見て、それが一般的な建築において通常加味される程度の美的創作性を上回り、実用性や機能性とは別に、独立して美的鑑賞の対象となり、建築家・設計者の思想又は感情といった文化的精神性を感得せしめるような造形美術としての美術性を備えた場合」に限られている。たとえば、東京タワーや凱旋門は「建築の著作物」と考えられている。[3)]主目的が実用性の提供にあり、その目的から分離・独立して美術の著作物そのものであるとは

言い難い。

　建築物について著作物性が認められない場合、日本では物のパブリシティ権も明確に否定されており[4]、有名建築物についての権利主張は難しく、著作権・パブリシティ権の観点からは自由に利用できると考えられるが、実務では注意すべき事項がある。実務でも一部の有名な建築物などでは「ライセンスについて」と題して、「プロパティを用いた商品・サービス（NFT を含みます）の企画・製造・販売又は広告宣伝及び各種媒体における（中略）プロパティの使用につきましては、（中略）承諾が必要となります。」と宣言するなど、権利者側が明示的に承諾を要求しているケースもあり[5]、紛争予防の観点から別途の対応が必要な場合もあるので、注意が必要である。

　建築物について著作物性が認められる場合でも、著作権法46条によって、①美術の著作物でその原作品が著作権法45条2項に規定する屋外の場所に恒常的に設置されているもの、及び②建築の著作物について、例外的な場面（図表）を除けば、いずれの方法によるかを問わず、利用可能であると定められている。

　ここでいう「屋外」とは「建物の外」を指すが、現実の事例を考えてみると不明な点も多い。たとえば、美術館の中庭や前庭に設置された彫刻について、「美術館の屋内と解釈すべきだから屋外ではない」とする見解と「建物の外であることには変わりないから屋外である」とする両論が存在しており、決着を見ていない。ショーウィンドウの中に設置された美術品についても、「屋外」と取り扱うべきでないとされている[6]。

　さらに注意が必要なのはもっとも、美術の著作物であると同時に建築の著作物でもある場合、いずれのルールをもって判断すべきなのか、は必ずしも明確でない。また、もっとも、上で触れた実務で注意すべき事項は、この場合でも妥当するので、やはり注意が必要である。

　海外では紛争が実際に発生している。ロサンゼルスの801タワーという高層建築物前の中庭部分に大通りの間の仕切り壁として4本のタワー状の彫刻が設置されていたところ、これらが801タワーとともに、映画内で悪のアジトとして登場した。映画会社は、4本の彫刻を含む中庭全体について著作権登録をしていた建築家に使用許諾を求めたものの、許諾は得られず、逆に著作権侵害で提訴された。第一審で敗訴した建築家は上訴したも

対象となる著作物の種類（46条）	利用できない場面（46条）	メタバースでの利用が「利用できない場面」に該当するか
①美術の著作物でその原作品が著作権法第45条第2項に規定する屋外の場所に恒常的に設置されているもの あるいは ②建築の著作物	彫刻を増製し、またはその増製物の譲渡により公衆に提供する場合（1号）	×（現実世界の彫刻を3Dモデルで再現する行為は「増製」に該当せず）
	もっぱら美術の著作物の販売を目的として複製し、またはその複製物を販売する場合（4号）	△（利用形態によって該当の可能性あり）
	45条2項に規定する屋外の場所に、恒常的に設置するために複製する場合（3号）	×（メタバース内に設置する行為は「屋外の場所に、恒常的に設置するため」に該当せず）
	建築の著作物を建築により複製し、またはその複製物の譲渡により公衆に提供する場合（2号）	×（現実世界の建築物を3Dモデルで再現する行為は「複製」に該当せず）

のの、上訴審である米国第9巡回区控訴裁判所は、4本の彫刻について、美術としての一体性や建築としての一体性を考慮して、4本の彫刻は801タワーと一体となった建築著作物（の一部）であり、独立した著作物とはいえないと判断し、権利制限規定である著作権法第120条（a）が適用されることから、建築家の上訴を棄却した。[7]

(2) 看板・ポスター

　建築物に設置された看板・ポスターについては、建築物と物理的には付着し、あるいは張り付けられているが、著作物としては独立したものであり、著作権で保護されるかを考える場合は、建築物とは切り離して検討することになる。そして看板やポスターでは文字や画像が用いられており、その表現には一定程度の創作性が認められることから、著作権法の保護の対象となる可能性が高い。

　そして、建築物とは独立した著作物である以上、建築物に適用される著作権法46条は及ばず、他の権利制限規定の適否を検討する必要が生じる。この点、写り込み（付随対象著作物の利用、著作権法30条の2）での説明が可能ではないかを検討する必要が出てくる。

　「写り込み」は令和2年の著作権法改正で対象となる行為範囲が拡大され、適用対象である「複製伝達行為」を「写真の撮影、録音、録画、放送その他これらと同様に事物の影像又は音を複製し、又は複製を伴うことなく伝達する行為」としたことで、現実世界のアイテムを3Dで仮想世界に取り込み、表示する場面にも適用されることが明らかになっている。その

要件としては「当該複製伝達行為の対象とする事物又音に付随して対象となる事物又は音に係る著作物であること（付随性）」「当該著作物の占める割合、当該作成伝達物における当該著作物の再製の精度その他の要素に照らし当該作成伝達物において当該著作物が軽微な構成部分となる場合における当該著作物に限る（軽微性）」「当該付随対象著作物の利用により利益を得る目的の有無、当該付随対象事物等の当該複製伝達対象事物等からの分離の困難性の程度、当該作成伝達物において当該付随対象著作物が果たす役割その他の要素に照らし正当な範囲内（正当な範囲内）」が求められる。メタバースの特徴として、近づけば近づくほどに広告看板などが自身の端末画面に表示される範囲に占める割合は増え、上記の付随性や軽微性を充足するか、あるいは正当な範囲内と言えるかについては議論のあるところである。

　また、看板の内容が不健全であるなどメタバースにそのまま取り込み表示することに問題があると思われる場合に、一部を変更することもありうる。このような変更を加える場合でも「伝達」といえるのかという議論もある。このため、メタバース上の再現においては、リスク回避の観点から、看板・ポスターについては架空のものに置き換えているケースも少なくない。看板自体が地元の名所であるような場合は、独立した著作物として権利処理を行うことになる。

（3）アート作品

　国内でも高層ビルの中庭に彫刻などのアート作品が設置されている場合は少なくないが、日本法ではどのような取扱いになるか。著作権法46条の適用が争われたわけではないが、ノグチ・ルーム事件（詳細は**Q51**参照）では、彫刻の位置、形状、設計等を勘案して、庭園の一部であると当時に独立した美術の著作物であると判断した。[8]同判決及び米国の判決を踏まえると、美術としての一体性や建築としての一体性、設計段階の取扱いを考慮して、独立した鑑賞対象となるかがポイントになると考えられる。

　中庭に設置された彫刻が高層ビルという建築の著作物から独立した著作物であると判断される場合や、そもそも高層ビルが建築の著作物とは認められない場合には、美術の著作物としての権利制限の規律が適用され内科を検討する必要が生じる。そして、図表の通り、「専ら美術の著作物の複

製物の販売を目的として複製し、又はその複製物を販売する」場面（4号）に該当しない限りは、メタバースでの利用は制限されないと考えられる。ただ、当該権利制限が適用されるのは、屋外に恒常的に設置されているアート作品が原作品である場合に限られているため、実務では個々のアート作品について慎重な確認が求められるところである。

（4）周辺の建築物

　周辺の建築物については、有名建築物ほどは、忠実な再現が求められるわけではないのに加えて、建築物そのものが著作物として保護される可能性もさほど高くないであろうことを考えると、二重の意味で、そもそも著作権法上の問題が生じる可能性は低いと考えられる。仮に著作権法上問題を検討する必要が生じる場合は、2（1）の有名建築物と同様の議論が妥当すると思われる。

....

1）　https://www.mlit.go.jp/plateau/
2）　もっとも、「バーチャル渋谷」のようなメタバース上の再現プロジェクトが主にイベント開催を目的として、美麗な街並みを再現しようとするのに対し、Project PLATEAU ではスマートシティの社会実装に向けた実用性の高い実証実験を目的とするため、そこまで高い街並みの再現度は求められておらず、留意事項もおのずとことなってくる。
3）　島並良＝上野達弘＝横山久芳『著作権法入門〔第3版〕』（有斐閣、2021年）51頁。
4）　最判平成16年2月13日判時1863号25頁〔ギャロップレーサー事件〕。
5）　https://www.tokyotower.co.jp/license/
6）　加戸守行『著作権法逐条講義〔7訂新版〕』（著作権情報センター、2021年）385頁。
7）　Leicester v. Warner Bros. In Leicester v. Warner Bros., 232 F.3d 1212 [57 U.S.P.Q.2d 1001] (9th Cir. 2010)
8）　東京地決平成15年6月11日裁判所HP。

Q14　メタバース内のアイテムについて、現実世界側から権利侵害を主張されたら（著作権法・意匠法）？

　メタバース内で、人気ブランドに似た家具の 3D オブジェクトを制作・販売することを計画していますが問題あるでしょうか。

Point

　メタバース内のアイテムについても、現実世界の知的財産権を侵害する可能性があるため、リスクの慎重な検討が求められる。工業製品を 3D オブジェクト化する場合でも、著作権及び意匠権侵害の可能性はゼロではないことに注意すべきである。

1　先行する海外の紛争事例

　メタバース内で、現実世界の人気ブランド品に似せた 3D オブジェクトを制作し、類似した名前で販売するという行為が頻繁に発生し、直近では以下の裁判事例が広く知られている。

(1) エルメスの事例

　2021 年 12 月、デジタルアーティストとして知られる Mason Rothschild と Eric Ramirez は、招待制のショッピングプラットフォーム Basic.Space に、MetaBirkins（メタバーキン）と称して、100 種におよぶハンドバッグを出品した。価格は 10 イーサリアムがつけられた。これらはいずれも、現実世界のエルメスを代表するハンドバッグ Birkin を毛皮で覆ったデザインをしており、そのシルエットは Birkin を彷彿とさせるものであった。

　これに対し、「BIRKIN」の文字商標及び「バーキン」の立体的なデザイン（トレードドレス）につき、それぞれ登録商標を保有していた、エルメスは、Mason Rothschild による MetaBirkins の出品・販売は、同社が保有する Birkin の商標権を侵害するものであるとして、販売の差止と損害賠償を求め、2022 年 1 月 14 日、ニューヨーク州南部連邦裁判所に提訴

した。

　提訴された Rothschild は訴えを却下するよう申し立てた。その根拠として、Metabirkins はバーチャル・アートであり、合衆国憲法修正第1条に基づく Fair Use（フェア・ユース）の抗弁を主張し、Andy Warhol（アンディ・ウォーホル）がキャンベル・スープの缶を描いた絵に例えられると反論した。つまり、ウォーホルの作品が、よく知られたキャンベル・スープの食料品と同じに見えるが、レタリングやシンボルのわずかな違いによって、アーティストの個人的なタッチや表現が見て取れたため、Fair Use の抗弁が認められたのと、同様に保護されるべきと主張したのである。この Metabirkins は芸術作品として保護されるべきであるという主張に対し、エルメスは、Rothschild は「エルメスの『現実の』保護を『仮想の権利』にすり替えて儲けようとしているだけで、すでに成功しているブランドに乗っかって自分の利益を得ようとしているに過ぎない」と反論していた。

　2022年5月、裁判所は、Rothschild の申立てを却下し、この裁判は本格的な審理に移行することになったため、その行方が注目されている。5月の決定では、NFT は画像へのリンクを指し示すコードでありながら芸術表現として認められると明言された点も注目されている[1]。

(2) ナイキの事例

　スニーカーを中心とした衣料再販のオンラインマーケットプレイスを展開する StockX LLC は、もともとナイキを含む各ブランドの製品を合法的に取り扱っていた。NFT ブームに着目した StockX は、NFT を利用して、スニーカー愛好家が、現実世界で特定の中古スニーカーを所有していることを証明するサービス「Vault NFTs on StockX」を開始した。このサービスでは、サービスの利用者には、現実世界で所有している中古スニーカーに対応する NFT（Vault NFT）が発行される仕組みが採用された。これによって、サービスの利用者は、ソーシャルメディア上に、いちいち棚に飾ったブランド・スニーカーの写真をアップロードしなくとも、自身が人気の中古スニーカーを所有していることをオンライン上で容易に証明することができた。同サービスでは、利用者がどのスニーカーを所有しているか、NFT アイコンだけで簡単に主張できるようにすべく、NFT のア

イコンとして、各利用者が所有するスニーカーなどの写真をあしらったデザインを採用していた。ナイキが問題としたのは、まさにこの NFT のアイコンであった。

　2022 年 2 月、ナイキはバーチャル NFT プラットフォームを運営する StockX LLC を商標権侵害で訴えた[2]。ナイキの主張は、NFT の販売はナイキの許可なく行われており、消費者が NFT という商品の出所について混乱する可能性が高いというものである。

2　著作権侵害の可能性

(1) 設例

　現実世界の建築物をベースにした映像作品内の建築物について、現実世界側から著作権侵害を主張された紛争事例としては、海外事例だが、ロサンゼルスの 801 タワーという有名な建築物をめぐる紛争事例が知られている（詳細は **Q13** 参照）[3]。それでは、アイテムについてはどうだろうか。たとえば、あるメタバース内であらかじめ用意されているクリエイターツールを使用して、メタバース内の自宅に設置できる家具アイテムとして制作して販売している 3D オブジェクトに対して、現実世界の人気ブランドの家具メーカーの製品から、その 3D オブジェクトは、彼らが家具アイテムについて有する著作権を侵害するものであると主張された場合、どのような反論が考えられるだろうか。

(2) 相手方の製品が著作権法で保護されるか

　まず、家具のような工業製品は著作権法で保護されないという反論が考えられる。家具は大量生産される工業製品であり、日本の著作権法においては、美術の著作物として保護されるかが問題となる。実際、日本の著作権法では、仏像のような美術工芸品（実用性を備えつつ鑑賞性を重視した美術品）以外の工業製品などの応用美術に、著作権が発生するか否かが裁判でしばしば争われてきた。元来、我が国の裁判例においては、工業製品のような応用美術が著作物性を有するのは、著作権法 2 条 2 項の「この法律にいう『美術の著作物』には、美術工芸品を含むものとする」という文言を根拠として、ここで明示的に著作物性が認められている美術工芸品に限られるとの考えがとられてきた（いわゆる「応用美術論」）。工業製品のデ

ザインは、独立した鑑賞の対象にならない以上、「文芸、学術、美術又は音楽の範囲に属する」という要件を満たすものではない、意匠法によってカバーされるのだからそれで十分ではないか、という割り切りがそこにはあった。たとえば、世界的な工芸デザイナーである原告が、自己のデザインした椅子のコピー製品を海外から輸入した被告に対し、著作権法違反を理由に製造販売禁止等を求めた事案では、裁判所は応用美術には著作権法による保護は及ばないとして、訴えを却下した[4]。

　その後、この伝統的な見解とは異なる考え方を示して注目されたのが、いわゆる TRIPP TRAPP 事件である。この裁判は、幼児用椅子である TRIPP TRAPP の権利者である原告会社が、被告会社の製造、販売する椅子の形態が TRIPP TRAPP の形態に酷似しており、同製品の著作権を侵害するとして訴えたもので、知的財産高等裁判所は、著作権法2条2項は、「美術の著作物」の例示規定にすぎず、例示に係る「美術工芸品」に該当しない応用美術であっても、同法2条1項1号所定の著作物性の要件を充たすものについては、「美術の著作物」として、同法上保護されるものと解すべきである、という判断を示した。また、著作物として保護されるには創作性が必要であるところ、応用美術について、高度の創作性を要求するのは妥当でなく、他の表現物と同様に表現に何らかの個性が発揮されていれば創作性がある、として従来の基準と比べ緩やかに応用美術の著作物性を認める立場を示している。もっとも、同判決以後の下級審の裁判例を見る限り、同判決の見解が踏襲されているとは言い難く、検討は慎重に行う必要がある。

(3) 著作権侵害の有無の検討

　仮に、家具製品について著作権法で保護されると判断された場合は、著作物の類比判断を中心に著作権侵害の有無を争うことになる。著作権侵害の判断においては、製品 X と製品 Y の同一性を有する部分を抽出した上で、同一部分に創作性があるか否かを判断する手法（濾過テスト）と、製品 X の創作性のある部分を認定後、製品 Y に製品 X の創作的表現が再生されているか判断する手法（二段階テスト）がある。ここでポイントになるのが、作者の個性を発揮することができる選択の幅の有無である。実用品である工業製品には一定の用途があり、デザインにも用途から当然導か

れる一定の制約が生じることは避けられない。この場合、個性を発揮でき
る部分は限られてしまう。このため、製品の外見がかなり類似していても、
個性を発揮できる部分に限って言えば類似は認められないから、著作権侵
害は認められないという結論に至ることが少なくない。もっとも、メタ
バースの仮想アイテムの場合、現実世界のアイテムのような用途に使える
わけではなく、デザインに制約が生じるわけではないので、従前の議論が
どのように適用されるのかについて、改めて議論が必要になってくる。

(4) メタバースに参加する事業者の留意事項

　このように、現実世界側から権利侵害を主張されたからといって、必ず
相手方の主張が認められるとは限らないので、メタバース側の事業者は、
侵害が認められる可能性を、専門家の助力を得て検討すべきである。検討
の主なポイントは、①相手方の主張する著作権がそもそも成立するか、②
自社における利用形態について、そもそも侵害が認められる可能性がある
のか、③著作権が権利制限されると主張できる事情がないか、の各点であ
る。とりわけ①については、著作権は商標権や特許権と異なり、登録を要
せずに創作された時点で発生するため、相手方から送付されてきているで
あろう主張を裏付ける資料を慎重に検討すべきである。

　このような事態を避けるために、著作権法上、取扱いが明確でないリス
クは予め避けて事業展開することも検討すべきである。たとえば、現実の
町並みをメタバース内に再現する場合に、写り込んでしまった看板やポス
ターは、リスク回避の観点から、架空のものに置き換える、あるいはメタ
バース内でアバターがにじり寄っても内容がわかるレベルで表示されない
よう解像度を下げる等の対応が考えられるし、「屋外」といえるか明らか
でない空間に設置された彫刻については、「屋外」の主張が認められる可
能性を検討し、リスク有りの場合は、権利者の承諾を得るなど別途の対応
をとることを検討すべきである（詳細は**Q13**参照）。

3　意匠権侵害の可能性

　2(1)の設例で意匠権侵害を主張された場合、このような主張は認め
られるだろうか。意匠権には物品の意匠、建築物の意匠、画像の意匠と
いったカテゴリがあるが、ここでは家具について有体物としての「物品」

の形状等について意匠登録がなされており、この「物品」の意匠が、無断でメタバース内で「実施」されているという主張がなされていると整理できる。

　この点、意匠権侵害の成立要件として、外観のみならず、「物品」においても登録意匠と同一又は類似する必要があるところ、メタバース内の家具は現実世界の家具のような用途・機能を有していないのが通常であることから、家具の「模倣」行為について意匠権侵害に問うことは困難であると考えられる（逆に、将来の技術の発展によって、現実世界と類似の用途・機能を有することになれば、結論が異なる可能性はある）。また現時点でも、3Dプリンターに流せばデザイン通りの物品が出力されるような 3D オブジェクトのデータを制作し、インターネット上で販売する場合は「物品」意匠の意匠権を侵害する可能性があるので、注意が必要である。[5]

1）　2023 年 2 月、エルメスの主張を認め、Rothschild に対して、計 13 万 3000 ドルの損害賠償を命じる陪審評決が下されたが、Rothschild は控訴を検討中と伝えられている。
2）　Nike v. StockX < https://heitnerlegal.com/wp-content/uploads/Nike-v-StockX.pdf >
3）　Leicester v. Warner Bros. In Leicester v. Warner Bros., 232 F.3d 1212 [57 U.S.P.Q.2d 1001] (9th Cir. 2010)
4）　大阪高判平成 2 年 2 月 14 日判例秘書 L04520600〔ニーチェア事件〕。
5）　青木大也「3D データと意匠法」パテント 73 巻 8 号（2020 年）189 頁。

Q15　メタバース内のアイテムについて、現実世界側から権利侵害を主張されたら（商標法・不正競争防止法）？

　メタバース内で、人気ブランドの登録商標を使った家具の 3D オブジェクトを制作・販売することを計画していますが問題あるでしょうか。

Point

　メタバース内のアイテムについても、現実世界の知的財産権を侵害する可能性があるため、リスクの慎重な検討が求められる。メタバースの文脈において、各知的財産権法がどのように適用されるかは不明な点も多く注意が必要である。

1　商標権侵害の可能性

（1）商標権侵害の特徴

　メタバース内のアイテムが現実世界側から権利侵害を主張されるもう一つの典型的なパターンが、Q14で紹介した海外の紛争事例と同じく、商標権侵害である。著作権と異なるのは、他人が登録した商標を使用したら、すべての場合に商標権侵害になるわけではない点である。商標権は、商標が登録された分野（指定商品・指定役務という）に限って、商標権者の独占権を認める制度だからである。

　このため、商標権侵害は、商標が登録された指定商品・指定役務又はそれと類似する商品・役務の範囲で他人が商標を使用した場合に成立することになる。商標権侵害が認められるためには、他人が登録した商標やそれと類似する商標を、法律上、他人の商標権が及ぶ分野について使用したものと認められる必要がある。以下、この要件を説明する。

（2）商標権侵害の要件①（使用）

　メタバース内の仮想アイテムとして商標を使用する行為は、①商品に標章を付したものを電気通信回線を通じて提供する行為（商標法2条3項2

70

Q15 メタバース内のアイテムについて、現実世界側から権利侵害を主張されたら(商標法・不正競争防止法)?

号)、あるいは②電磁的方法により行う映像面を介した役務の提供に当たりその映像面に標章を表示して役務を提供する行為（商標法2条3項7号）として、商標の「使用」と認められる可能性がある。それぞれたとえば、①は商標情報を視認できる形で3Dオブジェクトに組み込んで、ダウンロード形式で提供する行為が、②は商標情報を組み込んだ3Dオブジェクトを、ストリーミング形式で提供する行為が想定される。さらに、「商標としての」使用と認められるためには、自他商品の識別機能としての機能を果たす態様で使用されていること（識別機能）が必要である。

(3) 商標権侵害の要件②（指定商品・指定役務の類否）

　商標権侵害が成立するためには、指定商品若しくは指定役務についての登録商標に類似する商標の使用又は指定商品若しくは指定役務に類似する商品若しくは役務についての登録商標若しくはこれに類似する商標の使用があったと認められる必要がある。

　この類似性の判断については、判例上、「商品自体が取引上誤認混同の虞があるかどうかにより判定すべきものではなく、それらの商品が通常同一営業主により製造又は販売されている等の事情により、それらの商品に同一又は類似の商標を使用するときは同一営業主の製造又は販売にかかる商品と誤認される虞があると認められる関係にある」か否かが基準とされている。[1] 加えて、特許庁の定める商標審査基準では、類否の判断においては、以下のファクターを考慮するとしている。

商標審査基準（商品）
①生産部門が一致するかどうか
②販売部門が一致するかどうか
③原材料及び品質が一致するかどうか
④用途が一致するかどうか
⑤需要者の範囲が一致するかどうか
⑥完成品と部品との関係にあるかどうか
商標審査基準（役務）
①提供の手段、目的又は場所が一致するかどうか

②提供に関連する物品が一致するかどうか

③需要者の範囲が一致するかどうか

④業種が同じかどうか

⑤当該役務に関する業務や事業者を規制する法律が同じかどうか

⑥同一の事業者が提供するものであるかどうか

　現実世界のブランド家具とその登録商標が組み込まれたメタバース内の家具の形の 3D オブジェクトは類似と判断される可能性はあるだろうか。

　類似商品・役務審査基準によれば、「印刷物」と「電子出版物」は類似と取り扱われている。これは「生産部門」「販売部門」「用途」「需要者」が一致することにより、同一又は類似の商標を使用するときは同一営業主の製造又は販売に係る商品と誤認されるおそれが認められる関係にあるからであると考えられる。

　他方、現実世界の家具とメタバース内の家具の 3D オブジェクトは、「生産部門」「販売部門」「用途」「需要者」が一致しないことなどにより、同一又は類似の商標を使用するときは同一営業主の製造又は販売に係る商品と誤認されるおそれが認められる関係にないと判断される可能性も相当程度あることから、類似と判断される可能性は必ずしも高くないようにも思われるが、最終的にはもちろん個別の事情を踏まえた検討を要する。

(4) 事業者の留意事項

　このように、現実世界側から権利侵害を主張されたからといって、必ず相手方の主張が認められるとは限らないので、メタバース側の事業者は、侵害が認められる可能性を、専門家の助力を得て検討すべきである。検討の主なポイントは、①相手方の主張する商標が、どの指定商品・指定役務について登録しているのか、②自社における利用形態について、そもそも侵害が認められる可能性があるのか、③商標権が権利制限されると主張できる事情がないか、の各点である。①のポイントは、たとえば「オンライン上で使用する○○を内容とするダウンロード可能なコンピュータプログラム」や「オンライン上で使用する△△を内容とするダウンロード可能な画像」（第 9 類）を指定商品としたり、「仮想空間で使用するダウンロードできない仮想の◇◇を内容とする画像・映像の提供」を指定役務（第 41

類)としたりすることが想定されるので、そのような登録出願がなされていないかを確認する必要がある。②については、たとえば商標の消尽理論(真正商品であるため、これを二次流通させる行為は商標権侵害にならないとする理論)が想定される。消尽理論との関連では、**Q14**で紹介したStockXの事例のように、真正商品に紐付けられたNFTを販売する行為が、二次流通時の当該申請商品の販売のための商標の使用(商品に標章を付したものを譲渡又は引渡しのために展示する行為)の一類型とみるべきか、あるいは、当該真正商品の販売とは別個独立した取引の対象となっていると見るべきかが、ポイントになってくると考えられる。

2　不正競争防止法

　現実世界側から権利侵害を主張されるもう一つの根拠として、不正競争防止法違反が考えられる。ここでは、2条1項1号(周知表示混同惹起行為)、2条1項2号(著名表示冒用行為)及び2条1項3号(商品形態模倣行為)を検討する。

(1) 周知表示混同惹起行為

　周知表示混同惹起行為とは、周知な商品等表示の混同惹起行為すなわち他人の商品・営業の表示(商品等表示)として需要者の間に広く認識されているものを使用し、又は使用した商品を譲渡等し、その他人の商品・営業と混同を生じさせる行為をいう。行為類型として、無体物たる商品を「電気通信回線を通じて提供」する行為が明示的に含まれており、メタバースにおいて提供する行為も、混同惹起行為として規律される可能性がある。

　ここでいう「混同を生じさせる行為」には、被冒用者と冒用者との間に競業関係が存在することを前提に直接の営業主体の混同を生じさせる「狭義の混同惹起行為」のみならず、緊密な営業上の関係や同一の表示を利用した事業を営むグループに属する関係があると誤信させるような「広義の混同惹起行為」をも包含するものと解されている。

　さらに、広義の混同には、何らかの資本関係、提携関係などを有するのではないかと誤認混同するおそれがある場合[2]や、使用許諾関係の混同のおそれがある場合まで広く含まれるものと解されている。[3]

(2) 著名表示冒用行為

　著名表示冒用行為とは、自己の商品等表示として、他人の著名な商品等表示と同一あるいは類似の表示を使用し、又はそのような表示が使用された商品を譲渡引渡等することをいう。行為類型として、無体物たる商品を「電気通信回線を通じて提供」する行為が明示的に含まれており、メタバースにおいて提供する行為も、混同惹起行為として規律される可能性がある。(1)の混同惹起行為と異なり、混同の要件は不要であるが、著名性が認められるためのハードルが高い。争うとしたら、まずはこの著名性の要件であろう。

(3) 商品形態模倣行為

　他人の「商品の形態」を「模倣」した商品を譲渡等する行為を不正競争として規律する類型である。

　「商品の形態」とは、「需要者が通常の用法に従った使用に際して知覚によって認識することができる商品の外部及び内部の形状並びにその形状に結合した模様、色彩、光沢及び質感」をいう（2条4項）。メタバースとの関係では、無体物であるソフトウェアにつき、それを表示する端末と「別個に経済的価値を有し、独立して取引の対象となる」ため「商品」といえ、端末画面の表示をもって「形態」と認めることができるとした裁判例を踏まえると、同様の理由付けが妥当する場合はメタバース内の3Dオブジェクトも「商品」たりうるとする指摘がある[5]。なお、周知表示混同惹起行為、著名表示冒用行為と異なり、「電気通信回線を通じて」なす行為を明示的に行為類型に含まれるものとして規定していない点については、形態模倣行為についても明示的に追加することを含め、議論が進められている[6]。

　「模倣する」とは、「他人の商品の形態に依拠して、これと実質的に同一の形態の商品を作り出すこと」をいう（2条5項）。現実世界の商品の形態に依拠していたとしても、物品としての商品とメタバース上のオブジェクトとしての商品が「実質的に同一の形態の商品」であるといえるかは検討の必要がある。

(4) 事業者の留意事項

　不正競争防止法に基づく権利侵害を主張された場合も、冷静な検討が必

Q15 メタバース内のアイテムについて、現実世界側から権利侵害を主張されたら(商標法・不正競争防止法)?

要であることは変わりない。検討の主なポイントは、相手方の主張する不正競争の行為類型によって要件が異なるので、類型を踏まえた検討を行うことである。

....

1) 最判昭和 36 年 6 月 27 日最高裁判所民事判例集 15 巻 6 号 1730 頁〔橘正宗事件〕。
2) 東京地決平成 11 年 9 月 20 日判例時報 1696 号 76 頁。
3) 東京高判平成 16 年 11 月 24 日裁判所 HP。
4) 東京地判平成 30 年 8 月 17 日裁判所 HP。
5) 関真也『XR・メタバースの知財法務』(中央経済社、2022 年) 41 頁。
6) 産業構造審議会 知的財産分科会 不正競争防止小委員会「デジタル化に伴うビジネスの多様化を踏まえた不正競争防止法の在り方 (案)」経済産業省ウェブサイト。

Q16　メタバース内のアイテムの権利を確保するには？

　メタバース内でオリジナルデザインのアバター用のアイテムを 3D オブジェクトで制作し販売したところ思わぬブームになっています。この権利を確保することは可能でしょうか。外部クリエイターに制作を依頼していた場合はどうでしょうか。

Point

　メタバース内で制作した 3D オブジェクトのアイテム・建物について、同じメタバース内の模倣であれば、運営事業者を通してアクションを起こすことが考えられる。異なるメタバースや現実世界で第三者に勝手に模倣された場合でも、知的財産権を主張して対抗することが考えられる。また、3D オブジェクトの制作を外部クリエイターに依頼する場合は、外部クリエイターとの契約において、これらの知的財産権を確保しておくことが重要になる。

1　模倣がどこで行われているかがポイント

　メタバース内で制作した 3D オブジェクトのアイテム・建物について、同じメタバース内の模倣であれば、運営事業者を通してアクションを起こすのが簡便だろうし、それで解決すれば、コストも抑えられて非常に効率的である。しかしながら、運営事業者がこちらの期待に沿った動きをしてくれる保証はないし、メタバースによっては利用者間のトラブルには関与しない姿勢をはじめから明確にしているサービスもみられる。このように同じメタバース内の模倣でも期待していた解決がなされない場合、さらに異なるメタバースや現実世界で第三者に勝手に模倣された場合は泣き寝入りしなければならないのだろうか。このような場合でも、以下に述べるように、3D オブジェクトの知的財産権が認められる場合は、その権利行使を主張して対抗することが考えられる。

2　3D オブジェクトの保護

　メタバースの先駆けである Second Life の時代から、他のユーザの 3D オブジェクトを権利者に無断で複製し、メタバース内で販売し、メタバースの利用者間の紛争が発生していた[1]。直近では、現実世界のブランドアイテムを、権利者に無断で 3D オブジェクト化して、販売し、現実世界の権利者がメタバースの利用者を訴える事態が相次いでいる（詳細は **Q14** 参照）。そもそも 3D オブジェクトのアイテムは法的に保護されるのだろうか。

3　著作権法による保護の可能性

　まず、著作権法による保護を検討する。一般に、著作物として保護されるか否かのポイントは創作性の有無にあるとされる。たとえば、写真であれば、証明写真や、防犯カメラの画像、絵画を一定の角度と距離から忠実に複写したものなどは、創作性に欠けるため著作物性が認められない。他方、芸術的な写真に限らず、日常的なスナップ写真であっても、構図、光線、背景等には何らかの独自性が表れることが多く、結果として得られた写真の表現自体に独自性が表れ、創作性の存在を肯定し得る場合があるとされている[2]。

　それではメタバース内のアイテムを形作る 3D オブジェクトについて創作性は認められるだろうか。ここで問題を難しくしているのは、3D オブジェクトを作り出す手法が複数あり、それが創作性の有無に少なからず影響してくると考えられる点である。

　すなわち、現実世界に存在する物を忠実に再現すべく作り出す場合もあれば、ゼロから 3D 職人が作業して作り出す場合もある。前者については、3D スキャン等により、現実に存在する物を忠実に再現したオブジェクトは、構図やアングルを観念できず、そこに創作性を見出すことができないため、オブジェクト自体に著作物性が認められる可能性が低い[3]。後者については、通常の著作物として、創作性が認められ、著作物性が認められる可能性が高いが、メタバース上の家具のように実用品をかたどったオブジェクトについては保護の範囲が狭くなる可能性が指摘されている。

　なお、当該 3D オブジェクトが工業製品を模したデザインの場合には、現実世界の工業製品と同じく、応用美術論が妥当するか、意匠権の関連も含め検討の必要がある。この点、現実世界と取扱いを異にして、3D オブ

ジェクトに容易に著作物性を認めてしまうと、意匠登録の代わりに 3D オブジェクトを制作しておくことによって、現実世界における同じデザインの実用品の製造・販売を意匠登録しないまま著作権に基づき禁止できてしまうことになり、妥当ではない場合もあると指摘されている[4]。

　このため、メタバース内の 3D オブジェクトに関しては、その生み出された経緯によって、著作権法による保護が得られない可能性があることを前提とする対応が求められるといえる。

4　商標法による保護の可能性

　次に商標法による保護はどうか。すでに、メタバースにおいて様々な企業が知的財産の保護を求める例も増えてきている。たとえば、いくつかのファストフードチェーンは、第 9 類（科学用、電気制御用などの機械器具）、第 35 類（広告、事業の管理、小売・卸売）、第 41 類（教育、娯楽、スポーツ、文化活動）、第 43 類（飲食物の提供、宿泊施設の提供）などの分類でメタバース関連の商標登録を申請しており、消費者が注文すれば物理的な料理が届けられるバーチャルレストランの開設といった活動を検討していると伝えられている。2021 年秋からメタバース関連の商標を出願しているナイキも、近時、仮想のものを通じた物理的な商品の販売に関連するものとして、第 9 類、第 35 類及び第 45 類を追加出願している[5]。

　メタバース内の 3D オブジェクトに特有の問題としては、現実世界の店舗の外観・内装や商品の形状と同様、商品又は役務提供の特徴それ自体に過ぎず、使用して識別性を獲得しない限り、商標登録は難しいと思われるという点を挙げることができる。

　もっとも、文字、図形等を結合させる、あるいは、ロゴマーク等で保護を図ることが考えられるので、商標法が全く保護のツールとして使えないというわけではない。第 9 類の「電子計算機用プログラム」「電子出版物」のような電子情報財は、無体物でも商取引の対象となり得る財に該当し、流通性があれば「商品」、流通性がなければ「役務」となる。3D オブジェクトは、メタバースにログインして利用する性質に着目すれば「役務」、NFT に紐付けられ流通性を帯びる性質に着目すれば「商品」に近くなると考えられる。

　それでは、現実世界で使用した物が識別性を獲得した場合、それを再現

した 3D オブジェクト自体を第 9 類又は第 41 類で商標登録できるだろうか。現実世界の商品とメタバース上のオブジェクトの外観の差異がなく、これらの販売が極めて密接な関係にあるといえる場合は、同一性を損なうものではないとして、3D オブジェクト自体についても、第 9 類又は第 41 類で商標登録することが認められる可能性はありうる。これらについては今後の実務の集積が期待される。

5　意匠法

　意匠法による保護については、保護の対象となる画像は、機器の操作の用に供されるもの又は機器がその機能を発揮した結果として表示されるものに限られる（意匠法 2 条）。コンテンツについては、テレビ番組の画像、映画、ゲームソフトを作動させることにより表示されるゲームの画像等、機器とは独立した、画像又は映像の内容自体を表現の中心として創作される画像又は映像は、操作画像とも表示画像とも認められず、意匠を構成しない（意匠審査基準第Ⅳ部第 1 章 6.1.3）。他方、操作画像の典型例として商品購入用画像やアイコン用画像が紹介されている（同 3.1）。メタバースのコンテンツで言えば、メタバース内に設置された PC やモニターを操作するためのコンソールが典型的だが、他にも、メタバース内のアバターが店員として接客し、店舗内にアイテムを陳列して販売する場合の店舗の一部についても、操作画像に該当する可能性がある。なお、意匠登録については、「意匠登録出願の願書及び図面等の記載の手引き」において、VR 画像の意匠登録が説明されている。

　メタバースを離れた、VR トレーニング教材内の VR 画像の意匠法による保護については、機器の機能を果たす面があることから別途検討の必要がある。

6　不正競争防止法

(1)　周知表示・著名表示

　メタバース内の 3D オブジェクトについても、その外観全体あるいはそれに付されたロゴやマーク等について、周知表示あるいは著名表示と認められる余地はあると考えられる。メタバース内においても、現実世界と同じく「表示」することは可能だからである。もっとも、特定のメタバース

内でしか表示ができない場合イコール特定のメタバースの参加者しか見られないという場合に、どのように周知性・著名性を判断するのかという問題は残る。

　メタバースではないが、「マリカー」不正競争事件[6]では、世界的に有名な任天堂の「マリオカート」シリーズのゲームの略称として知られている「マリカー」の標章や、マリオ・ルイージ・クッパ等のキャラクターのコスチュームの公道カートレンタル事業における使用が不正競争行為に該当すると判断されており、メタバース内の3Dオブジェクトを現実世界の有体物に変換する場合も、商品等表示として利用されている[7]限りは、不正競争行為と認められ得る。

(2) 形態模倣

　メタバース内の3Dオブジェクトは無体物であることから、そもそも「商品の形態」を観念できないのではないかという疑問が生じる。この点、メタバースではないが、ソフトウェアに基づきタブレット端末上に表示される画面の形状・模様・色彩等について「形態」に該当し得るとした裁判例を踏まえて、3Dオブジェクトについて、「それを表示するデバイスとは別個に経済的価値を有し、独立して取引の対象となるものである限り」商品に該当する可能性があるとする見解もある[8]。この点、経済産業省の産業構造審議会において検討が続けられており、2022年12月に公表された「デジタル化に伴うビジネスの多様化を踏まえた不正競争防止法の在り方（案）」では、「昨今、無体物の取引価値が増加していることを踏まえ、無体物である『商品』にも同号の保護が及ぶ旨を明確化すべき」であるとし、「明確化にあたってのアプローチとしては、①逐条解説等において、『商品』に無体物が含まれると記載する方法及び、②不競法上の『商品』の定義規定を定める方法」が提示され、さらなる検討を続けるとしている[9]。

7　外部クリエイターとの契約

　外部のクリエイターにアイテムの制作を依頼する場合、将来の利用の妨げにならないよう、権利をもれなく確保しておくことが重要である。もっとも、クリエイター側としては、ゼロスクラッチではなく、たとえば、あらかじめ用意しておいた土台を、発注を受けて加工して制作したという場

合、発注者側に帰属する権利は限定したいと考えるのはもっともな話であり、その場合は、発注者側の将来の利用に悪影響が生じないよう、対価とのバランスを勘案しつつ、外部クリエイターから必要な許諾を受けておく等の対応が考えられる。また、外部クリエイターから、著作権の譲渡を受ける場合に、譲渡対象を著作権の一部にとどめるよう求められる可能性もあるので、その対応を検討しておくべきだろう。なお、全部の著作権を譲り受けようとする場合は、単純に「全部の著作権を譲渡する」と記述するのでは足りず、譲渡の対象に「著作権法第27条及び第28条の権利を含む」ことを明記しておく必要がある点も注意が必要である。

　さらに、著作権については、全部の著作権を発注者側が譲り受けても、著作者である外部クリエイターに著作者人格権が残るため、著作者人格権不行使特約を入れる等の対応が必要な点は注意が必要である（外部クリエイター側からの視点として、コラム「クリエイターが企業と契約する際の留意事項」参照）。

....

1)　Eros LLC v. Doe（M.D. Fla., 2007）< https://law.justia.com/cases/federal/district-courts/florida/flmdce/8:2007cv01158/202603/10/ > Second Life 内で仮想のアイテムを販売していた者が、他のユーザーによって仮想のアイテムを無断で複製・販売されたとして、販売停止及び損害賠償を求め、和解で終結した。
2)　知財高判平成18年3月29日知的高等裁判所HP。
3)　内閣府「次世代知財システム検討委員会報告書～デジタル・ネットワーク化に対応する次世代知財システム構築に向けて～」（平成28年4月）においても、クローン文化財の文脈で、3Dモデルの著作物性について同趣旨の記述がみられる。
4)　AMTメタバース法務研究会「メタバースと知的財産権」NBL1228号（2022年）70頁。
5)　文字商標について商願2021-132593及びロゴマークの商標について商願2021-132597。その後、いずれについても2022年5月31日付で拒絶理由通知書が発行され、審査官から補正案が出されている。
6)　控訴審：知財高判令和2年1月29日判例秘書L07520048、知財管理70巻8号1161頁、原審：東京地判平成30年9月27日判例秘書L07330443、ジュリスト1528号8頁。
7)　ロゴを含めて実銃を再現したモデルガンを販売等した行為については、「出所表示機能、自他商品識別機能を有する態様で使用されているものではない」として、不正競争行為の成立を否定した裁判例がある（東京地判平成12年6月29日裁判所HP（平成10年（ワ）第21507号））。
8)　関真也『XR・メタバースの知財法務』（中央経済社、2022年）41頁。
9)　経済産業省ウェブサイト。

Q17 メタバース内のアイテムをマネされてしまったら？

メタバース内でオリジナルデザインのアバター用の甲冑と兜を 3D オブジェクトで制作・販売しご好評いただいていたのですが、突然売上げが落ちたので調べてみたところ、同じメタバース内でひっそりと、よく似たデザインのアバター用甲冑と兜が無断で販売されていることがわかりました。どうやらこの業者は、3D オブジェクトを模倣したデザインの甲冑と兜をネットショップで通販もしているようです。どのような対応ができるでしょうか。

Point

メタバース内で制作した 3D オブジェクトのアイテム・建物について、知的財産権による保護が考えられる場合でも、模倣によって権利が侵害されていると認められなければ、権利行使できるわけではない。また、権利侵害の主張が認められるかは、第三者がメタバース内で模倣しているのか、現実世界で模倣しているのか、によっても異なってくる。

1 知的財産権法に基づく権利行使が必要になる場面

現在のところ、マルチバースの実現は遠い未来でしかなく、メタバースのサービスはそれぞれが単独で運営されている状況である。このため、メタバースの運営事業者は、異なるメタバースに対して介入することはできないし、ましてや現実世界で模倣が行われていても、手の出しようがない。このような異なるメタバースや現実世界で第三者に勝手に模倣された場面であっても、3D オブジェクトの知的財産権が認められる場合は（詳細はQ16参照）、その権利行使を主張して対抗することが考えられる。

2 権利確保の重要性

知的財産権に基づいて権利行使をしようとする場合、自身が当該知的財

産権を確保できていることが前提となる。3D オブジェクトを自ら制作したクリエイターであれば、自身に権利が帰属しているはずなので、この点が問題になることは考えにくい。他方、3D オブジェクトの制作は専門技術が必要な場合も少なくなく、その制作をクリエイターに依頼することになる。この場合は、クリエイターとの契約において、これらの知的財産権を確保しておくこと、権利を単独で行使できることを確認しておくことが重要になる。

3　知的財産権法への抵触の有無の検討（著作権法）

(1) 無断で模倣された場合

　メタバース内の 3D オブジェクトについて、知的財産権法に基づく権利確保がなされている場合は、他者の 3D オブジェクトを模倣している行為が、各知的財産権法に抵触していないかを検討することになる。

　冒頭の設例で当該 3D オブジェクトに著作権が認められる場合、メタバース内で他者が無断で制作したオブジェクトについて、類似性の有無を検討することになる。ポイントは作者の個性を発揮することができる選択の幅の有無である（**Q14**参照）。現実世界で模倣された場合は、甲冑という実用品である以上、デザインにも一定の制約が生じることから、製品の外見がかなり類似していても、著作権侵害が認められない事態がありうるのに対し、メタバース内で模倣された場合は、デザインに制約が生じるわけではないので、著作権侵害が肯定されやすいように思われる。

(2) 正当な購入者による改造・転売の場合

　応用編として、転売を認めたうえで、販売していたケースを検討する。たとえば、独創的なデザインの甲冑（NFT）を、NFT の二次流通及びその際の甲冑の著作権の利用は認めたうえで販売していたところ、これを大量購入した他者が NFT に紐付けられた甲冑のオブジェクトのデザインを加工して、高値で再販売していることが判明したという場合、他者に対して著作権侵害を主張できるだろうか。

　メタバースの 3D オブジェクト特有の現象として、消尽の原則が当てはまらないという特徴がある。すなわち、著作権法上、消尽の原則（適法な第一譲渡があれば、その後の譲渡については権利を行使できなくなるという原

則）は、著作物の譲渡において問題となるところ、著作権法上の譲渡権は有体物の譲渡を対象としており、消尽の問題とはならないためである。

　そして、当初の NFT の販売における利用許諾において、許諾されていたのは二次流通及びその際の甲冑の著作権の利用のみであり、改変することは対象に含まれていない。加えて、同一性保持権などの著作者人格権を行使しないことも合意されていない。

　これらを踏まえると、大量購入者による甲冑の 3D オブジェクトの加工は、翻案権侵害と同一性保持権侵害に当たると考えられる。この場合、甲冑の制作者は大量購入者にこれらに基づく差止及び損害賠償を求めることができることになる。

4　知的財産法への抵触の検討（商標法）

(1) 無断で模倣された場合

　冒頭の設例で当該 3D オブジェクトの商標登録に成功していた場合、商標権侵害は、商標が登録された指定商品・指定役務又はそれと類似する商品・役務の範囲で他人が商標を使用したといえるかを検討することになる（Q15参照）。商標権侵害が認められるためには、他人が登録した商標やそれと類似する商標を、法律上、他人の商標権が及ぶ分野について使用したものと認められる必要があるが、メタバース内で模倣されている場合と現実世界で模倣されている場合、この当てはめも異なってくる。

　メタバース内の仮想アイテムとして商標を使用する行為は、①商品に標章を付したものを電気通信回線を通じて提供する行為（商標法２条３項２号）、あるいは②電磁的方法により行う映像面を介した役務の提供に当たりその映像面に標章を表示して役務を提供する行為（商標法２条３項７号）として、現実世界の製品に商標を使用する行為は、①商品又は商品の包装に標章を付する行為（商標法２条３項１号）あるいは商品又は商品の包装に標章を付したものを譲渡し、引き渡し、譲渡若しくは引渡しのために展示し、輸出し、輸入する行為（商標法２条３項２号）として、いずれも、商標の「使用」と認められる可能性がある。さらに、「商標としての」使用と認められるためには、自他商品の識別機能としての機能を果たす態様で使用されていること（識別機能）が必要である。

　そのうえで、商標権侵害が成立するためには、指定商品若しくは指定役

務についての登録商標に類似する商標の使用又は指定商品若しくは指定役務に類似する商品若しくは役務についての登録商標若しくはこれに類似する商標の使用があったと認められる必要がある。メタバース内での模倣であれば、同一の区分での使用があったと認められやすいのに対し、現実世界での模倣であれば、同一の区分での使用があったとは認めにくい事態も十分考えられる。

　このため現実世界で権利行使できることを目標として、広めに商標登録を行うことが考えられる。しかしながら、3D オブジェクトに、現実世界での使用について登録が認められるかは未知数であるし、登録後もメタバース内で事業が終始している場合は、現実世界の区分指定について登録商標を使用しないことになる。結果、継続して 3 年以上不使用である場合は、当該商標登録は取消しの対象とされ得る点に注意が必要である（商標法 50 条）。

(2)　正当な購入者による改造・転売の場合

　応用編として、転売を認めたうえで、販売していたケースを検討する。商標登録済み（第 9 類・第 41 類）のロゴ付きの、独創的なデザインの兜（NFT）を販売していたところ、兜（NFT）を大量に購入した大量購入者が、ロゴはそのままに、NFT に紐付けられた兜のオブジェクトのデザインを加工して、再販売した場合、商標権侵害は成立するか。

　大量購入者による商標の使用は、そのまま NFT を二次流通させる場合、商標の有する出所表示機能、品質保証機能が害されないから、消尽理論が適用され、商標権侵害には当たらないと考えられる。

　他方、改造後の商品については、当初の制作・販売者はその品質につき責任を負うことができないところ、それにもかかわらずこれに原告の本件登録商標が付されていると、当該商標の持つ品質表示機能が害されるおそれがあるとも認められると考えられる。この場合、大量購入者が、商品を改造した後も登録商標を付したままにして改造した商品を販売する行為は、当初の制作・販売者の商標権を侵害するものと判断される可能性が高い。[1]

　また、大量購入者が兜の 3D オブジェクトを大きく変える場合には、商標の出所表示機能・品質保証機能を害するとして、消尽理論が適用されず、商標権侵害に当たる可能性が高い。

したがって、正当な購入者に対しても、その後の改造や転売の状況によっては、商標権侵害を主張して権利行使することも十分ありうるところといえる。

5　知的財産権法への抵触の有無の検討（意匠法）

メタバース内の3Dオブジェクトについては、意匠による保護が認められるのは、機能を発揮した結果として表示されるものに限られるのが原則であり、一般的には認められにくい。仮に認められる場合でも、第三者による利用が「実施」に該当しない限り、権利侵害を主張することができない。「実施」の内容は、意匠のカテゴリによって異なってくる。画像の意匠であれば、「意匠に係る物品の製造、使用、譲渡、貸渡し、輸出若しくは輸入又は譲渡若しくは貸渡しの申出（譲渡又は貸渡しのための展示を含む。以下同じ。）をする行為」に該当しなければ、「実施」に該当せず、権利侵害を主張できないことになる。

6　知的財産権法への抵触の有無の検討（不正競争防止法）

(1) 周知表示・著名表示

メタバース内の3Dオブジェクトについて周知性あるいは著名性が認められる場合、周知表示に関しては、メタバース側の商品・営業との混同を惹起させる行為、著名表示に関しては、冒用する行為（混同の発生を要件とすることなく、無断で使用する行為（顧客誘引力や良質感にただ乗りする行為、出所表示機能や良質感を希釈化する行為、良質感を汚染する行為など））は、現実世界で行われるにしろ、メタバース内で行われるにしろ、観念できるところと整理できる。

(2) 形態模倣

仮に、メタバース内の3Dオブジェクトの形態が商品に該当するとした場合、これを現実世界で模倣する行為は、不正競争行為に該当する可能性がある。また、周知表示混同惹起行為、著名表示冒用行為と異なり、「電気通信回線を通じて」なす行為を明示的に行為類型に含まれるものとして規定していない点については、形態模倣行為についても明示的に追加することを含め、議論が進められており、メタバース上で模倣する行為も、不

正競争行為に該当する可能性がある[2]。

....

1)　コンソールのゲーム機の事案として、東京地判平成 4 年 5 月 27 日知的財産権関係
　　民事・行政裁判例集 24 巻 2 号 412 頁、ジュリスト 1077 号 147 頁〔Nintendo 事件〕
　　がある。
2)　産業構造審議会　知的財産分科会　不正競争防止小委員会「デジタル化に伴うビジネ
　　スの多様化を踏まえた不正競争防止法の在り方（案）」経済産業省ウェブサイト。

コラム　**メタバースから自社の権利を守るには**

　本文で紹介したように、メタバース内で自社の IP を無断利用されたため、権利侵害を主張しようとする場合、IP オーナー側で予め留意しておくべき事項が存在する。

（商標権）

　現実世界の商標権者が、メタバースにおいて自社の商標をプロテクトしようとする場合、メタバース内で想定される標章の使用態様を踏まえた、適切な指定商品・指定役務で商標登録を行っておくことが望ましい。具体的には、Q15の裏返しになるが、たとえば「オンライン上で使用する◇◇を内容とするダウンロード可能なコンピュータプログラム」や「オンライン上で使用する△△を内容とするダウンロード可能な画像」（第 9 類）を指定商品としたり、「仮想空間で使用するダウンロードできない仮想の○○を内容とする画像・映像の提供」を指定役務（第 41 類）としたりすることが想定される。

（意匠権）

　現実世界の意匠権者が、メタバースにおいて自社の意匠をプロテクトしようとする場合、外観が同一又は類似の 3D オブジェクトを作成・使用しているからといって、意匠権侵害の主張は認められない可能性も否定できない。このため、著作権等、他の知的財産権による保護の併用も検討すべきである。

Q18　メタバースの運営事業者と参加者の「モノ」をめぐる衝突とは？

　メタバース内のアイテムや建物が取引対象になってくると、運営事業者と参加者間ではどのようなトラブルが考えられますか。

Point

　メタバース内の「モノ」の権利をめぐって、メタバースの運営事業者と参加者が衝突し、法廷に持ち込まれる現象は、Second Life 時代からすでに発生している。メタバースの発展に伴い、バーチャルプロパティの議論が受け容れられる時代が到来するかもしれない。

1　バーチャルプロパティ論の登場

　バーチャルプロパティ論は、Second Life（詳細は**Q04**参照）がブームだった時代、バーチャルワールドの法的問題をめぐる先行研究の中で、知的財産権と並んで活発な議論がなされてきたトピックである。バーチャルプロパティの発想自体は、バーチャルワールドが本格的に普及する以前から、MMORPG を中心とするオンラインゲーム（詳細は**Q03**参照）内のゲームアイテムの財産権的側面に着目した概念として用いられてきた。その後、仮想世界内のアイテムについてユーザに知的財産権を帰属させることを Second Life が正面から認めたことにより、バーチャルワールドの規約にとらわれない財産権としての保護を一般的に付与すべきではないかという問題意識が刺激され、仮想世界内の不動産を含むバーチャルプロパティの法的保護をめぐる議論が活発になった。[1]

2　仮想世界内のアイテムをめぐる運営事業者と参加者の衝突事例

　2010 年 12 月、ベイジン（北京）・モーニング・ポストにて、離婚裁判にて、夫のアカウントに紐付けられていたバーチャルアイテムについて妻が財産分与を求めたものの、裁判所はこれを算定不能であるとして認めな

かったという判決が報道された。これまで中国の裁判所はバーチャルアイテムに固有の財産権としての性格を認めることに積極的と評価されていたところ、その傾向にストップをかける裁判例として、世界的な注目を集めたが、詳細は不明である。

3　仮想世界内の「不動産」をめぐる運営事業者と参加者の衝突事例

　バーチャルな世界のアバターではない現実のプレイヤーの人生の岐路に、バーチャルプロパティがかかわってくるのは離婚の場面だけではない。頻繁に問題が表面化していたのが、プレイヤーの死亡時の相続問題である。2009年11月のニューヨーク・タイムズは、亡夫がSecond Life内に保有していた「不動産」を未亡人がサービスフィーを支払って維持しようとしたが、規約を理由に拒絶された結果、料金未納で「不動産」のデータは消去され、Second Lifeの世界から「不動産」が消滅した事例を紹介している。Second Lifeについては、以下の裁判例が注目された。

(1) Bragg v. Linden Research Inc. and Philip Rosedale（2007）

　バーチャル不動産の帰属をめぐって、Second Lifeの元参加者が運営事業者及びその代表者を訴えた事案である。当時実施されていたSecond Life内の「不動産」オークションで不正な方法で競り勝ったとして、Second Lifeの運営事業者であるLinden ResearchがBraggというユーザのアカウントを停止したのがことのはじまりである。停止の時点で、Braggのアカウントには約17,000平方メートルの「不動産」と2,000Lindenドルの資金があったとされる。Braggはアカウントの復活を求めて提訴した。Linden ResearchはSecond Lifeの参加者は「不動産」を「所有」するわけではなく、「不動産」のデータを保有するサーバにアクセスできるライセンスを与えられているだけだと主張した。このため、バーチャルプロパティの購入者は、運営会社が利用規約にて主張するようにライセンシーにとどまるのか、それとも利用規約に基づく制限を受けることなくプロパティを「所有」しているのか、いわば運営事業者と参加者のいずれに権利帰属するのかという長年の議論に、裁判所から一定の見解が示されるのではないかという期待が膨らんだ。Linden Researchと代表者は、バー

チャルプロパティの法的保護の必要性という論点に審理が進むのを避けるという訴訟戦略もあってか、まず、運営事業者と参加者間の紛争は仲裁手続によって解決することを強制する条項を含む利用規約に、Bragg が同意していたことを根拠として訴えの却下を求めた。しかし、裁判所がその主張を認めず審理を続行したことで、利用規約、とりわけ仲裁条項の効力の問題が注目された[2]。数ヵ月後、Linden Research が Bragg のアカウントの停止を解除し、バーチャル不動産も復活させる内容の和解合意が成立したため、バーチャルプロパティの法的保護について裁判所の見解が示されないまま、裁判は終結した。仲裁手続を強制する仲裁条項は修正され、10,000 米ドル未満の紛争に限って仲裁手続を強制する内容に変更された。

(2)　Evans et.al. v. Linden Research Inc. and Philip Rosedale (2011)

　Bragg 事件と類似する事件として、4 名の Second Life の元参加者が運営事業者である Linden Research と代表者に対し、利用規約の管轄条項で定めるカリフォルニア地区ではない、ペンシルヴァニア地区の裁判所にて提訴した事件がある。原告らの主張は複雑多岐にわたるが、要するに「運営事業者と代表者の、Second Life 内では不動産やアイテムを『所有』することができるという宣伝文句を信じて投資したにもかかわらず、運営事業者によってアクセスを遮断された。これは広告規制に違反している。また、利用規約における、不動産やアイテムについてのユーザの権利について定めが事後一方的に変更されているので、原告らはこれに服する必要はない。それゆえ、運営事業者と代表者は、彼らの宣伝文句を信用して投資した原告らに対して損害を賠償する責任がある」という趣旨だったと伝えられている。

　これに対し、運営事業者及び代表者は、Second Life の利用規約上、運営事業者の本拠地のあるカリフォルニア地区の裁判所に専属管轄を与える旨が定められており、原告らはその利用規約に合意している以上、裁判所を移管する必要があると主張するとともに、本格的審理に入るに足ることを裏付ける資料が原告から提出されていないと主張して、早期の却下を求めた。この裁判については、2011 年 2 月にカリフォルニア地区の裁判所への移管が認められたが、判決によって「不動産」の権利について正面

から明らかにされるには至らなかった。[3]

4 メタバースにおいて想定される運営事業者と参加者の衝突

　一部のメタバースにおいては、「不動産」が相当な高額で取引される事例も報じられ始めている。このようにメタバース内の「不動産」を高額で入手した参加者が、「不動産」とは無関係な利用規約違反を理由に、アカウントを停止又ははく奪されてしまった場合、当該参加者はメタバース内で保有していたはずのすべての権利を失うことになる。電子書籍サービスで何万冊と購入したサービス利用者でも、当該サービスが終了した場合、あるいはアカウントを停止又ははく奪された場合、購入したはずの電子書籍にアクセスできなくなってしまう、という問題はしばしば指摘されるところであるが、これと類似した状況である。

　日本特有の事情として、オンラインゲームの中でも、有料ガチャを中心とするようなソーシャルゲームについては、何百万円もつぎ込んだアカウントが少なからず存在しているが、これらのアカウントが停止又ははく奪されることがあれば、同様の問題が発生することになるだろう。

5 運営事業者の留意事項

　メタバースの運営事業者としては、このような衝突が発生しても免責されるよう利用規約を定めることが考えられるが、慎重な検討が必要である。たとえば免責については、消費者契約法において過度な免責の定めは禁止されており、そのような免責の定めは無効と判断される可能性がある。実際、ソーシャルゲームの事案ではあるが、利用規約の一部条項を無効とした裁判例もでている。[4] 規約を慎重に定めるとともに、そもそも衝突が起きないよう、日々の運営においてわかりやすい説明をしておくことも重要である。

....

1)　国内の議論としては、角本和理「いわゆる"仮想財産"の民法的保護に関する一考察（1）：オンラインゲームサービス内のデータ保護にまつわる米中の議論を参考に」北大法学論集 65 巻 3 号（2014 年）77 頁〜121 頁及び同「いわゆる"仮想財産"の民法的保護に関する一考察（2）：オンラインゲームサービス内のデータ保護にまつわる米中の議論を参考に」北大法学論集 65 巻 4 号（2014 年）39 頁〜69 頁、中崎尚

「バーチャルワールド (仮想世界・仮想空間) における法的問題点〈1〉」NBL926 号 (2010 年) 62 頁〜 71 頁。

2)　仲裁条項に基づく申立てを却下した判決が公開されている。＜ http://www.paed. uscourts.gov/ documents/opinions/07D0658P.pdf＞

3)　https://www.govinfo.gov/app/details/USCOURTS-cand-4_11-cv-01078/context

4)　さいたま地決令和 2 年 2 月 5 日判例時報 2458 号 84 頁及び東京高決令和 2 年 11 月 5 日判例秘書 L0752040、法律時報別冊私法判例リマークス 63 号 22 頁。

コラム　参加者間の「モノ」をめぐる紛争の解決

　本文では運営事業者と参加者間の「モノ」をめぐる紛争について紹介したが、もちろん参加者間においても「モノ」をめぐる紛争は発生し得る。

　現在の技術水準で現実的に可能なのかはいったん置いて、メタバースの参加者間で3Dオブジェクトの盗難が発生した場合、被害者の救済として、どのような手当が考えられるだろうか。犯人に返還を強制するのが困難であるため、現実的な救済としては、被害者からプラットフォーム運営事業者に、再度の交付あるいは返還を請求することが考えられる。このような請求が認められやすいか否かは、運営事業者の定めるメタバース・サービスの利用規約やFAQにおいて、盗難発生時に運営事業者がどのような対応をするのかについて、どのように言及しているかにもかかってくる。

　犯人に対する不法行為に基づく損害賠償請求や不当利得返還請求も考えられるところであるが、犯人の連絡先等をまず明らかにする必要がある。もっとも、プロバイダ責任制限法に基づく発信者情報開示請求のシステムは「発信者」の情報についての開示を定めるものであり、3Dオブジェクトの盗難がこれに妥当するかは疑問が残り、別ルートも検討すべきである。

　対策としては、運営事業者が参加者間の紛争にどこまで積極的に関与する方針であるかによっても変わってくるところではあるが、運営事業者がメタバースのサービス利用規約において、参加者間の紛争発生時の、連絡先情報の開示について一定の手順を定めて置くことが考えられる。ただ、運営事業者としては判断を迫られるような事態は、それこそプロバイダ責任制限法によって免責を受けられることが明確になっていない限りは、対応を避けたいと考えるのが自然であり、現実的には解決困難な部分があることは否定できず、さらなる議論が待たれるところである。

I-4 メタバースのコミュニケーション機能に関わる法的課題（ヒト（アバター・情報））

―――――――――――――――――――――――――――――――――

Q19 メタバースの「ヒト」に関わる法的課題とは？

―――――――――――――――――――――――――――――――――

メタバースの主要機能の一つであるコミュニケーション機能に関連して、どのような法的課題がありますか。

Point
―――――――――――――――――――――――――――――――――
メタバース内のコミュニケーションは、アバターを通じて行われることが多いため、現実世界での様々な問題を、改めてアバターを前提に議論し直す必要がある。また、アバターの表情・挙動・言動が個人情報に該当しないかも問題となるため、個人情報についても、ここでまとめて取り扱う。

1 アバター経由でコミュニケーションが行われることの影響

ソーシャルメディアは、現代人の日常コミュニケーションを語る上でもはや外せない存在であり、現代人は遠隔地に居住する友人同士でも、物理的な距離をものともせずに、日常的に連絡を取り合うことが可能となっている。

メタバースは、多人数の同時参加を特徴としており、ソーシャルメディアよりさらにコミュニケーション機能が強化されている。さらに、メタバースでは、アバター経由でコミュニケーションが行われることが多いため、アバター特有の法的課題が生じることが予想される。

アバターでのコミュニケーションは、テキストチャット、参加者本人の音声コミュニケーションから構成されるパターンが多いが、参加者は自分がいま誰とコミュニケーションをとっているかを、アバター名はもちろんだが、アバターの外見で識別している場合も少なくない。このため、アバターの外見に関する法的課題がいくつか生じてくる。たとえばアバターの

外見の保護については、①本人の外見をベースとする外見のアバターについては肖像権・パブリシティ権を根拠として、②ゼロから絵やCGで描かれる外見のアバターについては著作権を根拠とすることが考えられる。またアバターのなりすましも大きな問題である。

2　メタバースと個人情報

　ソーシャルメディアの普及によって、一般市民の日常生活にまつわる情報を含むテキスト・画像がオンラインで公表されるようになり、その後の動画投稿サービスの利用の拡大で、一般市民から世界に向けた発信は、動画でもなされるようになり、情報の可視化が進んできた。これらのソーシャルメディアで発信された情報は、個人に紐付けられた状態であることが多く、個人情報として広く活用されるに至っている。典型的なのが、個人情報を踏まえて趣味嗜好の分析がなされ、マーケティング等に活用するというものである。

　将来のメタバース内ではアバターで日常生活を長時間過ごすことが期待されており、そこでのアバターの表情、動作、発言を含むすべての情報を収集することが理論上は可能となる。情報量としては膨大なものとなることが想定され、より精度の高い分析が可能となり、より有用な知見が得られることが期待されている。とりわけVRゴーグル経由で収集されるEye-tracking情報（視線情報）はその有用性が注目を集めている（詳細は**Q09**参照）。もちろん真偽は不明だが、ソーシャルメディア・サービスの代表格であるMeta社（旧Facebook社）が、突如VRゴーグルのメーカーであるOculus社を買収して、メタバース・ビジネスに急遽舵を切った（ように見える）のも、活用可能なデータの圧倒的な量に目をつけたからでは、という指摘はしばしば見られる。

3　個人情報の範囲

　メタバース内ではアバターで活動することが多く、日本では他のオンラインサービスと同じくアバター名に本名を用いる人は少数派のため、アバターに関する情報が個人情報保護法で保護される個人情報に該当するかは改めて検討する必要がある。この点、メタバースの運営事業者は、参加者の氏名やメールアドレスを含む登録情報を、メタバーに登録したときに割

り当てられる参加者 ID に紐付けて管理している場合が多いと思われるので、運営事業者から見れば、参加者 ID に紐付けられたアバターの情報は、個人情報に該当するものとして取り扱う必要が生じるものと考えられる（詳細は Q20 参照）。

4　海外からの参加者の個人情報とメタバースへの出店

　メタバースでは多くのオンラインサービスと同じく、国外からの登録制限や IP アドレスのチェックで国外からの参加者を排除したりしていない限り、基本的に国境がないため、海外からの参加者の個人情報を取り扱う場面が多かれ少なかれ生じることは避けられない。

　個人情報保護の世界では、その国に拠点がなくとも、国外からその国の居住者向けにプラットフォームの運営事業者や、プラットフォームに出店している事業者が個人情報を取り扱う場合に、どの国の個人データ保護法によって規律されるのか、あるいは事業者間の移転として越境移転規制が適用されるのかを検討する必要が生じる（詳細は Q21 参照）。

5　アバター関連の法的課題

　アバターはその成り立ちによって、その外観の保護の法的根拠が異なってくる。参加者本人の現実世界の外見を元にアバターを制作するパターンであれば、肖像権（有名人の場合はパブリシティ権）による保護が、ゼロから絵や CG で描かれる外見のアバターであれば、著作権による保護を検討することになる。アバターのなりすましにおいては、名誉権、著作権、肖像権、アイデンティティ権の侵害が問題となり得る（詳細は Q22 参照）。

6　アバターのプライバシーと名誉毀損

　アバターのプライバシー侵害や名誉毀損が問題となり得る典型的なパターンとしては、(i) アバターの皮を被っている参加者のリアルの情報を暴露してしまうパターン、(ii) アバターそれ自体の公表していない状態をメタバース内で公表してしまうパターンの二つが考えられるが、少なくとも前者のパターンについては、プライバシー侵害が成立しうると考えられる。名誉毀損については、参加者である「中の人」との同一性が認められる限り、成立すると考えられる。

　これらの論点は、Ｖチューバーをめぐる裁判例が多数出されており、メタバースのアバターをめぐる検討において参照されることが多い（詳細はQ23を参照）。

7　アバター（参加者）間のトラブル

　メタバースによっては、アバター間でのコミュニケーション上のトラブルだけでなく、3Dオブジェクトで構成された「身体」そのものの挙動がトラブルの源になっている場合がある。メタバースでは、アバター間の性的な攻撃による被害事例が、ここ数年各所ですでに発生しており、メディアでも「バーチャル・レイプ」問題として取り上げられている。刑法実務では「行為」を「人の意思に基づく身体の動静」と解するのが一般的であるところ、アバターの挙動を「身体の動静」といえるのか、という問題である（詳細はQ24を参照）。

Q20　メタバースにおいて個人情報への配慮はなぜ重要？

メタバースは、これまでのソーシャルメディアと比べても個人情報を大量に収集している可能性があるという話を聞きましたが、個人情報やプライバシーとの関連ではどのような点に気をつければよいでしょうか。

Point

メタバースでは、仮想世界内における一挙一動、さらに VR ゴーグル経由で得られる視線情報を収集できることから、一人当たりのデータ主体について収集できる個人情報・データは爆発的に増えることとなる。これらの情報・データの適切な取扱いが求められようとしている。

1　メタバース特有の個人情報保護・プライバシーへのリスク

メタバースでは、従前のサイト閲覧履歴及びソーシャルメディアの投稿・利用履歴にとどまらない、仮想世界内における一挙一動、さらに VR ゴーグル経由で得られる視線情報を収集できることから、一人当たりのデータ主体について収集できる個人情報・データは爆発的に増えることとなる。

メタバースに特徴的な収集される情報の具体例としては以下を挙げることができる。

(i) VR ゴーグル装着時に測定される Eye-tracking data（視線情報）、身体の動作情報

(ii) メタバース上でのアバターの表情、動作、発言に関する 3D 映像記録

(iii) 仮想世界のアイテムを NFT に紐付けて取引する場合の、NFT の帰属に関する情報

(i) は、メタバースの中でも、VR ゴーグルを装着してアクセスすることが可能なタイプのメタバースに限定される。VR ゴーグルを装着してい

る場合、メタバース参加者の視線の動きをVRゴーグル側がトラッキングして、ゴーグル内に投影されるメタバースの映像を動かすシステムが組み込まれている場合が多い。その結果、VRゴーグルをつけたメタバース参加者の視線情報が常にトラッキングされている状況が発生する。また、装着するデバイスによっては、顔の動きをはじめとして身体の動作情報も測定される。

　視線情報や身体の動作情報についてはマーケティングに限らず、個人の関心事項、趣味嗜好さらには潜在的な思考や精神状態の分析において有用な情報源となることが期待されている。たとえばコンビニエンスストア内に設置されたカメラで、飲料棚の前にやってきたコンビニ客の挙動を撮影し、客がどの商品に強い関心を抱いているのかを分析することは以前から行われてきた。この際、客の姿勢や立ち位置を勘案して関心事項を推定するのだが、背中側あるいは天井側から撮影しているため、視線情報を参照するよりも、どうしても推定の精度に限界が生じる。これに対し、VRゴーグル装着時に測定される視線情報を参照する場合は、仮想空間内で視線の先に何があるかが判明しているので、VRゴーグル装着者が仮想世界内の何をどれだけの時間見ているかも把握できるため、精度の高い分析が期待されているものである。視線情報の取扱いについて、海外ですでに新たな規制の必要性を指摘する声が出てきているのは、有用性を裏付けるものとみることもできる。

　(ii)は、ソーシャルメディアとの比較で考えるとわかりやすい。ソーシャルメディアの時代は、一億総発信時代と評されることが多いが、個人情報保護の観点からみると、一般市民の日常生活にまつわる情報が可視化された時代と評価することも可能である。ブログを含めて、ソーシャルメディアが普及するまでは、政治家や芸能人のようなプライベートでもメディアに追い掛け回される有名人と異なり、一般市民の日常生活情報が公衆の目にさらされることはなかったのが、ソーシャルメディアの普及で一転した。そしてソーシャルメディアで発信された情報を踏まえて趣味嗜好の分析がなされ、マーケティング等に活用されてきた。

　メタバース内ではアバターで日常生活を長時間過ごすことが期待されており、そこでのアバターの表情、動作、発言を含むすべての情報を収集することが理論上は可能となる。情報量としては膨大なものとなることが想

定され、より精度の高い分析が可能となり、より有用な知見が得られることが期待されている。

　他方で、ソーシャルメディア普及初期においても同様の事象が見られたが、メタバースの参加者が、自身の情報がそれだけ広く収集されて活用されようとしていることを正確に認識できているかという懸念はこれから出てくることが予想され、実務においては丁寧な説明が求められる可能性がある。たとえばトラブル解決のために記録することは参加者の理解を得られやすいだろう（詳細はQ24参照）。

　(iii) は、経済取引機能に力点を置いているメタバースで見られる機能である。メタバース内のアイテムを取引する場合に、取引の安全の確保に向けてトラッキングできるように NFT に紐付けて取引することができる。この場合、取引のたびに NFT の帰属に関する情報が蓄積され、これがブロックチェーン上でいつまでも消えることなく流されていく。ここで流れる情報に個人情報が含まれる可能性がある。他方、日本の個人情報保護法は、情報に誤りがあれば訂正・追加・削除を求めることを認めているし、一定の場合には利用停止・第三者提供停止を請求できる旨を定めている。EU の GDPR も「忘れられる権利」として、削除請求を広く認めている。ブロックチェーンにいったんのってしまった個人情報について、これらの権利が行使された場合に対応できないのではないか、対応できないとしたらどのような正当化理由がありうるのかを検討する必要がある。

2　個人情報の範囲

　メタバース内ではアバターで活動することが多く、日本では他のオンラインサービスと同じくアバター名に本名を用いる人は少数派のため、アバターに関する情報が個人情報保護法で保護される個人情報に該当するかは改めて検討する必要がある。

　日本の個人情報保護法では、個人情報とは、生存する個人に関する情報であって、①当該情報に含まれる氏名、生年月日その他の記述等により特定の個人を識別することができるもの（他の情報と容易に照合することができ、それにより特定の個人を識別することができることとなるものを含む）又は②個人識別符号が含まれるものをいう。そしてある情報を事業者が個人情報として取り扱う必要があるか（取扱いについて個人情報保護法の規律が

適用されるか）は、事業者ごとに相対的に判断されることから、実際の事案では、事業者から見て、特定の情報が上記の条件を充足するかを検討する必要が生じる。

　まず、アバターの表示名や外見は変更できても、メタバースの参加者として登録時に割り当てられる ID は変わらないと考えられる。メタバースの運営事業者や店舗の出店者はこの参加者 ID が見えていると思われるため、参加者 ID と個人情報が紐付けられるか、がポイントになってくる。

　たとえばメタバースの運営事業者は、参加者の氏名やメールアドレスを含む登録情報を、メタバースに登録したときに割り当てられる参加者 ID に紐付けて管理している場合が多いと思われるので、運営事業者から見れば、参加者 ID に紐付けられたアバターの情報は、個人情報に該当するものとして取り扱う必要が生じるものと考えられる。仮想店舗の出店者は、登録情報と参加者 ID を紐付けるデータベースに容易にアクセスできるかによって、結論が異なってくる。もちろん別途個人情報を入力させる場合は、その時点で参加者 ID と紐付け可能になるので、それ以降はアバターの情報を個人情報として取り扱う必要が生じる。

　なお、アバターの情報を個人情報として取り扱う必要がない場合であっても、プライバシー侵害や名誉毀損の成否は別途の検討が必要なので注意が必要である（詳細は**Q23**参照）。

3　特定利用者情報

　2022 年 6 月に改正された電気通信事業法では、主に cookie 規制を念頭において、特定利用者情報という新たな情報類型を導入した。「特定利用者情報」とは、電気通信事業者が取得する利用者に関する情報であって、①通信の秘密に該当する情報、②利用者（ただし、改正法 2 条 7 号イに掲げる者に限る）を識別することができる情報であって総務省令で定めるものをいうとされている（改正電気通信事業法 27 条の 5）。

　改正法では、「電気通信事業」（オンラインサービス／情報提供サイト等を含み、自社情報発信サイト／小売業者等が実店舗等で提供するサービスのネット提供等を含まない）を営む者に対し、Cookie 及び Cookie と同様のテクノロジーの利用に関し、①関連情報を事前に公表するか、②事前に利用者の同意を得るか、③事前にその方法を公表しオプトアウトを受け付けるかの

いずれかを行うよう義務付けている。この規制が適用される電気通信事業者の範囲は、メタバース運営事業者が該当するかを含め、総務省令を待つ必要がある。

4　域外適用と越境移転規制

　メタバースでは多くのオンラインサービスと同じく、国外からの登録制限やIPアドレスのチェックで国外からの参加者を排除したりしていない限り、海外からの参加者が出てくることは避けられず、別途の対応が必要となる（詳細はQ21参照）。

Q21　海外からの参加者の個人情報と海外のメタバースに出店時の留意事項は？

　メタバースでは、日本国内の事業者のサービスでも、海外からの参加者をしばしば見かけます。個人情報保護との関連ではどのような点に気をつければよいでしょうか。

　また、海外のメタバースに出店する場合はどうでしょうか。

Point

　海外からの参加者の個人情報を取り扱う場合、あるいは海外のメタバースに出店する場合、日本国内の事業者であっても、当該参加者の国の法律の適用（域外適用）を検討する必要がある。

1　海外からの参加者の個人情報の取扱い

　メタバースでは多くのオンラインサービスと同じく、国外からの登録制限や IP アドレスのチェックで国外からの参加者を排除したりしていない限り、基本的に国境がないため、海外からの参加者の個人情報を取り扱う場面が生じることは多かれ少なかれ避けられない。

　個人情報保護の世界では、その国に拠点がなくとも、国外からその国の居住者向けにプラットフォームの運営事業者がサービスを提供する場合や、プラットフォームに出店している事業者が個人情報を取り扱う場合に、どの国の個人データ保護法によって規律されるのか、あるいは事業者間の移転として越境移転規制が適用されるのかを検討する必要が生じる。

2　域外適用（運営事業者）

(1) 日本国内の事業者の運営するメタバースのプラットフォームが、海外からの参加者を受け入れている場合

　この場合は、日本国内のオンラインサービスに、海外からのサービス利用者がいる場合と同様に考えられる。日本の個人情報保護法のほかに、海

外の個人データ保護のルールが適用されるかを検討する必要が生じる。たとえばEUのGDPR（一般データ保護規則）であれば、①EUのデータ主体に商品・サービスを提供しているか、あるいは②EUのデータ主体の行動をモニタリングしているかが、域外適用の判断基準として定められているが、実際の検討はそれほど単純ではない。英文のサービス案内を出していれば、全世界から参加者がアクセスしてきて、そこにEUからの参加者が含まれる事態も当然考えられるが、①についてはそれだけでは足りず、EUのデータ主体を標的としていない限り、①の基準を充足するものではない。加えて、標的としているか否かの判断も、複数のファクター（言語、決済通貨、特定の海外市場を意識した文言等）を踏まえた検討が必要とされる。

　メタバースの運営事業者にとって実務上問題となり得るもう一つのポイントは、参加者の国籍を把握できるかという点である。登録制のメタバースであれば、登録時に居住国を登録させることが考えられるが、不正確な登録があった場合の取扱いが問題となりうる。

(2)　日本国内の事業者の運営するメタバースのプラットフォームが、海外の事業者を出店者として受け入れている場合

　海外の事業者を出店者として受け入れている場合、それだけで、2（1）で説明した基準のうち特定の海外市場を標的としている、と結論付けられるわけではない。海外の事業者が、日本国内の事業者の運営するメタバースに出店する目的はむしろ、日本国内の参加者目当ての場合が多いであろうから、その場合は、海外市場を標的としているとは言い難いように思われる。このため、海外の事業者が日本国内向けに出店しているのか、海外向けに出店しているのかが、一つのポイントになるだろう。

　海外から出店している事業者が、メタバースの運営事業者とは独立して、メタバースの海外からの参加者の情報を取り扱っている場合においては、海外の事業者にいずれの国の個人データ保護のルールが適用されるかは、メタバースの運営事業者にいずれの国の個人データ保護のルールが適用されるかから切り離して検討することになる。

(3)　メタバースの運営事業者が実務上配慮すべき事項

　まず、メタバースの運営事業者が、海外からの参加者の個人情報を取り扱うに際して意識しておくべきは、海外の個人データ保護のルールが適用される可能性と、そのルールを遵守するためには、相応のコスト負担を避けられないという点である。

　これまでも多くのオンラインサービス事業者は、海外市場をターゲットとして得られるメリット（直接的な収益アップだけでなく、グローバル展開することによる知名度向上のメリットを含む）と、それに伴うコスト増大のデメリットを天秤にかけて検討してきた。メタバースでも同様の検討が求められることになる。

　海外の個人データ保護のルールを遵守しようとする場合、次に必要となるのは、いずれの国のルールにまで対応するかの検討である。すべての国のルールを遵守するのはほとんどの事業者にとっては現実的ではないので、一部の国に絞り込まざるを得ないという実情が存在する。実務上は、期待されるマーケットの規模や、規制の厳格さの程度及び運用状況を踏まえて検討することになるだろう。

3　域外適用（出店する事業者）

　現在、EU加盟国各国や日本をはじめとして、国内に物理的な拠点がなくとも、一定の要件（その国の市民をターゲットとして商品・サービスを提供していることを要件として定める場合が多い）を充足する場合は、その国の個人情報保護法制が適用されると明文で定める国が増加している。そして、国内の事業者が、海外事業者の運営するメタバースのプラットフォームに出店者として参加する場合、当該メタバースの参加者をターゲットとして参加すると捉えるのが自然なので、当該メタバースの参加者が多数居住する国の市場をターゲットとしているとみなされる可能性が高い。これを前提に、域外適用の有無すなわち当該外国の個人情報保護法制が適用されるかを個別に検討していくことになる。

4　越境移転

　現在、多くの国で、個人データの越境移転を原則禁止とし、本人の同意取得やGDPRのSCC（Standard Contractual Clause 標準契約条項）のように、移転先に所定の水準のデータ保護を確約させる手続きを行うこと等の条件

を充足する場合にはじめて越境移転を許容するルールを定めている。たとえば、国内のメタバースの運営事業者あるいは出店している国内事業者から、当該メタバースに出店している海外事業者に、個人情報が移転される場合は、日本国内の事業者から国外の事業者への移転に該当し、適用除外の例外事由が認められない限り、日本の個人情報保護法の定める越境移転規制が適用されることになる。

　実務では、規制適用の有無の検討に入る前に、そもそも国外の事業者への移転が発生しているのかを確認する必要がある。国内事業者の運営するメタバースに海外ブランドが出店している場合でも、当該ブランドの日本法人や国内総代理店が出店しており、参加者の個人情報の移転先もその国内法人であり、メタバースの運営事業者からの移転も国内の移転でしかない、というパターンは珍しくないためである。なお、誤解しやすい点として、物理的に提供されていなかったとしても、ネットワークなどを介して個人データを閲覧・利用できる状態であれば個人データの越境移転に該当する点は注意が必要である。

　実態を確認したところ、越境移転の発生を確認できた場合は、次に移転先の国を確認する必要がある。EU加盟国及び英国への移転は越境移転規制の対象外だからである。移転先がそれらのいずれの国でもなければ、本人からの同意を取得する、あるいは、移転先に所定の水準のデータ保護を確約させる手続きを行うこと等、一定の要件を充足する必要がある。

5　個人情報保護以外の留意事項

　海外からの参加者の個人情報を取り扱う場合、あるいは海外のメタバースに出店する場合、個人情報保護以外の事項についても、日本国内の事業者であっても、当該参加者の所在国あるいは海外メタバースの運営されている国のルールが強制的に適用される場合もあるので注意が必要である。とりわけ、消費者保護の観点から、事業者の責任の制限や利用料金の返金のルールについては、当該外国のルールが適用される可能性もある。これらのルールが利用規約に抵触する場合は利用規約の一部が無効と判断される可能性もある（詳細は Q41 参照）。

Q22　アバター関連の法的課題とは?

メタバースは、3D 空間で参加者がアバターの皮を被って活動する点で、これまでのソーシャルメディアでは見られない、多くの問題が生じると聞きました。法的課題としてはどのようなものが考えられますか。

Point

メタバースも強力なコミュニケーション機能を有する以上、ソーシャルメディアで生じているトラブルが発生するのは避けられない。メタバースではアバター経由のコミュニケーションが一般的であることが問題を複雑化している。

1　アバターの成り立ちの類型

広義のアバターには、架空の存在だがあたかも現実世界に存在する人物であるかのような外観を備えるデジタル・ヒューマン・アバターも含まれるが、本書では、メタバースにおいて利用される、参加者が「中の人」として被るアバターを前提に検討する。

アバターの成り立ちは大きく2つの類型に分類することができる。

一つ目は、写真画像や 3D のスキャニング装置で得られたデータを用いて、参加者本人の現実世界の外見を元にアバターを制作するパターンである。メタバース側の技術的要件によって、頭身や表現の世界観に合わせた変更が必要な場合もあるが、基本的には、本人の外見をベースとしたものとなる。

二つ目は、V チューバーやバーチャルヒューマンビーイングのようにゼロから絵や CG で描かれるパターンである。シンプルなところでは、メタバースの運営事業者が予め用意したパーツを選択し組み合わせるパターンもあれば、少し進んで、素体の 3D モデルだけ用意されていて、それを参加者が 3DCG ソフトでアレンジするパターン、あるいは企業のアバター

のようにコストをかけられる場合は、外部のイラストレーターに発注した
原画をベースに、モデラーにモデリングを依頼して、アバターを制作して
もらうパターン等、様々である。

2　アバターの外観の保護

(1)　本人の外見をベースとする外見のアバター

　現実世界の本人の容姿自体は著作権保護の対象とはならない。そして、
現実世界の容姿をアバターに忠実に再現すればするほど、制作者の意思又
は感情を創作的に表現したものとは認められにくいことから、容姿を忠実
に反映したアバターの外観、技術的要件のため変更して得られたアバター
の外観も、著作権保護の対象にはなりにくいと考えられる。現実世界の本
人の容姿が法的に保護される根拠としては、肖像権（有名人の場合はパブ
リシティ権）が考えられる。技術的要件のため変更して得られるアバター
の外見も、本人であることが認識できる限りは、同様に法的保護を受ける
可能性が考えられる。

(2)　ゼロから絵や CG で描かれる外見のアバター

　上述のとおり、このタイプのアバターには様々な成り立ちが想定される
が、メタバースの運営事業者が予め用意したパーツを選択し組み合わせる
パターンであれば、パーツについての著作権は運営事業者が有していると
考えられるが、その組み合わせのパターンについて独立した権利として保
護されるかは明確ではない。素体の 3D モデルだけ用意されていて、それ
を参加者が 3DCG ソフトでアレンジするパターンでは、3D モデルという
運営事業者が権利を有する著作物に、参加者が改変を加えるその改変の程
度にもよるが、二次著作物としての権利を有する可能性がある。外部のイ
ラストレーターとモデラーに発注する場合は、イラストレーターの原画が
原著作物として保護され、モデリングによって生み出された 3D モデルの
アバターは二次著作物として保護される可能性がある。このように外部に
発注する場合の著作物に関する権利については、契約上誰に帰属するかを
明確にしておく必要が生じる。なお、イラストレーターやモデラーが企業
に所属する場合は、原画や 3D モデルが職務著作（著作権法 15 条 1 項）と
して、所属企業に権利帰属する可能性があるので、権利処理の相手方が所

属企業にならないかを確認する必要がある。

3　アバターのなりすまし
(1) これまでのなりすましの手法

　ソーシャルメディアやオンラインゲームで、参加者が他の参加者になりすまそうとする場合、現実に被害が実際に多発しているように、アカウントのID・パスワードを不正に入手して、アカウントの乗っ取りをする手法が知られており、実際に年間数千件と報告されている不正アクセス禁止法違反の摘発事例のうち、100件から200件は、「オンラインゲーム・コミュニティサイトの不正操作」を目的とした不正アクセスであったこと、中高生による犯罪が目立つことが報告されている[1]。もう一つ、フィッシングの手法としてよりカジュアルに用いられているのが、ソーシャルメディアやオンラインゲームのアカウント名を、紛らわしい名称で登録するパターンであり、こちらの手法も依然として被害が多発している。この手法への注意喚起として、数字の1や英文字のlのような紛らわしい文字列への注意が呼びかけられている。

(2) メタバースにおけるなりすましの手法

　メタバース、特にVRゴーグルを被って参加するメタバースについては、VRゴーグルやゲーミングPCの購入費用など参加のハードルが高い現状が改善され、中高生も多数参加するようになれば、近い将来、アカウントの乗っ取り事案が多発する状況が到来するかもしれない。

　なりすましのもう一つの手法についてはどうだろうか。紛らわしいアカウント名を登録する手法はメタバースでも引き続き用いられる可能性はあるが、メタバース固有の手法として、アバターで行動することが多いため、参加者が他の参加者のアカウントをハッキングするまでもなく、そっくりのアバターを用意して、他の参加者になりすます手法も考えられる。音声によるコミュニケーションが中心の場合は、紛らわしいアカウント名の登録、アバターのそっくりさんのいずれもなりすましは難しそうだが、チャットメッセージが中心であれば、いずれの手法でもなりすましは可能に思われる。

(3) 他の参加者のアバターのそっくりさんの制作・利用

　このうち、アバターのそっくりさんを制作し、利用する手法については、名誉権侵害の成否をまず検討すべきである。次に、肖像権・著作権の関係では、なりすまされたアバターの特徴によって、どのような権利侵害が成立しうるかが異なってくる。2 (1) のように、なりすまされたアバターの外見をベースとして制作されたアバターになりすます場合は、元アバターにおける本人の外見の再現度やアバターにおける参加者本人の容姿の利用の状況にもよるが、なりすまされた参加者本人の肖像権又はパブリシティ権の侵害が成立する可能性が考えられる。

　2 (2) のように、なりすまされたアバターの外見がゼロから絵やCGで描かれていた場合は、なりすまされたアバターの外見について、著作権保護が働く場合と働かない場合があることは上記で記載したとおりだが、このうち著作権保護が働く場合については、アバターのなりすましは著作権の侵害が成立する可能性がある。

(4) アイデンティティ権による保護

　アバターのなりすましについては、不法行為法による保護（アイデンティティ権）も考えられる。アイデンティティ権とは「他者との関係において人格的同一性を保持する利益」であると、複数の裁判例で位置付けられている[2]。そして、「両判決とも、そうしたアイデンティティ権が『人格的生存に不可欠』であることを根拠に、不法行為法上の保護された利益としている」そして、「両判決とも、アイデンティティ権の射程に関しては、名誉権、プライバシー権、肖像権で保護されない部分を想定して」いるとされる[3]。

　平成29年判決は、SNSで登録者名を被害者と同じにし、プロフィール写真に被害者の顔写真を利用したアカウントで、被害者の社会的評価を低下させる投稿をしていた事案において、「他者から見た人格の同一性に関する利益の内容、外縁は必ずしも明確ではなく、氏名や肖像を冒用されない権利・利益とは異なり、その性質上不法行為法上の利益として十分に強固なものとはいえないから、他者から見た人格の同一性が偽られたからといって直ちに不法行為が成立すると解すべきではなく、なりすましの意図・動機、なりすましの方法・態様、なりすまされた者がなりすましに

よって受ける不利益の有無・程度等を総合考慮して、その人格の同一性に関する利益の侵害が社会生活上受忍の限度を超えるものかどうかを判断して、当該行為が違法性を有するか否かを決すべきである」とする基準を示したうえで、結論として、アイデンティティ権侵害については、違法性を否定した。その理由として、当該SNSの登録者名及びプロフィール写真は自由に変更できるもので、本人との結び付きが必ずしも強いとは言えないこと、名誉権及び肖像権の侵害による不利益は不法行為法で別途カバーされていること、当該なりすましが当該SNS内のみでおこなわれ、期間も1か月程度にとどまり、また、第三者によるなりすましではないかという指摘もみられたことを挙げている。

　メタバースにおけるアバターのなりすましについても、このアイデンティティ権による保護を考えうる。上記の裁判例で示された各ファクターについても、アバターのなりすましに妥当しやすいように思われ、これらを参考に検討することが考えられる。

4　その他のアバターの保護

　現実世界では、しばしば有名人とものまねタレントの間で、勝手にマネするのはけしからん、と有名人がものまねタレントに怒りを向ける場面が見られる。その際、有名人のパブリシティ権を侵害するのではないかという議論が見られる。誇張のしすぎで名誉毀損や侮辱罪の成否が問題となる場合もある。また、ものまねの中にヒットソングの歌詞や人気ドラマの台詞が含まれている場合は、著作権の処理が必要になる場合も考えられる。将来、メタバース内の有名人アバターが誕生するころには、同様の問題について議論が必要となる可能性がある。

....

1)　総務省「不正アクセス行為の発生状況」https://www.soumu.go.jp/main_content/
000735800.pdf
2)　大阪地判平成 28 年 2 月 8 日判例時報 2313 号 73 頁、大阪地判平成 29 年 8 月 30 日
判例時報 2364 号 58 頁。
3)　アイデンティティ権については、小林直三「《WLJ 判例コラム》第 127 号　アイデ
ンティティ権に関する若干の検討～平成 29 年 8 月 30 日大阪地裁判決～」にて詳し
く検討されている。

コラム　**アバターのスキン**

　メタバースではアバターが身につけるデジタルアイテムとしての衣服や装飾品が数多く提供・利用されており、「スキン」と称されることが多い。このアバターのスキンに著作権法等の保護が及ぶのかが問題となる。著作権法においては、実用品に該当する場合は、「応用美術」として著作物性が認められるハードルが上がる。メタバース特有の事情で問題を難しくしているのは、アバターが着用する衣服や装飾品であることに着目すると「実用品」に該当しそうであるものの、現実世界のように実際に人が装着するという意味での実用目的はない点をどのように評価するかという点である。ポイントは「実用目的を達成するために必要な機能に係る構成と分離して、美的鑑賞の対象となり得る美的特性である創作的表現を備えている部分を把握できるもの」（知財高判令和３年12月８日知的財産高等裁判所HP〔タコのすべり台事件控訴審判決〕）と言い得るかである。たとえば衣服のうちＴシャツは、前面背面にプリントされる画像は、Ｔシャツの機能上必要な形状とは無関係と評価することが可能と思われる。このため、デジタルアイテムのＴシャツに使われているイラストや写真画像は著作権法の保護対象になり得ると評価できるだろう。

Q23　アバターのプライバシーや名誉も保護される？

　ソーシャルメディア上では、参加者間で相手のリアルの情報を暴露したり、特定の投稿を契機として特定のアカウントに瞬時に何千、何万もの誹謗中傷のコメントがついたりするのを目にします。メタバースのアバターでも同じようなリスクがあるのでしょうか。

Point

　メタバースも強力なコミュニケーション機能を有する以上、ソーシャルメディアで生じているトラブルが発生するのは避けられない。メタバースではアバター経由のコミュニケーションが一般的であることが問題を複雑化している。

1　アバターのプライバシー侵害
(1) プライバシー侵害の基準と侵害の類型
　アバターのプライバシー侵害が問題となりうる典型的なパターンとしては、(i) アバターの皮を被っている参加者のリアルの情報を暴露してしまうパターン、(ii) アバターそれ自体の公表していない状態をメタバース内で公表してしまうパターンの二つが考えられる。

　従前の日本国内の実務において、プライバシーとして保護を受けるための要件は、①私生活上の事実又は私生活上の事実らしく受け取られるおそれのある事柄であること、②一般人の感受性を基準にして当該私人の立場に立った場合公開を欲しないであろうと認められる事柄であること、③一般の人々に未だ知られていない事柄であること、と解されてきた[1]。その後の複数の最高裁判決において、プライバシー侵害の成否において考慮すべきファクターが複数例示されており[2]、現実の紛争ではこれらのファクターも参照すべきところではあるが、事案が類似しているわけでもないため、本書では旧来の基準に沿って検討していく。

(2) 参加者のリアル情報の暴露

　日本国内と国外のアバターとアバターの皮を被る参加者との距離感をめぐる文化の差異としてしばしば指摘されるのが、日本国内ではアバターのデザインを選択するときに現実世界の性別・年齢・容姿とは必ずしも一致しないデザインを選択する参加者が少なくなく、あるいは人外や無機物を好んで選択する参加者すら見られるのに対し、日本国外（主に欧米）ではアバターのデザインを選択するときに現実世界の性別・年齢・容姿に近いデザインを選択する参加者が多く見られる点である。このように現実世界の自分とかけ離れた外観・設定のアバターを採用する動機は、理想の自分を投影している、とか、メタバースでは、現実世界の自分とは全く切り離したパーソナリティーで活動したいとか、人によって様々な動機が考えられるが、いずれにしても、その背景には、現実世界の自分とは結び付けられたくないという心情があることは否定できないだろう。このような心情があることを前提とすれば、上記のプライバシーとして保護を受けるための要件②を充足する可能性が高く、他の要件を充足するようであれば、プライバシーとして保護され、無断で公表すれば権利侵害が成立するものと考えられる。

　実際に日本国内では、Ｖチューバーという動画配信サイト上でアバターの皮を被って活動する動画配信者の事案ではあるが、上記のプライバシーとして保護を受けるための要件②に関連して、「そもそも着ぐるみや仮面・覆面を用いて実際の顔を晒すことなく芸能活動をする者もいるところ、これと似通った活動を行うＶチューバーにおいても、そのＶチューバーとしてのキャラクターのイメージを守るために実際の顔や個人情報を晒さないという芸能戦略はあり得るところであるから、原告にとって、本件画像が一般人に対し公開を欲しないであろう事柄であったことは十分に首肯できる」うえ、原告がそのＶチューバーであることを積極的に公開しておらず、所属事務所との間でも一個人として生身で活動を行うことが禁じられていたことから、「原告は本件画像の公開を欲していなかったことが認められる」とし、結論として特定のＶチューバーの演者であるとわかる形で、演者の顔写真を公開したことにつき、プライバシー侵害の成立を肯定している[3]。また、Ｖチューバーに関する本名や年齢が投稿された事件では、「本名や年齢は個人を特定するための基本的な情報であるところ、イ

ンターネット上で本名や年齢をあえて公開せずにハンドルネーム等を用いて活動する者にとって、これらの情報は一般に公開を望まない私生活上の事柄であると解することができるから、本件投稿は原告のプライバシーを侵害するものであったと認められる」と判示している[4]。

(3) アバターそれ自体の情報によるプライバシー侵害

アバターの皮を被る参加者のリアルの情報とは関係なく、アバターそれ自体の情報をもとにして、「中の人」のプライバシー侵害は認められるだろうか。まずプライバシーとして保護を受けるか否かの基準を充足するかについて検討する必要がある。メタバースのサービスの仕様も関連してくるところだが、メタバース内のアバターの表情・挙動・言動が、常に他のメタバース参加者一般に公開されている場合は、基準③を充足するのが難しい可能性がある。基準③でいう「一般に」が、およそ世の中一般を指すのであれば、その対比で考えると、対象のアバターが参加する当該メタバースへの参加者はごくわずかという見方もありうる。他方で、この考え方にたつと、それまでに「公表」が行われた場所（オンライン上のサービス）の規模や性質によって、基準③を充足するかの結論が異なりかねず、不合理な結論に至る可能性がある。このような不合理な帰結を避けるという観点から、メタバース内の他のメタバース参加者一般に公開されている場合は、メタバース内のアバターの表情・挙動・言動が公表されたものと取り扱う考え方もありうる。メタバースのシステム上、アバターの表情・挙動・言動を、特定の参加者にしか見せないようコントロール可能で、公表されているとはいえない場合でも、基準②を充足できるかは個別の事情の検討が必要になる。

2　アバターと名誉毀損
(1) アバターと「中の人」

メタバース内でアバターに対する誹謗中傷がなされた場合、名誉毀損は成立するだろうか。名誉毀損が成立するのは①公然と②具体的な事実を摘示し、③「人」の名誉を毀損する（社会的評価を低下させる）ことが要件とされるが、ここでいう「人」は現実世界の人と解釈されている。日本国内ではアバターに本名以外の名前をつけることが多いことから、架空の氏名

117

のアバターに対する名誉毀損が、アバターの皮を被る参加者に対して、成立しうるのかが問題となる。ここではアバターへの誹謗中傷が、アバターの皮を被る参加者への誹謗中傷と特定できるのかが問題となってくる。

　類似の問題ははるか昔から、BBS（電子掲示板）で発生していた。ハンドルネームでの交流が予定されているBBS（電子掲示板）の参加者間で誹謗中傷が発生し、名誉毀損の成否が裁判で争われたものである。その結果、ハンドルネームに対する誹謗中傷だけでは、通常は、誰に対する誹謗中傷かが明確とならないことから、「人」の社会的評価を低下させたといえず、名誉毀損は成立しないが、ハンドルネームと本人との結び付きが社会的に明白である、あるいは、ハンドルネームが本人の通称として認知されている場合は、例外的に、誰に対する誹謗中傷であるかが明確といえ、名誉毀損が成立しうると考えられてきた[5]。

　アバターに近い存在として注目されているのがVチューバーである。Vチューバーの場合には、いわゆる個人勢ではない、企業勢に関していえば、「アバターの人格やキャラ付けの設定を行う人」「アバター（2D）の絵を描く人」「アバター（3D）のモデルをつくる人」がいて、できあがったアバターに声をあて、モーションアクターとして動いてみせる「中の人」がいる、というパターンが典型的である。アニメのキャラクターと異なるのは、声を当てるといっても、表情・挙動・言動すべて「中の人」が考えるパターンが圧倒的多数派であるという点である。厳密には、特定のイベント用に、「中の人」以外の第三者がモーションアクターを務めることもあるが、例外的な場面なのでここでは捨象する。このようにアバターは生まれる過程を含めると、多数の人が関与することがある。このように関与者が複数人存在する場合に、誰に対する誹謗中傷なのかは必ずしも明確ではない。もっとも、裁判例によっては、上記のBBSのハンドルネームの事案の時と同様の理屈から、特定のVチューバーと現実世界の自然人が同一であることを認めたものも出てきている[6]。アバターについても、同様の理屈が妥当し、「中の人」との同一性が認められる場合は、名誉毀損が成立しうると考えられる。

　名誉感情の侵害についても、Vチューバーの「中の人」に対する、インターネットの電子掲示板の投稿が「中の人」の名誉感情を侵害すると認めた裁判例がある[7]。

　原告であるＶチューバーの名誉感情の侵害が問題となったものであり、以下の通り判示されている。

　「原告が所属する芸能プロダクションであるａプロダクションには多数のVTuber（著者注：原文ママ。以下引用部分について同様。）がタレントとして所属しているところ，その中で「B」として活動しているのは原告のみであり、また、上記プロダクションがVTuberのキャラクターを製作する際には，当該キャラクターとして活動する予定のタレントとの間で協議を行った上で，当該タレントの個性を活かすキャラクターを製作していることが認められる」。「以上のような事情に加えて，「B」の動画配信における音声は原告の肉声であり、CGキャラクターの動きについてもモーションキャプチャーによる原告の動きを反映したものであること」、「『「B」』としての動画配信やSNS上での発信は、キャラクターとしての設定を踏まえた架空の内容ではなく、キャラクターを演じている人間の現実の生活における出来事等を内容とするものであること…も考慮すると、VTuber「B」の活動は、単なるCGキャラクターではなく、原告の人格を反映したものであるというべきである」。「本件各投稿は」「いずれの投稿も「B」との記載を含むものであるから、これらは、ａプロダクションに所属するVTuber「B」について述べたものであると認められる」。「そして、本件各投稿の内容は、いずれも原告が「B」としてインターネット上で配信した飲食店で提供された食事を食べきれずに残したというエピソード（以下「本件エピソード」という。）について批判的な意見を述べるものであるから、前記(1)の事情も踏まえ、一般閲覧者の普通の注意と読み方を基準とすると、本件各投稿は、いずれも「B」としての配信に反映された原告自身の行動を批判するものであると認めるのが相当である」。

　そのうえで、「あえて生育環境と結びつけてまで原告を批判する本件各投稿は、単なるマナー違反等を批判する内容とは異なり、社会通念上許される限度を超えて原告を侮辱するものとして、その名誉感情を侵害することが明らかというべきである。」とした。

　上記裁判例の判旨部分では、原告の活動について、キャラクター制作はタレントの個性を活かす形で行っていること、動画配信に用いる音声は原告の肉声であること、CGキャラクターの動きもモーションキャプチャー

による動きを反映したものであること等といった事実から、「人間の現実の生活における出来事等を内容とするものである」とし、アバターの活動が「原告の人格を反映したものであること」との評価をしている。そのうえで、原告の行動に対して行われた投稿が、当該原告本人に対する批判的な意見であることを認定し、かつ、投稿内容が社会通念上許される限度を超えて原告を侮辱するものであり、名誉感情を侵害しているとの結論を導いている。

　もう一つの裁判例[8]（やはり、プロバイダー責任制限法に基づく発信者情報開示請求事件である。）も、原告であるVチューバーの名誉感情の侵害が問題となったものであり、以下の通り判示されている。

　「原告は、〇〇〇に所属し、動画配信サイトにおける配信活動等を行っている者である。原告は、配信活動等を行うに当たっては、原告の氏名（本名）を明らかにせず、「X1'」の名称を用い、かつ、原告自身の容姿を明らかにせずに架空のキャラクターのアバターを使用して、YouTubeに動画を投稿したり、ツイッターにツイートしたりしている。そして、「X1'」であるとする架空のキャラクターを使用し、X1'につき、××海賊団の船長であるなどのキャラクターを設定しているものの、「X1'」の言動は、原告自身の個性を活かし、原告の体験や経験をも反映したものになっており、原告が「X1'」という名称で表現行為を行っているといえる実態にある」こと等を踏まえれば、「「X1'」としての言動に対する侮辱の矛先が、表面的には「X1'」に向けられたものであったとしても、原告は、「X1'」の名称を用いて、アバターの表象をいわば衣装のようにまとって、動画配信などの活動を行っているといえること、本件投稿は「X1'」の名称で活動する者に向けられたものであると認められる」とした。

　このように、裁判所は、「X1'」しての原告の活動は、「X1'」という名称のもと、アバターという皮を被って原告がおこなう活動であり、本件投稿は「X1'」の名称で活動する者に向けられたものであると認められることからすれば、本件投稿による侮辱により名誉感情を侵害されたのは原告であると位置づけた上で、投稿内容が社会通念上許される限度を超えて原告を侮辱するものであり、名誉感情を侵害しているとの結論を導いている。

　これらの判旨は事例判断であるが、メタバースにおける名誉権の侵害に

おいては、アバターにより表現されるキャラクターへの批判に留まるのか、その裏側にいる人間本人の社会的評価を低下させているのかという点に焦点があてられるものと思われる。アバターについても、同じく名誉感情の侵害が認められうると考えられる。

(2) アバターそのものへの誹謗中傷

　将来的な課題として、「中の人」との同一性が認められない状況において、アバターそのものつまり、キャラクター又は脚本に沿った表情・挙動・言動に対する言説につき名誉毀損等が成立するかどうかという点も問題となりうる。Ｖチューバーについては、このような状況を誹謗中傷として取り締まれないとしたら、メタバース上の誹謗中傷を野放しにすることにもなりかねないとして、「中の人」が誰だかわからない状況においても、名誉毀損が成立しうると考えるべきという見解も見られるが、議論の集積が待たれるところである[9]。

....

1)　「宴のあと」事件判決（東京地判昭和 39 年 9 月 28 日下級裁判所民事裁判例集 15 巻 9 号 2317 頁）。

2)　最判平成 15 年 3 月 14 日最高裁判所民事判例集 57 巻 3 号 229 頁、最決平成 29 年 1 月 31 日最高裁判所民事判例集 71 巻 1 号 63 頁、最判令和 2 年 10 月 9 日最高裁判所民事判例集 74 巻 7 号 1807 頁。これらの判決で示されたファクターを整理して、発信者情報開示請求の裁判では、①「当該事実の性質及び内容」②「伝達される範囲と具体的被害の程度」③「社会的地位や影響力」④「記事の目的や意義」⑤「社会的状況」⑥「記載する必要性」⑦「媒体の性質」等が考慮されている。

3)　東京地判令和 3 年 6 月 8 日（令 3（ワ）3937 号）。

4)　東京地判令和 2 年 12 月 22 日（令元（ワ）18748 号）。

5)　当該人物がユーザーネームを 20 年間以上使用していたことを根拠に、ユーザー名に対する誹謗中傷をもって、当該人物に対する誹謗中傷であるとして、名誉毀損の成立を認めた裁判例がある。東京地判令和 2 年 12 月 9 日（令和 2 年（ワ）第 24410 号）。

6)　前掲注 3)、前掲注 4) 参照。

7)　東京地判令和 3 年 4 月 26 日（令 2（ワ）33497 号）。

8)　大阪地判令和 4 年 8 月 31 日判例タイムズ 1501 号 202 頁。

9)　松尾剛行「VTUBER と名誉毀損──メタバースに関する法律問題の一部を考える」（https://keisobiblio.com/2022/01/25/matsuo40/）。

Q24　アバター（参加者）間のトラブルはどう対応すべき？

メタバースによっては、アバター間でのコミュニケーション上のトラブルだけでなく、3D オブジェクトで構成された「身体」そのものの挙動がトラブルの源になっていると聞きました。どのようなトラブルなのでしょうか。

Point

メタバースでは、すでに他の参加者に対する性的な攻撃による被害が発生しており、一部の事業者はその対策をとり始めている。また、アバター間の言動・表現による攻撃や他者の仮想アイテムの盗難や破壊については、システムによる対応も有用である。

1　バーチャル・レイプ（アバター間の性的な攻撃）

(1)　従前の事例

メタバースでは、アバター間の性的な攻撃による被害事例が、ここ数年各所ですでに発生しており、メディアでも「バーチャル・レイプ」問題として取り上げられている。アバター間で性的な攻撃がそもそも成り立ちうるのか、という疑問を持たれる読者もいると思うので、以下報道ベースだが、実際に発生した事例を紹介する。

2018 年には、Roblox 内で、ある米国の母親が 6 月 29 日、7 歳の娘のアバターが他のアバターに取り囲まれ、男性器を想起させる「集団レイプ」を受けているのを発見したとして、画面キャプチャとともにソーシャルメディアで告発した。Roblox 社は、同社のコミュニティー規則や行動基準に違反しているとして、告発された参加者の接続を禁止した。

2022 年 2 月には、VR Chat の仮想ルームでは、犯罪まがいのアバター同士の性的な攻撃・暴力行為が多発している実態が BBC で報じられた。VR Chat では以前から「VR 睡眠」という文化があり、参加者は、現実世

界で VR ゴーグルをかぶったまま、VR Chat 内で横になって睡眠すると同時に、現実世界でも睡眠するという一風変わったプレイスタイルである。この VR 睡眠中のアバターに、現実世界でも睡眠中で気づかないのをいいことに他のアバターが衣服を着用しない状態で、勝手に上から覆いかぶさる、あるいは隣に寝て密着する行為が横行している。

　Meta 社の運営する Horizon Worlds についても、アバター間の性的な攻撃の事例が複数報じられている。2022 年 2 月には臨床心理士の女性が、2022 年 5 月には研究者の女性が、それぞれ自らのアバターが、メタバース内で、複数の男性アバターに取り囲まれて、性的な攻撃を受けたとして改善を訴えた。

(2) 法的対応の難しさ

　このような仮想世界における性的攻撃を、現実世界の法的手段をもって取り締まることはできないのだろうか。実はこのようなアバター間の性的な攻撃の事例は、Second Life 以前の時代から発生している。1993 年にはテキストベースの仮想コミュニティー「ラムダムー」において、あるハッカーが他の参加者のアバターを乗っ取り，暴力的で露骨な行為を記述させた事例が知られている。Second Life においてもバーチャル・レイプというべき事案が発生しており、ベルギーの検察当局がこれに現実の刑法を適用することを試みたものの、最終的に断念した事例が知られている。[1]

　では日本法では、これらの性的な攻撃をたとえば公然わいせつとして取り締まることができるだろうか。刑法 174 条は「公然とわいせつな行為をした者」を罰すると定めている。メタバース内の性的な攻撃がこの要件を満たすには二つのポイントがあるように思われる。一つはメタバース内のアクセス権限の設定によって建物内部にはアクセスを許容された参加者しか入ってこられないようにしていて、加害者と被害者しかいない場合で、他方、メタバースの現実世界とは異なる特殊性として、それでも管理者であるメタバースの運営事業者からはその状況を見られる、いわば「神の視点」があるという状況で、そのアバター二人きりの密室で行われたことが「公然」といえるか、という問題である。もう一つは、より根源的な問題で、刑法実務では「行為」を「人の意思に基づく身体の動静」と解するのが一般的であるところ、アバターの挙動を「身体の動静」といえるのか、

という問題である。メタバースにおいて身体の没入性は重要な要素であり、将来、技術の発展に伴い、アバターと現実世界の参加者の一体性は高まっていくことが予想される。将来の社会において、アバターが現実世界の参加者の身体の延長であり、切り離しがたい存在であると一般に認識されるようになる時代が到来すれば、この身体性の議論も変わってくる可能性もある。

(3) 海外の動向

　実際に海外では、アバターの挙動も処罰対象とする方向性が出てきている。フランスでは、韓国では、被害者のアバターなどを対象とする間接形態の性暴力や、言語的なセクハラのような「非身体的」性暴力は処罰が難しく、「韓国の法体係には、変態が厳罰を避けることを可能にする多くの穴がある」と指摘されていたのを踏まえて、2022年1月に、韓国政府の法務部（日本の総務省に相当する政府機関）のデジタル性犯罪等専門委員会が、「性的人格権」の概念を導入し、これを侵害する行為を犯罪として規定・処罰する必要がある旨の勧告を行ったことが報じられている[2]。具体的には、現行の性暴力処罰法に性的人格権の侵害時の処罰規定を新設することが提案されており、たとえば、「望まない性的表現が被害者に伝わるようにして、屈辱感または嫌悪感を誘発する行為」に該当すれば、物理力を伴わない非身体的行為でも処罰することが可能になる。このルールであれば、アバターにつきまとう、身体性のハードルはクリアできる可能性が高い。

(4) 当面の対応

　法的対応が難しい現状においては、技術的対応や参加者のリテラシー向上による対応で当面は乗り切らざるをえない。Meta社では、Horizon Worldsに「個人境界線」機能を導入することで当面の解決を図った。システム上、自分のアバターと他ユーザーのアバターとの間に約1.2メートルの距離を設け、それ以上は接近できないようにする機能である。この機能は各参加者がON・OFFを切り替えることができる。類似の機能として、ワープ機能、ブロック機能、セーフティゾーン機能等を備えるメタバースもある。予めトラブルを防ぐためには、Meta社のように技術的対応をと

ることも重要だが、参加者のリテラシーを向上させることも有用である。

2　アバター間のトラブルの解決方法

(1)　メタバース運営事業者に求められるスタンス

　アバター間のトラブルについて、メタバースによっては全く関知しない方針をとっているように見られる事業者もあるが、メタバースが無法地帯化するおそれもある。他方で、トラブル発生後の事後ではあるが、積極的に対処すべく、問題行動を起こした参加者のアカウントを停止し、あるいは、会員資格のはく奪まで踏み込んだ対応をする運営事業者も見られる。いずれの措置をとるときも、利用規約に基づいて行われることが必要である。つまり、利用規約においてそのような強硬措置をとる権限を確保しておくこと、そして利用規約上の禁止行為の範囲を網羅的かつ明確にしておくことが求められる。参加者から運営事業者に対してたびたびなされる禁止行為には該当しないという反論を封じておくことが重要だからである。

　もっとも、メタバースが大規模化してトラブルの件数も増加すると、運営事業者がそこまで積極的に関与する方針を貫くのは現実的ではないというケースも出てくるだろう。その場合の次善の策としては、被害申告があり、その事実が確認できた場合は、問題行動を起こした参加者の情報（連絡先）を被害者に開示し、あとは当事者間に委ねる方針も考えられる。この場合も、開示に応じる基準等を利用規約で明確にしておくことが求められる。

　運営事業者が電気通信事業者である場合は、個人情報のみならず、特定利用者情報についても注意が必要になる（詳細は**Q20**参照）。

　いずれにしても、問題事案の発生後に個別に対応しようとすると、運営事業者のコスト負担は人的にも金銭的にも相当なものとなる恐れがある。このため、予めシステム的に問題事案が発生しないよう、技術的な対応を日頃から行っておくことも重要である。たとえば、アバター間のわいせつ表現や誹謗中傷、ヘイトスピーチ、脅迫・威圧的言動は、刑法をはじめとする既存の法律による対応もあり得るところではあるが、ミュート機能やブロック機能を充実させることで、事案の発生そのものを抑制することを検討すべきである。[3]

(2) 被害者の取るべき対応

　被害者としては、メタバース運営事業者に対して、被害を申告し、対応を求めることになるが、運営事業者が期待していた動きを示してくれない場合は、直接コンタクトをとるために、連絡先の情報の開示を求めることが考えられる。それでも、運営事業者の反応が鈍い場合は、発信者情報開示請求などの法的手段に訴えることが考えられる。

　アバター間のトラブルそのものではないが、アバターと同様に現実世界の人間がCGの皮を被って活動するVチューバーについては、すでにVチューバー同士のトラブルの事案で、被害者のVチューバーが、加害者とされるVチューバーについて、プロバイダを相手取って、発信者情報開示を求めていた裁判で、加害者とされるVチューバーの開示を命じたことが報じられている。[4] **Q23**で述べたように、他にも、Vチューバーの名誉感情の侵害等を認定して、相手方の情報開示を命じた裁判例が複数出ており、アバターについても同様に認められる余地はあるように思われる。

---

1) Benjamin Duranske「Reader Roundtable:"Virtual Rape"Claim Brings Belgian Police to Second Life」https://virtuallyblind.com/2007/04/24/open-roundtable-allegations-of-virtual-rape-bring-belgian-police-to-second-life/
2) https://japan.hani.co.kr/arti/politics/42443.html
3) 内閣府知的財産戦略本部「メタバース上のコンテンツ等をめぐる新たな法的課題への対応に関する官民連携会議」において、問題行為への対応のあり方について、検討が進められている。
4) https://www.yomiuri.co.jp/national/20220329-OYT1T50302/

コラム　アバターの「中の人」（実演家）の権利

　本文ではアバターの外観についての権利について見てきたが、アバターの特徴である「中の人」の権利はどうだろうか。

　メタバース内に限らず、VR 空間において、現実世界のアーティストがアバターの姿を借りて、歌唱したり、演劇の舞台に立ったりすることは珍しくなくなっている。現実世界でこれらの行為を行えば、著作権法上、実演家の権利（著作隣接権）が発生し得るところ、アバターの姿で行った場合はどのような取扱いとなるのだろうか。

　映画「アバター」で注目されたモーションキャプチャだが、現実世界の「中の人」の挙動をアバターの挙動として VR 空間に取り入れる過程では、様々な技術手法が用いられている。動きづらいがかなり正確にトラッキングできる、全身にセンサーを装着した状態で挙動する手法（センサーの形状は浮き輪など様々である）、VR Vive に代表される、ベースステーションを設置し、そこから発射される赤外線を検知するセンサーを身体に装着した状態で挙動することでキャプチャする手法、マーカーを装着した状態の挙動を多数のカメラで撮影し処理する手法、演者の負担が軽い、カメラで演者の挙動を撮影した映像を AI 処理する手法等多岐にわたり、計測精度と演者への負担が異なっている。つまり、「中の人」の挙動＝アバターの挙動とはいかず、モーションキャプチャによって「中の人」の挙動を抽出・記録したモーションデータについて、著作権法上の保護を考える必要がある。

　そして、このデータを、アバターの挙動に反映すべく、映像を作成し、配信することになる。このため「中の人」の著作隣接権が保護されるかは、キャプチャ段階と映像配信段階に分けて検討する必要が生じてくる。

　なお、一部の V チューバーのライブ配信に見られるように、曲間のつなぎはライブ配信しつつ、事故を防ぐ観点から、ライブパフォーマンスの部分は事前に撮影した動画を配信する場合も少なくない。このような事前収録のケースでは、アバターの挙動を完璧にすべく、抽出・記録したデータをオペレーターが加工・修正する可能性もあるが、議論が複雑になるので、以下ではないものとして取り扱う。

　キャプチャ段階については、まず、この著作権法でいう「実演」とは「著作物を、演劇的に演じ、舞い、演奏し、歌い、口演し、詠唱し、又はその他方法により演ずること」をいい、加えて「これらに類する行為で、著作物を演じないが芸能的な性質を有するものを含む」と定義されている。演劇や歌唱だけでなく、たとえば、2008 年頃に数多く登場した企業系 V チューバーのように、キャラクターががっちり設定され、放送作家の用意した脚本をベースにトークを展開する場合も、「実演」に該当する可能性が高い。これに対し、仮想店舗のアバターによる接客のような、著作物を演じるとは性質上考えにくい場合、「実演」に該当しないと整理できる。

　「実演」に該当する場合は、録音権・録画権（著作権法91条）、放送権・有線放送権（同法92条）、送信可能化権（同法92条の2）等を有することになる。

　映像配信段階については、抽出・記録したモーションデータ及びこれを基に作成された映像データの配信が、当該実演の「録画」「送信可能化」に該当するかを検討することになる。ここでは、モーションデータ・アバター映像に、「中の人」の挙動の創作的要素が見いだせるかがポイントとなる。実務では、これらの検討を踏まえて、「中の人」との権利処理が必要となるが、純粋なライブ配信なのか撮影後の動画配信なのかや、モーションデータとアバター映像のいずれを録画するのか等によっても異なってくるので、現場の取扱いを踏まえた契約書の作成が必要となる。

　現状、録画権については、点群のデータとして記録されるに過ぎないモーションデータが、「影像を連続して物に固定し、又はその固定物を増製することをいう」とされる「録画」の対象になり得るか、議論が続けられている。

　最終的に出力されるアバターの映像については、録画により媒体に固定する場合には、「映画の著作物」に該当することがあると想定される。このため、アバターの映像に表れる「中の人」の動きは、当該映像が「映画の著作物」に当たる場合、著作権法第91条第2項にいう「映画の著作物において……録画された実演」に該当すると想定される。「中の人」の動きが「実演」に当たる場合、そのアバター映像を録画しようとするときには、原則として、操作者である実演家の許諾を得ることが必要となる。他方、アバター映像に表れる操作者の動きが「映画の著作物において……録画された実演」に該当する場合、「映画のワンチャンス主義」が働くと解することができるため、「中の人」の許諾を受けて録画をしたアバター映像を他の媒体に増製するに際し、改めて「中の人」から許諾を得る必要はなく（著作権法第91条第2項）、当該増製した媒体に録画されているアバター映像を送信可能化することについても、改めて「中の人」から許諾を得る必要はない（著作権法第92条の2第2項第1号）。

　最後に、立法論になってくるが、実演の保護として、「中の人」の挙動そのもののみならず、それをメタバース内で、あるいはメタバース外への配信として視聴するアバターの挙動を保護すべきではないかという視点からの議論もある。後者も保護されると考える参加者も少なくないだろうところ、アバターの挙動は保護の対象外とした場合、極端な事例では、「エモート」のように、ワンクリックで登録された挙動をアバターが行う場合、「中の人」はボタンをクリックしているだけなので、保護すべき実演がないことになるだろう。また、過去に実際に経験した事例だが、複数の参加者とメタバースから配信を行っていた際、メタバースに参加あるいは視聴するためのアプリのバージョンが異なっていたために、「中の人」が想定しているアバターと同じメタバース内に同時に参加している他の参加者あるいは、メタバース外で配信を視聴している視聴者が見ているアバターがそれぞれ異なって見える、という事態も発生し得る。保護の対象について、一層の議論が求められるところかもしれない。

I-5　メタバースの経済取引機能に関わる法的課題（カネ）

Q25　メタバースの「カネ」に関わる法的課題とは？

　メタバースの経済取引機能が充実すればするほど便利になると思うのですが、リスクはないのでしょうか。

Point

　メタバース内の「カネ」、経済取引機能が充実し、経済圏として成長すればするほど、メタバース内の「取引」の在り方、様々な金融規制との整合性や、税務上の課題が浮き彫りになりつつある。

1　メタバース内の「取引」の在り方

　メタバース内の経済取引の在り方としては、現時点では、オンラインショッピングの担当者がアバターを被って仮想店舗の店員となって、来店する一般の参加者アバターを接客するパターンが典型的なものとして考えられる。そして、商品を気に入った来店者が、仮想店舗内で決済まで行い、商品である3Dオブジェクトで構成されたアイテムを持ち帰ることが想定される。現実に国内の百貨店が設けているメタバースでは、現実世界の商品を模した3Dオブジェクトが陳列されているものもあり、来店者が購入したいと思った場合は、外部のオンラインショッピングサイトへのリンクをクリックして、そちらで商品を購入するというパターンもある。

　このうち前者のパターンでは、アバター間で取引が行われるため、なりすましや未成年取引の問題が、一般的なオンラインショッピング以上に顕在化しやすいことから、そのような事態を防ぐ措置が欠かせない。

　また、メタバースには国境がないことから、いざ運営事業者・参加者間、参加者間でトラブルが発生すると、国境を越えた紛争になりかねない。こ

129

のため、事前に管轄・準拠法を定めておくことが重要になる（詳細は**Q27**参照）。

2　メタバースとNFT

　メタバースとNFTは全く別個の概念であるが、現在のメタバースに見られるコミュニケーション機能の軸と経済取引機能の軸のうち、NFTは後者を支える重要なツールでもある。経済取引機能にとってNFTが重要なのは、メタバースの経済取引においては、アバター・アイテム・「不動産」といったデジタルデータが取引されることになり、特に「不動産」などは高額の取引が見込まれるので、デジタルデータの保有者が誰なのかを明らかにしておく必要性が高い。このため、メタバースの経済取引機能の発展のためには、NFTの活用は避けて通れないと考えられている。もっとも、NFTの「保有」の法的な意味合いは明確でないところも多く、現時点では、当該NFTの発行者あるいはプラットフォームが別途定める利用許諾条件によって規定されているのが実情であり、実際の取引に際しては、個別具体的な検討を要する。

　加えて、NFTのような、ブロックチェーン上で発行されるデジタルトークンについては、その機能によっては、金融規制が適用される可能性がありうるため、メタバース・ビジネスにおいてNFT活用を想定している場合は、これらの規制の適用の有無を予め検討しておく必要がある。このデジタルトークンの金融規制法上の位置付けは、主に暗号資産、前払式支払手段、為替取引、ポイント、有価証券の五つに分類して考えられており、やはり実際の取引に際しては、当該NFTがいずれに該当するかを個別具体的に検討する必要がある（詳細は**Q28**参照）。

3　金融規制とメタバース

　2007年のSecond Lifeブームの際も見られた現象だが、今般のメタバース・ブームにおいても、銀行、証券会社、保険会社を中心に、すでに多数の金融機関がメタバースへの進出を果たしている。現時点では、**Q04**で紹介したSecond Lifeの進出事例と同様、メタバースを現実世界の金融サービスの営業チャネルとして活用するパターンが多数を占めているところ、将来的には、メタバース空間における諸活動に対して、現実世界の金

融サービスを提供するパターン、メタバース内での活動に対して、メタバース内で金融サービスを提供するパターン、現実世界・メタバース双方の活動を区別せずに、金融サービスを提供するパターンへの広がりが見込まれている。

これまでゲーム業界では「ゲームはゲーム」として、できるだけ現実世界の法規制の適用を排除しようとする傾向が強かったが、そのゲームの遺伝子を引き継いだメタバースでは、金融規制の適用検討の必要性が正面から指摘されている。これは、「入口」（取得段階）及び出口（売却段階）において法定通貨との接点が生じているためと整理できる。前者に関しては、ソーシャルゲームのガチャが、後者に関しては、次に述べる Play to Earn が代表的である（詳細は Q29 参照）。

4 Play to Earn

Play to Earn は、一般的には、ゲームをプレイすることで、ゲーム内で収益を得ることができるゲームのことを指し、通常、ブロックチェーン技術に基づく暗号資産や NFT を活用し、お金を稼ぐ要素があるゲームのことを指す。これまでの「ゲームはゲーム」をモットーとして、ゲーム内で、現実世界の経済的利益を得られないよう仕組みを整えてきたのとは逆の方向を目指していることから、改めて、金融分野・決済分野の法規制をはじめとする現実世界の法規制の適用の検討が求められている。

たとえば、ゲームプレイによってより効率的に収益を得るためには、強いキャラクターや効果の高いアイテムを入手することが、事実上の前提条件と化している場合があり、その入手のためには現実世界の金銭による初期投資が必要であったりする。多くのプレイヤーにとって、このような初期投資は容易ではないところ、その解決策として、他のプレイヤーからキャラクターやアイテムを借りて、ゲーム内で稼ぎ、その収益の一部を、貸し付けたプレイヤーにレンタル代金として支払うというシステムも実際に登場している。「レンタル」の当事者間では、自己の保有する NFT を希望者に利用させ、その見返りとして、当該 NFT を使用してゲーム内で獲得した利益の分配を受けることとなる。そのため、このような仕組みが、いわゆる「集団投資スキーム持分」（金融商品取引法 2 条 2 項 5 号）に該当し、金商法の規制対象とならないか、検討が必要になる場合がある（詳細

は Q30 参照）。

5 税務上の課題

　NFT をアバター間で取引する場合、取引対象の「引き渡し」は、オンライン又はブロックチェーン上で完結し、かつ、決済も暗号資産で行うことも可能であるから、現実世界との接点なしに取引が完了してしまう場面が想定されるが、法的性質が判然としないことも多い。このように、メタバース内で行われるデジタル資産の取引（デジタル取引）の法的性質が不明確であることは、税法上の取引の分類のどれに該当するかに影響することから、税法上のリスクを発生させることになる。

　また、メタバース内の経済取引は当事者がアバターを被ったままで行う場面も想定され、この場合取引においても匿名性が確保されることになる。この匿名性があると、源泉徴収義務を負担する支払いを行う場合、支払先の特定ができず、法定調書の記載不備が生じることになる。また、多くのメタバースでは国境がないことから、取引の当事者が海外在住という事態もありうる。海外在住のメタバース参加者が資産譲渡を伴う取引を行う場合、日本の所得税法では、いわゆる「国内源泉所得」のみが課税対象となるため、メタバース内の経済取引が国内で行われているといえるか、あるいは、資産の所在が国内といえるかが問題となってくるところ、取引対象の物理的所在地がそもそも観念できないのではないかというメタバース特有の懸念が出てくる（詳細は Q31 参照）。

Q26　メタバース内のアイテム・土地建物は取引可能？

　メタバースでは、3D オブジェクトで表現されるアイテムや建物を制作し、取引することや、土地をイベントに貸して収益をあげることもできると聞きました。経済取引ができるということは、その対象であるアイテムや土地建物は保護されているのでしょうか。

Point

　メタバース内では、伝統的なオンラインゲームとは異なり、正面からアイテム・土地建物が取引対象として位置付けられ、むしろ一種の経済圏として機能することが期待されている。他方で、メタバース内のアイテム・土地建物は所有権の対象とはならないため、知的財産権法その他による保護が検討されている。

1　アイテム・土地建物が取引されている実態

　メタバースでは、様々な 3D オブジェクトを用いたコミュニケーションが行われている。たとえば、ケーキを表現する 3D オブジェクトを囲んで女子会が開かれたり、3D オブジェクトのドリンクを持ち寄って飲み会が開かれたりしている。その意味では、物品本来の役割に類似した役割をメタバース上で果たすようになっている。このように、メタバースによっては、あたかも現実世界の有体物の商品のごとく、特定のアイテムを表現する 3D オブジェクトを販売するサービスがすでに展開されている。さらに進んで、メタバース内に開設された仮想店舗に、ユーザがアバターで入店し、店舗内の商品を（仮想的に）手にして吟味し、購入できるサービスも見られる。メタバースを代表するサービスの一つである Decentraland では、土地建物が「LAND（ランド）」という NFT の形式で売買されている。それだけでなく、仮想不動産の賃貸料を得たり、イベント開催時の土地の使用料で収益をあげたり、あたかも現実の不動産であるかのような取引が

広く行われるようになっている（**Q05** 参照）。

2　アイテム・土地建物として何を取引しているのか

　このようにユーザの購入体験が現実世界に接近している一方で、取引対象はあくまで特定のメタバース上でしか表現されないデジタルデータのままである。アイテムは、メタバース内で持ち運びができる 3D オブジェクト、建物は持ち運びができない 3D オブジェクト、土地はメタバースの運営事業者によってあらかじめ用意された区画と整理できる。

　メタバースの運営事業者はアイテム・土地建物についてユーザがどのような権利を有するかについて、どのようにとらえているのだろうか。たとえば、経済取引機能に力を入れている Decentraland の利用規約では「各 LAND の所有権（title and ownership rights）は、その所有者に帰属します。」、FAQ では、「Decentraland 内の LAND を所有すること（Owning）は、（略）暗号資産を所有することと似ていますが、Decentraland 内の LAND を使用して 3 次元の空間やアプリケーションを構築することが可能です。」と説明するのみで、「所有」の意味は明確にされていない。

　そこで日本法の観点から改めて考えてみると、民法が所有権を認めているのは物が対象であり、その対象は有体物に限られる。このため、アイテム・土地建物の 3D オブジェクトは、所有権（物権）による保護を受けることができない。このため、ユーザによる取引の対象となるのは、物権ではなく、当該メタバースのプラットフォーム運営事業者に対して、当該 3D オブジェクト（デジタルデータ）を利用させるよう要求できる債権にとどまり、仮に、当該メタバースのサービスが終了すれば、ユーザは利用できなくなる。将来、マルチバース時代が到来し、最初に購入したメタバースから、別のメタバースに、購入した 3D オブジェクトを持ち運ぶことができるような環境が、企画の共通化等、技術面で整備されれば、ユーザが購入できる権利について、改めて法的観点からも検討が必要になるだろう。この関連ではいわゆるバーチャルプロパティ論が議論されてきたところである（詳細は**Q18**参照）。

3　取引の安全確保

　現実世界の有体物のうち、動産の取引であれば、引き渡しをもって、不

動産の取引であれば、所有権の移転登記をもって、対抗要件を充足することになることから、購入者としては、自身が真実の権利者から購入していることをはっきりさせ、また、自身が購入した事実を第三者に主張できる状態を、一定の手順さえ踏めば、容易に確保することができる。

これに対し、3D オブジェクトを購入しようとするユーザが、相手方（販売者）が真実販売の権利を有しているのか、簡単に確認できる制度は法律上、用意されておらず、また、自身が購入した事実を第三者に主張することができる制度も、法律上整備されていない。現在のメタバースでは、3D オブジェクトの取引の履歴を、ブロックチェーン上に記録するサービスも登場しており、この記録により、取引がなされていることは相当程度確からしさが認められるものの、最初の販売者が真実の権利者であるかは明らかにされないこともあり、動産の引き渡しや不動産の所有権移転登記と同等の対抗要件機能が果たされていると評価できるかは検討が必要だろう。

なお、Second Life 時代から、立法論としてバーチャルプロパティの法的保護が論じられてきた。近年は、デジタル資産の保護・活用をめぐるルールを他に先駆けて策定しようとする動きが、西側諸国の研究者・実務家を中心として見られつつある。メタバースの経済取引機能を現実世界のそれに匹敵するレベルに引き上げ、もう一つの経済圏を生み出そうとするのであれば、従前の議論とは一線を画した立法が求められる。

4　取引対象の保護

現実世界において対価を伴う取引を促進するには、取引対象が法的に保護され、メタバース内の第三者や現実世界の部外者による侵害を防止できることが望ましい。Second Life の時代から、他のユーザの 3D オブジェクトを権利者に無断で複製し、メタバース内で販売し、メタバースの利用者間の紛争が発生していた。そもそも 3D オブジェクトのアイテムは法的に保護されるのだろうか。3D オブジェクトは、現実世界に存在する物を忠実に再現すべく作り出す場合もあれば、ゼロから作り出す場合もある。前者については、3D スキャン等により、現実に存在する物を忠実に再現したオブジェクトは、構図やアングルを観念できず、そこに創作性を見出すことができないため、オブジェクト自体に著作物性が認められる可能性

が低い。後者については、通常の著作物として、創作性が認められ、著作物性が認められる可能性がある（詳細については、Q16 を参照のこと）。

Q27　メタバース内の「取引」は現実世界と同じルール？

メタバースでは、仮想のアイテムや土地建物のような「商品」だけでなく、メタバース内での「役務（サービス）」が、有償で「取引」されているそうですが、ここでいう「取引」は現実世界の「取引」と同様の規律が適用されますか。

Point

メタバース内の「取引」は、オンライン上の電子商取引として取り扱われることになるが、仮想店舗が現実世界の店舗に近い運用をしていたり、AIの操作する店員が接客していたり、これまでにはない検討すべきファクターを抱えている。

1　メタバースにおける「取引」の課題

メタバース内の「取引」は、アバターを被った参加者間で行われることが想定され、この点が従前のオンライン取引との差異をもたらすことが想定される。将来的には、AIが応答するアバターが店員を務める仮想店舗が一般的に普及する状況も想定されるため、以下では、仮想店舗内で、現実世界の担当者がアバターを被って接客する場合及びAIによって動くアバターが接客する場合を想定事例として検討する。

2　取引相手の特定

「取引」は相手方がいてはじめて成立するので、当事者を特定する必要がある。

(1)　特定商取引法に基づく表記

「取引」において商品を販売あるいは役務を提供して対価を受領する側が、特定商取引法の「事業者」に該当する場合に問題となる。一般のオン

ラインショップと同じく、特定商取引法に基づく表記が必要となるためである。特定商取引法に基づく表記では、事業者が個人の場合を含めて、事業者の氏名（名称）、住所、電話番号を表記する。事業者が法人の場合は、代表者の氏名若しくは通信販売の業務の責任者の氏名を記載する必要がある。オンラインショップであれば、オンラインショップサイト内の独立したページを設け、このような表記を用意することが多いが、メタバース内でどのように対応するかが問題となる。加えて、これはメタバースに限らない、オンラインショップ一般の問題であるが、「事業者」が個人の場合、自身の氏名や住所、電話番号を記載することに抵抗を覚えることが少なくない。広告表示事項を記載した書面又は電子メール等を「遅滞なく」提供することを広告に表示し、かつ、実際に請求があった場合に「遅滞なく」提供できるような措置を講じることは許容されているが、最終的には、提供することには変わりはない。

(2) AI アバター

　仮想店舗において AI プログラムが動かす店員アバターが接客する場合が、現実世界の担当者が動かすアバターが接客する場合と異なるのは、理論上、誰が「取引」の当事者になるのかが明確でないという点である。もちろん、AI そのものに人格が認められていない現在においては、「取引」の当事者になるのは、AI を運用している人物・組織でしかありえない。このため「取引」を行うに際して、この人物・組織を明らかにしておくことが必要となる。これは、上記の特定商取引法に基づく表記によって、AI アバターの運用者情報が明らかにすることで対応可能と考えられる。

3 「取引」トラブルの防止
(1)「取引」における「なりすまし」

　メタバースによっては、なりすまし防止に力点を置くサービスが出てきているほど、重大な問題である[1]。現実世界の取引と異なり、オンライン取引では ID とパスワードさえわかってしまえば、容易になりすまして取引ができてしまう。メタバースにおいてアバターで取引する場合でも、状況は変わらない。現在、ほとんどのオンライン取引に関する利用規約においては、ID とパスワードの管理は自己責任であり、無断で使われてしまっ

た場合の取引の効果は本人に及ぶ旨定めている。これは予めこのように定めておかないと、例外的な場面を除いては、本人に効果帰属せず、商品・サービスを提供する側が損失を被ってしまうためである。もっとも、事業者に帰責性がある場合は、そのような事前の合意を定めておいても、無効と判断される可能性がある。

　事前の合意漏れ、あるいは、事前の合意が無効ではないとする主張に依拠する場合は、民法の表見代理規定の類推適用に基づいて本人に効果が及ぶことを主張することになる。このため、その要件である①外観の存在、②相手方（事業者）の善意無過失、③本人の帰責事由を検討することになる。オンライン取引に関しては、事業者側が、なりすましによる取引を排除するための仕組みをある程度整えておかないと、②事業者の善意無過失が認められない可能性が生じるため、事業者側のシステム設計は慎重に行う必要がある。たとえば、本人認証を強化する、ワンタイムパスワードや二段階認証を導入するなどの対応が考えられる。もっともメタバースの普段の利用においてまでこれらを徹底してしまうと使い勝手が悪くなりユーザ離れを起こす恐れもあるので、一案として、金銭の絡む取引を実行する場面に限って、なりすましによる取引排除の仕組みを強化することも考えられる。

(2) 年齢確認（未成年者取引）

　民法では、いったん取引が有効に成立した後でも、相手方が実は未成年であった場合は、原則未成年者であったことだけを理由として、契約を取り消すことができる。これは事業者にとっては結構なダメージになりかねない。モノの販売であれば、いったん相手方の手にわたってしまった以上、返品されても中古品になってしまうし、サービスの提供の場合は、取り戻すことがそもそも難しい。そのため、事業者としては、年齢確認を頑張るのだが、現実世界で目の前に相手がいる場合であっても、100パーセント間違いのない確認は難しい。これがオンライン取引になると、見た目による判断や運転免許証をちらっと提示してもらうことができないので、確認は余計に難しくなる。メタバースではアバターを経由するので、確認がさらに難しくなる可能性はあれど、容易になることはない。

　このため、事業者側にも一定の救済措置が置かれていて、法定代理人の

同意がある場合や「詐術を用いた」申込み、すなわち自身が未成年者でないように見せかけた上で申込みが行われた場合は、未成年取消は認められないことになる。これを踏まえて、事業者は、様々な工夫をすることで、後日相手方が未成年であったと発覚しても、「詐術を用いた」申込みであったと反論できるように、準備をしている。

　オンライン取引でいえば、「『未成年者の場合は親権者の同意が必要である』旨を申込み画面上で明確に表示・警告した上で、申込者に生年月日等の未成年者か否かを判断する項目の入力を求めているにもかかわらず未成年者が虚偽の生年月日等を入力したという事実だけでなく、更に未成年者の意図的な虚偽の入力が『人を欺くに足りる』行為といえるのかについて他の事情も含めた総合判断を要すると解される」[2]。「すなわち、当該未成年者の年齢、商品・役務が未成年者が取引に入ることが想定されるような性質のものか否か（未成年者を対象にしていたり訴求力があるものか、特に未成年者を取引に誘引するような勧誘・広告がなされているか等も含む）、取引をした価格の多寡、及びこれらの事情に対応して事業者が設定する未成年者か否かの確認のための画面上の表示が未成年者に対する警告の意味を認識させるに足りる内容の表示であるか、未成年者が不実の入力により取引することを困難にする年齢確認や同意確認の仕組みとなっているか等、個別具体的な事情を総合考慮した上で実質的な観点から判断されるものと解される」[3]。メタバースにおいても、同様の観点からの検討が必要になるだろうから、メタバースの運営事業者は、取引に関わる規約や画面構成のデザインにおいて、これらを積極的に検討すべきである。

（3）入力ミスの救済

　メタバースを含むオンライン取引では、対面で取引内容を見ている相手がいないこともあり、クリックミスや入力ミスが発生しやすい。発注数のけたを間違えて、大変なトラブルになるのはしばしば目にする光景である。とりわけ VR ゴーグルを付けて、VR 世界内で文字を入力するのには一定のコツが要求される場合があり、誤入力が発生しやすい。対消費者を相手とする電子契約を規律する、電子消費者契約に関する民法の特例に関する法律（「電子消費者契約法」という）では、このようなミスを犯した消費者を保護するために、「①消費者が申込みを行う前に、消費者の申込みを行

う意思の有無について『確認を求める措置』（確認措置）を事業者側が講じた場合、②消費者自らが確認措置が不要である旨意思の表明をした場合」の有無によって、異なる取扱いとなるよう定めている。①②ともに講じられていなければ、操作ミスによる消費者の申込みの意思表示は、原則取り消すことができる（電子消費者契約法3条）。①あるいは②が講じられている場合は、消費者に操作ミスについて重大な過失があれば、事業者は消費者に錯誤（操作ミス）があっても契約の有効性を主張できる（民法95条3項）。たとえば①であれば、確認措置としては、申込みを行う意思の有無及び入力した内容をもって申込みにする意思の有無について、消費者に実質的に確認を求めていると判断しうる措置になっている必要があり、(a) あるボタンをクリックすることで申込みの意思表示となることを消費者が明らかに確認することができる画面を設定すること、(b) 確定的な申込みとなる送信ボタンを押す前に、申込みの内容を表示し、そこで訂正する機会を与える画面を設定すること、などが例として挙げられている[4]。

　メタバース上でアバターで入店し、店舗内で取引を行う場合、参加者に注目すれば、従前のオンライン取引と変わらないところ、アバターに注目すれば、現実世界の店舗のような状況が発生しているのが、メタバースのアバターを通した取引固有の状況といえる。この場合、上記の確認措置にどのような影響が生じるのか、メタバース固有の問題としての検討が求められるところである。

　また、メタバースでは User Generated Content（UGC）の取引の隆盛も期待されているところ、参加者同士の取引の増加とそれに伴うトラブルの増加も見込まれる。運営事業者としては、より視認しやすく、かつ理解しやすい表示を行う必要性が高まる可能性がある。

4「取引」トラブルが発生してしまったら
(1) メタバースの「取引」に関して、管轄・準拠法を定めておく重要性

　経済取引一般の話として、何もトラブルなく取引完了する場合はあまり問題とならないが、いざトラブルが発生し、紛争に至った場合、疑義がある条項をどの国の法律によって解釈し、当事者間で解決しきれない場合は、どの紛争解決機関に、解決を委ねるかが、非常に重要になってくる。国内で完結する取引であっても、地元の紛争解決機関を利用できれば、事実上

のコストが抑えられ有利な立場を確保しやすいし、連邦制の国であれば地元の州の法律を適用できればそれを熟知した側の当事者は対策がしやすくやはり有利な立場にあるといえる。ましてや、これが異なる国の当事者間ともなれば、将来のトラブルに備えて、これらの事項について自身が有利なポジションをとれるよう準備しておくのは必須ともいえる。

　メタバースでは国境がないことから、とりわけコミュニケーションが文字中心の場合には、目の前のアバターが実は外国から参加している事態は十分起こりうる。このため、メタバース内で経済取引を行おうとする参加者にとっては、管轄・準拠法について十分に配慮しておくべきである。メタバースによっては、参加登録時に合意する必要がある利用規約において、管轄や準拠法を含め、運営事業者と参加者間の紛争だけでなく、参加者間の紛争の取扱いを定めている場合もありうるので、そちらの確認も必要である（利用規約の詳細については **Q41** 参照）。

(2)　管轄

　管轄については、当事者間に仲裁合意又は裁判管轄の合意をしておけばそれに従うのが原則だが、一方の当事者が消費者である場合には、仲裁合意を解除でき、裁判管轄の合意は無効となるため、消費者を相手方とする取引は要注意である。合意がない場合に、日本の裁判所に管轄が認められる場合は、民事訴訟法に細かく定められている（民事訴訟法3条の2〜3条の4）。

　海外からの参加者については国際裁判管轄が問題となるところ、こちらも当事者間で書面による合意があれば当該合意に従うことになる（民事訴訟法3条の7第1項・第2項）。もっとも、海外からの参加者が個人であって、問題となる契約が消費者契約に該当する場合は、消費者に有利な特則が適用されるので注意が必要である。将来において生じる消費者契約に関する紛争を対象とする国際裁判管轄の合意は、別途の合意の援用がない限り、契約締結時において消費者が住所を有していた国の裁判所以外にすることはできない（同条第5項）。

(3)　準拠法

　準拠法については、当事者間で合意があればそれに従うのが原則だが、

一方の当事者が消費者である場合には、消費者側は常居所地の特定の強行法規の適用を主張することができる（法の適用に関する通則法（以下「通則法」という）11条1項）。合意がない場合は、「最も密接な関係のある地の法」が適用される（通則法8条1項）。たとえば一方の当事者が消費者である場合は、消費者の常居所地法が適用されるが、あまりに事業者の不利にならないように、一定の除外事由が定められている（通則法11条2項、6項）。

　メタバースでは国境がないことから、特に多様な言語が受け入れられているメタバースについては、参加者の国籍も多岐にわたることが予想される。とりわけ参加者がアバターを被っている場合は、他の参加者から見て、目の前のアバターがどこから来ているか判断が難しい場面も多くなるだろう。このような場面は、上記の消費者契約の除外事由の一つである「事業者が消費者の常居所地を知らず、かつ、知らないことについて相当の理由があるとき」に該当すると整理できるかも検討すべきである。

5　マネーロンダリング

　犯罪収益移転防止法の対象事業者（特定事業者）は、顧客等と一定の取引を行うに際して取引時確認を行うことが必要となる。現在、一部のオンラインサービスでは、この取引時確認義務を事業者が負っているが故に、サービス提供がオンラインのみで完結できないケースも見られる。国際情勢の緊張の激化や仮想通貨を悪用したマネロンの広がりもあり、マネロン規制の必要性は高まる一方であり、より厳格な運用が求められる事態が想定される。メタバース上での経済取引が活発になれば、特定事業者が顧客と取引を行う場面が生じることが想定され、取引時確認義務を負うことになり、メタバース上でどのようにすれば義務を果たしたといえるか、検討が必要になる。

6　税務

　「取引」で「カネ」が動く以上、メタバース内とはいえ、税務の問題は避けられない。メタバース内の経済取引は、メタバース内で取引が完結する一方で、当事者の匿名性が保たれている場合が多いことから、従前の税法実務の整理で割り切れない場面が多く、税法上のリスクが生じてくる

（詳細は Q31 参照）。

7　事業者の留意事項

（1）参加者として出店する事業者

　出店事業者は、メタバース内で出店する場合は、通常のオンラインショップを運営する場合の留意事項をベースに、上記のメタバース特有のアバター間の取引という特殊事情を踏まえた仮想店舗の運営が求められる。

（2）メタバース運営事業者

　運営事業者は、参加者が仮想店舗を設置・運営することを許容する場合は、コンプライアンス遵守するための環境を整備することを求められる。とりわけ、出店する事業者の特定商取引法に基づく表記ができる場所を設ける、本人認証を強化する、ワンタイムパスワードや二段階認証を導入するなどのなりすまし防止措置の導入、利用規約の充実が求められる。

....

1)　凸版印刷ニュースリリース「凸版印刷、アバターの真正性を証明する管理基盤「AVATECT™」を開発」（https://www.toppan.co.jp/news/2022/02/newsrelease220218_1.html）。
2)　経済産業省「電子商取引及び情報財取引等に関する準則」（2022 年 4 月）77 頁。
3)　経済産業省・前掲注 2）84 頁。
4)　経済産業省・前掲注 2）12 頁。

コラム　メタバースにおける消費者保護の変容の可能性

　Eコマース事業者は、通信販売を行う者として、特定商取引法上、広告における一定事項の表示義務（11条）、誇大広告の禁止（12条）、返品特約が広告に表示されていない限り、一定期間申込みの撤回・契約解除を認めなければならない（15条の3）等の規制の適用を受ける。電子消費者契約については、返品特約は購入時の画面にもわかりやすく表示する必要がある。

　メタバース上、Eコマースを展開する事業者も、一般的に通信販売の定義に該当すると考えられ、特定商取引法上の通信販売規制の適用を受けると考えられる。他方、アバター経由の購入という場面を想定する場合、少なくとも外観上は対面販売的な要素が認められることをどのように評価すべきかという観点からの議論が将来出てくる可能性もある。

　オンライン・マーケティングについて、迷惑メール防止の観点から、電子メール・SMSによる広告のオプトイン規制が定められている（特定電子メール法、特定商取引法第12条の3）。メタバースを支える技術が発展することによって、メタバース内のユーザ間のコミュニケーションの在り方も多様化し、マーケティング目的のものが増加する事態も想定される。これらについて、将来、メタバース上のコミュニケーションによって大半の広告が行われる状況が到来した場合は、現行の迷惑メール規制の適用範囲を拡大すべきではないかという議論が出てくる可能性もある。

Q28　メタバースと NFT の関係は？

　メタバースと NFT がセットで語られることが多いように思いますが、どのような関係なのでしょうか。また、NFT を取り扱う場合、留意事項はありますか。

Point

　メタバースと NFT は全く別個の概念であるが、現在のメタバースに見られるコミュニケーション機能の軸と経済取引機能の軸のうち、NFT は後者を支える重要なツールでもある。このため、メタバースによっては、NFT と全く無縁のものもあれば、ほぼ一体化しているものもあるなど、両極化しており、必ずしもワンセットで捉える必要はない。

1　NFT がなぜ重宝されるのか

　NFT とは、Non-Fungible Token の略称であり、一般的には、代替可能性のないブロックチェーン上で発行されるデジタルトークン（証票）と説明されている。これまで、デジタルコンテンツを含むデジタルデータは無料かつ容易にコピーできてしまう、つまりネットに流れてしまえば、あとはコピーされ放題で対価の回収など望むべくもないものとして扱われがちであった。

　そしてその特性上、経済取引の対象になる場面は、いわゆるダウンロードコンテンツなど限られたものになってしまい、またコストの関係上、複製禁止技術の利用が困難な場合もあった。そのため、誰が真実のデジタルデータの権利者なのかを担保することができず、ましてやデジタルデータを希少性の高い高額の商品として取引するのは難しかった。

　そんな中、NFT を利用することによって、事実上、唯一無二のユニークなデジタルデータを実現できるのではないか、デジタルデータに希少性を付与できるのではないかという希望の光が見えてきて、世界的に、実際

に高額なNFTアートのブームが発生したのは記憶に新しい。

　メタバースの経済取引においては、アバター・アイテム・「不動産」といったデジタルデータが取引されることになり、特に「不動産」などは高額の取引が見込まれるので、デジタルデータの保有者が誰なのかを明らかにしておく必要性が高い。このため、メタバースの経済取引機能の発展のためには、NFTの活用は避けて通れないと、現状、考えられている。

　他方、メタバースのもう一つの源流であるゲーム業界においては、NFTと距離を置こうとする傾向がみられる。Epicのライバルである大手PCゲームプラットフォームのSteamは2021年10月からNFT及びブロックチェーン技術を導入したゲームを全面的に禁止する方針を打ち出している。その背景として、ゲームプラットフォームのビジネスモデルとNFTがかみ合わない場面があることが指摘できる。ゲームプラットフォームはゲーム開発者の売上の一部をロイヤリティとして徴収することで成り立っているところ、NFTによりゲーム内で暗号通貨取引所を経由した売上はゲームを販売するプラットフォームの足しにならないためプラットフォーム側がNFTに賛同するメリットがないことが指摘されている。このようなNFT忌避の潮流は、今後のメタバースにおけるNFTの在り方に影響する可能性がある。

2　NFTを保有する意味とその限界

　このように重宝されるNFTだが、一部の言説に見られる「NFTはデータの所有を可能にする」ようなことは決してなく、日本の民法上では所有権の対象になり得ないことは、バーチャルプロパティ論で見たところである（詳細はQ18参照）。ではNFTを「保有」することにどのような意味があるのだろうか。

　デジタルデータの中にはそれ自体が著作権で保護されるケースもあるので、紐付けられたNFTの「保有」に「著作権で保護されるデジタルデータの法律上の権利の保有」の意味が認められる場合もある。他方、とりわけデジタルコンテンツをめぐるビジネスでは、NFTの「保有」に、「当該NFTを構成するデジタルコンテンツを一定の方法で利用できる契約上の地位の保有」の意味を持たせる場合もある。つまり、NFTの「保有」の意味するところは確定していないことから、NFTの「保有」の実質的な

金融規制法上の位置付けと判定基準と適用される金融規制法			
デジタルトークン	─利益分配有─────→		有価証券：金融商品取引法
↓利益分配なし	─有償発行なし─────→		ポイント：景品表示法（金融分野では規制法なし）
↓有償発行あり			
↓通貨建資産である		↓通貨建資産でない	
↓金銭による払戻可能	↓金銭による払戻不可	↓不特定の者との間での使用・売買不可	↓不特定の者との間での使用・売買可能
為替取引：銀行法・資金決済法	前払式支払手段：資金決済法	暗号資産：資金決済法	

内容は、当該 NFT の発行者あるいはプラットフォームが別途定める利用許諾条件によって規定しているのが実情である。

　加えて、NFT はデジタルデータと結び付けられた証票でしかなく、デジタルコンテンツを無断で複製した人物が、別の NFT と結び付けて NFT を発行することも普通にできてしまうという限界がある。

3　NFT にかかる金融規制

　このようにメタバースでは NFT 活用への期待が高まっているが、規制はないのだろうか。NFT のような、ブロックチェーン上で発行されるデジタルトークンについては、その機能によっては金融規制が適用される可能性がありうるため、メタバース・ビジネスにおいて NFT 活用を検討している場合は、これらの規制の適用の有無を予め検討しておく必要がある。

　実際にはデジタルトークンの金融規制法上の位置付けは、主に暗号資産、前払式支払手段、為替取引、ポイント、有価証券の五つに分類して考えられている[1]。以下では為替取引を除く四つについて、NFT がそれぞれに該当するか検討していく。

4　暗号資産

　暗号資産とは、以下の①ないし③の要件をすべて満たすもの（「１号暗号資産」）又は、不特定の者との間で、１号暗号資産と相互に交換できるものであって、②及び③の要件を満たすものをいう（「２号暗号資産」）。
①　物品・役務提供の代価の弁済として不特定の者に対して使用でき、か

つ不特定の者との間で購入・売却をすることができること

② 電子的に記録された財産的価値であって、電子情報処理組織を用いて移転することができること

③ 本邦通貨、外国通貨及び通貨建資産に該当しないこと

　NFT は、それ自体に決済手段性がないと判断できる場合には、物品・役務提供の代価の弁済として不特定の者に対して使用できるものではないことから、要件①を充足せず、1 号暗号資産には該当しない。

　他方で、NFT は不特定の者との間で、1 号暗号資産（例：Bitcoin）と相互に交換可能であることから、2 号暗号資産の定義には該当する可能性が出てくる。

　しかし、資金決済法 1 条に記述されている同法の目的「資金決済に関するサービスの適切な実施を確保し、その利用者等を保護するとともに、……資金決済システムの安全性、効率性及び利便性の向上に資すること」からは、同法は決済機能を有する支払手段を規制する法であることが明らかであり、また、金融庁「事務ガイドライン（第三分冊：金融会社関係）」（16　暗号資産交換業者関係）I-1-1 ③において、2 号暗号資産該当性の判断要素の一つとして、「1 号暗号資産を用いて購入又は売却できる商品・権利等にとどまらず、当該暗号資産と同等の経済的機能を有するか」という点が挙げられていることからすると、そもそも代替性を有しないことを最大の特徴とする NFT は、2 号暗号資産には該当しないものと通常考えられる。なお、2022 年 4 月に自民党が公表した「デジタル・ニッポン 2022 ～デジタルによる新しい資本主義への挑戦～」の別添資料 1「NFT ホワイトペーパー　Web3.0 時代を見据えたわが国の NFT 戦略」56 頁では、「イノベーションを委縮させないために法的不確実性を極小化するためには、発行個数や利用形態等に鑑みて暗号資産としての決済手段等の経済的機能を有しないと考えられる場合については例示やセーフハーバーを設けるなどして、金融庁において、解釈指針を示すことが重要である」とされており、注意が必要である。

5　前払式支払手段

　前払式支払手段とは、以下の①ないし③の要件をすべて満たすものをいい、ソーシャルゲームで使用する「△△コイン」が典型例である（資金決

済法3条1項各号）。

① 金額等の財産的価値が記載又は記録されること（価値の保存）

② 金額又は数量等に応ずる対価を得て発行される証票等、番号、記号その他の符号であること（対価発行）

③ 発行者又は発行者の指定する者に対する代価の弁済に使用することができるもの（権利行使）

　前払式支払手段のうち、自家型前払式支払手段とは、発行者又は当該発行者と密接な関係を有する者（以下「発行者等」という）から物品の購入若しくは借受けを行い、若しくは役務の提供を受ける場合に限り、これらの代価の弁済のために使用することができる前払式支払手段又は発行者等に対してのみ物品の給付若しくは役務の提供を請求することができる前払式支払手段をいう（資金決済法3条4項）。

　NFTが前払式支払手段に該当するかは、その機能によって異なる。たとえば当該NFTが単にデジタルコンテンツを閲覧・視聴できる権利を表章するにとどまり、代価の弁済に使用できないのであれば、要件③を充足せず、前払式支払手段には該当しないことになる。

6　ポイント

　ポイントとは、一般に、消費者が商品を買った際に、おまけとして無償で付与され、次回以降の購入の際に代価の弁済の一部に充当することができるものをいい、家電量販店やオンラインショップで付与される「△△ポイント」が典型例である。無償で付与されることから、前払式支払手段に該当せず、金融分野では適用される規制法はない。他方、ポイントが事業者の提供するサービス又は取引に付随して提供される場合は、不当景品類及び不当表示防止法（以下「景品表示法」という）上の「景品」類の提供に関する規制に抵触しないかが問題となるため、NFTについても検討が必要となる。

　オンラインゲームに由来するメタバースも多いので、ゲームの文脈で検討すると、新規ユーザーの獲得目的で、「○日ログインでキャラクター◇◇がもらえる」や「レベル○○でアイテム◇◇がもらえる」というキャンペーンは多くのオンラインゲームで日常的に行われている。これらのアイテムやキャラクターをNFTが表章する場合、景品類の提供に該当し、景

品表示法の規制する過大な景品類の提供に該当しないかが問題となり、景品類の価額が検討のポイントとなる。ところで、通常、アイテムやキャラクターは市場価格が観念できない。このような場合は、提供者が入手した際の価格や類似品の市価等を勘案して、仮にそれを通常購入する場合には価格がいくらになるかを算定し、その価格によることとされている。

　非代替というNFTの最大の特徴からすると一見、上記のような算定は困難にも思われるが、たとえば、各NFTに付された番号のみが異なるなど、ほぼ同一のNFTが多数存在するような場合は、上記のような算定が可能な場合もあると思われる。

7　有価証券

　ブロックチェーンとの関係では、「情報通信技術の進展に伴う金融取引の多様化に対応するための資金決済に関する法律等の一部を改正する法律」に基づく金商法に係る改正法により、「電子記録移転有価証券表示権利等」及び「電子記録移転権利」という概念が新たに導入され、従前のいわゆる有価証券（金融商品取引法2条1項、2項）に表示される権利を、ブロックチェーン上で発行されるトークンに表示したデジタル証券の一部について、追加的な規制が導入されている（同法2条3項柱書）。

　NFTもブロックチェーン上で発行されるトークンであることから、当該NFTに表章される権利が有価証券に該当する場合、「電子記録移転有価証券表示権利等」又は「電子記録移転権利」に該当しないかが問題となりうる。

　たとえば、メタバースで多く見られる「不動産」にアクセスする権利をNFTに表章し、当該仮想「不動産」上で行われる事業活動から得られる収益を当該NFT保有者に対して分配する仕組みを構築する場合、仕組みによっては当該NFTが電子記録移転権利その他の有価証券に該当する可能性がでてくる。このようにメタバース内でもNFTに表章される権利は多岐にわたることから、「電子記録移転有価証券表示権利等」又は「電子記録移転権利」として金融商品取引法の規制が適用されるかを慎重に検討する必要があると考えられる。

1)　長瀬蔵志・秋田拓真『NFTと金融規制』NBL1205号（2021年）64頁以下。

Q29　メタバースにも金融規制は適用される？

メタバース内に、保険会社や銀行などの金融機関が出店したという記事をよく見かけるのですが、メタバース内には金融規制は及ばないのでしょうか。

Point

メタバース内の金融機関の活動は、金融分野特有の規制が及ぶ可能性がある。

1　Second Life における金融機関の活動

2007 年の Second Life ブーム当時、国内外の消費者を顧客とする BtoC ビジネスの事業者は、業種を問わず、新たな営業チャネルを発見したとして、こぞって仮想店舗を開設していた。金融機関もご多分に漏れず、たとえば、みずほ銀行が、コミュニティースペースを開設、実際に参加者が乗れる観覧車を設置した事例は、先行事例として注目を集めた。NEC のように、Second Life に進出する金融機関に仮想店舗の構築や宣伝・販売促進の支援をするサービスを提供するビジネスも登場した。他方で、当時から、セキュリティーなどの技術的課題や金融規制、消費者保護、税務問題など、多岐にわたる法的課題が指摘されてきた。これらの危惧は、Second Life 内の「仮想投資銀行」として設立された Ginko Financial の破綻で現実のものとなっている（詳細は**Q04**参照）。破綻によって、この「投資銀行」に投資された多額の資金は投資家に戻ってくることはなく、規制を求める声が当時強まった。

2　現在のメタバースにおける金融機関の活動と将来想定される活動

現在のメタバースにおける金融機関の活動は保険会社を中心にすでに多

数の事例が報じられているところだが、2022 年 7 月に公表されたレポート「メタバース空間における金融サービスの現状と今後の展望」[1]では、「メタバースにおける金融サービス」では、おおむね次の四つの類型に分類することができるとされている。

(1) メタバースを現実世界の金融サービスの営業チャネルとして活用する類型

これは Second Life 時代から見られた古典的な類型であり、現在も多数の事例がみられる類型である。たとえば、VR Chat 上で定期的に開催されるイベント「バーチャルマーケット」には、SMBC 日興証券会社や三井住友海上火災保険、みずほ銀行が相次いで出店し、そこでは、「リーマンショックやアベノミクスを疑似体験できる株価連動ジェットコースター」などの、メタバースならではのエンタテインメントにみちた集客活動が実施されている。また、損害保険会社によるメタバース上での保険販売に向けたチャネル開発・実証実験も進められている[2]。

(2) メタバース空間における諸活動に対して、現実世界の金融サービスを提供する類型

海外の事例ではあるが、「不動産」の高額取引で注目を集めている Decentraland において、「不動産」購入予定者に向けて、「メタバース住宅ローン」を提供するビジネスが登場している[3]。今後は、メタバース空間上での経済活動の多様化に伴い、金融サービス提供も多様化することが予想される。

(3) メタバース内での活動に対して、メタバース内で金融サービスを提供する類型

登場までに少し時間を要すると思われるが、メタバース内での経済活動とそれをサポートする融資がともにメタバース内で完結する類型であり、これこそがメタバースがもう一つの現実世界として機能することを示す類型といえるだろう。上記レポートでは「アバターがメタバース内のレンタルショップへ赴きデジタルアートをレンタルサービス、あるいはメタバース内のショップでアバターの買い物・決済時に不足金額を融資する」が想

定サービス例として挙げられている。決済・融資・保険・リース／レンタルなど多岐にわたるユースケースが想定されるところであり、同時に、メタバース内の金融機関の活動規制の在り方について規制業種として本格的な検討が必要となってくる類型である。

（4）現実世界・メタバース双方の活動を区別せずに、金融サービスを提供する類型

　これもおそらく登場までに少し時間を要すると思われるが、現実世界・メタバースにまたがって、アバターと現実世界の人物双方を対象とした金融サービスも登場の可能性がある。海外では、ニューヨーク Quantic Bank による Decentraland 内での拠点設置が注目を集めている。[4]上記レポートでは「メタバース空間上でのバーチャルトリップと現実世界の旅行双方にまたがる保険商品開発」が想定例として挙げられている。

3　メタバースに金融規制が及ぶ理由──「ゲームはゲーム」で押し切れなくなった背景

　今日に至るまでのメタバースの歴史が示すように、メタバースにはオンラインゲームから続く系譜がある。そしてゲーム産業は、ゲーム内の事象に関しては、これまで金融規制や景品規制など、できるだけ現実世界の法規制の適用を排除しようとする傾向が強くみられた。いわゆる「ゲームはゲーム」すなわち「ゲーム内の事象はゲーム内で完結しており、基本的には現実世界に影響を及ぼすものではないのだから、現実世界のルールを押し付けないでくれ」という発想である。もちろん、ほとんどのゲーム内の事象は現実世界と無関係なので、この発想は大半の場面では妥当なのだが、ソーシャルゲームに高額課金をしてしまう人が続出し、ガチャが社会問題として顕在化するとそうも言ってはいられなくなった。金融規制との関係でいえば、当該ゲーム内通貨は、いわばその「入口」（取得段階）において法定通貨との接点が生じることから現実世界の金融システムに影響を及ぼし得るものとして規制の検討が必要となり、実際、前払式支払手段として資金決済法による規律を受けることになる。

　他方、「出口」（売却段階）における大きな変化も指摘することができる。これまでのゲームでは、「ゲームはゲーム」といえるためにも、ゲーム内

からゲーム外に財産的価値を持ち出すことは RMT も含め、ご法度として取り扱われてきた。この慣例を真正面からぶった切ったのが、NFT に表章したゲーム内アイテムやゲームキャラクター等を活用したブロックチェーンゲーム（以下「NFT ゲーム」という）であるといえる。NFT ゲームでは、プレイを通じてゲーム内で獲得できるアイテムや報酬としてのトークン等を売却し、法定通貨や暗号資産等と取引できる仕組みが構築されているゲームも実際に登場している。この場合、当該 NFT は、いわば出口（売却段階）において法定通貨や暗号資産との接点が生じることから、現実世界の金融システムに影響を及ぼしうるものとして規制の検討が必要となる。具体的には、当該 NFT の法的性質を検討しこれが金融規制の対象とならないか、さらに当該 NFT の発行・取引行為等について金融規制が適用されないかを検討することとなる。

4　想定される法的論点

　以下では、各類型について想定される法的論点の一部を紹介する[5]。

(1)　メタバースを現実世界の金融サービスの営業チャネルとして活用する類型

　この類型では、以下の論点が問題となり得る。

・投資助言・代理業、投資運用業該当性
・仮想店舗の従業員アバターの中身が AI の場合の特殊性（ロボアドバイザーと同様）
・金融商品取引業該当性
・行為規制等
・本人確認
・広告規制（仮想店舗内の広告の表示方法、フォントの指定等）

(2)　メタバース空間における諸活動に対して、現実世界の金融サービスを提供する類型

　メタバース内の NFT に表章された「不動産」の購入を希望する参加者に対して、①法定通貨により貸付けを行う場合、②暗号資産により貸付けを行う場合は、①については法定通貨による貸付けと貸金業該当性が、②

については、暗号資産による貸付けと貸金業該当性（原則非該当）及び暗号資産カストディ業務該当性（原則非該当、ただしいつでも貸し付けた暗号資産の返還を請求できる場合は暗号資産カストディに該当）が問題となってくる。

（3）メタバース内での活動に対して、メタバース内で金融サービスを提供する類型

　NFT ゲームを提供する事業者が、当該 NFT ゲーム内に登場する NFT 化されたキャラクターを法定通貨又は暗号資産により販売する場合、暗号資産交換業への該当可能性を含め、当該事業者にいかなる金融規制が適用されるかを検討する必要が生じる。

（4）現実世界・メタバース双方の活動を区別せずに、金融サービスを提供する類型

　たとえば、損害保険会社の従業員がアバターとして、仮想世界内の旅行及び現実世界の旅行時のケガに備える保険を販売する場合、保険業の規制がどこまで適用されるかが問題となりうる。

----

1)　アビームコンサルティング「メタバース空間における金融サービスの現状と今後の展望」（https://www.abeam.com/jp/ja/topics/insights/metaverse_financial_Services）。
2)　三井住友海上火災保険株式会社「〜社会変革を見据えた新たなビジネスの創造に向けて〜「メタバースプロジェクト」始動」（https://www.ms-ins.com/news/fy2022/pdf/0512_1.pdf）。
3)　https://www.prnewswire.com/news-releases/terrazero-technologies-inc-provides-one-of-the-first-ever-metaverse-mortgages-to-a-client-financing-their-virtual-real-estate-purchase-within-the-metaverse-301471143.html
4)　https://www.quontic.com/quontic-in-the-metaverse/
5)　金融規制全般の詳細な検討として、AMT メタバース法務研究会「メタバースと金融規制」NBL1233 号（2023 年）95 頁以下。

Q30　Play to Earn を展開する場合の留意事項は？

Play to Earn を売り文句にしたメタバースやゲームの宣伝をよく見かけますが、法規制はないのでしょうか。Play to Earn の関係で収益向上のツールとしてアイテムやキャラクターをレンタルする場合もあると聞いたのですが、どのようなものでしょうか。

Point

Play to Earn においては、金融分野特有の規制のみならず、景品表示法上の「景品類」の規制、特定商取引法の規制、職業安定法の規制が及ぶ可能性があるため、サービス設計段階から十分な検討が必要である。

1　Play to Earn

Play to Earn は、一般的には、ゲームをプレイすることで、ゲーム内で収益を得ることができるゲームのことを指し、通常、ブロックチェーン技術に基づく暗号資産や NFT を活用し、お金を稼ぐ要素があるゲームのことを指す。これまでの「ゲームはゲーム」をモットーとして、ゲーム内で、現実世界の経済的利益を得られないよう仕組みを整えてきたのとは逆の方向を目指していることから、改めて、金融分野・決済分野の法規制をはじめとする現実世界の法規制の適用の検討が求められている。類似する概念である、GameFi（Game と Finance を掛け合わせた造語で、ブロックチェーンを基盤として NFT を活用したゲームソリューションのことを指す）と呼称される場合もある。ここで NFT が登場するのは、キャラクターやアイテム等に関する権利が表章された NFT をブロックチェーン上で譲渡・売却することにより、当該キャラクターやアイテム等に関する権利の譲渡・売却等を実現しうるためである。これまでブロックチェーンゲームを前提に議論されることが多かったが、メタバースでも同様の議論が妥当すると考えられる。

2　どのように稼ぐのか

　すでに複数の国内外のゲーム会社が注目・参入しているところ、たびた
びメディアでも取り上げられてきた Play to Earn の代表例が「Axie
Infinity」である。同ゲームは、ベトナムの Sky Mavis が開発する「アク
シー」という NFT モンスターを集めて戦わせる対戦ゲームである。フィ
リピンをはじめとする新興国でブームとなったのだが、その理由として、
現地の一般的な仕事よりも、ゲームをプレイする方が稼げることが、理由
と言われている。現在はプレイヤー間で手持ちのキャラクターを戦わせ、
その勝利報酬としてゲーム内の仮想通貨を得られる仕組みであり、入手し
た仮想通貨を現実世界の金銭に交換等して、現実世界で稼いでいくという
システムである。このプレイヤー間のバトルにおいては、キャラクターそ
のものの強さがものをいうことから、どれだけ強いキャラクターを入手す
るかが、ゲーム内でどれだけ収益を得ることができるかにストレートに影
響することになる。

　「Axie Infinity」の例でもわかるように、このようなゲーム内で収益を
得ることができるゲームでは、強いキャラクターや効果の高いアイテムを
入手することが、事実上ゲーム内で収益を上げるための前提条件と化して
いる場合がある。これらの入手のためには現実世界の金銭による初期投資
が必要であり、ゲームによっては 10 万円ほどが必要となる場合もある。
多くのプレイヤー、とりわけ新興国のプレイヤーにとって、このような初
期投資は容易ではない。その解決策として、他のプレイヤーからキャラク
ターやアイテムを借りて、ゲーム内で稼ぎ、その収益の一部を、貸し付け
たプレイヤーにレンタル代金として支払うというシステムも実際に登場し
ている。もっとも、このような「レンタル」の需要がどこにあるかを適時
に把握するのは容易でない場合もあり、マッチングを提供するケースも見
られる。メタバースにおいても同様の事象が発生することが見込まれる。

　このような事象には、現実世界の金融分野特有の規制、景表法上の「景
品類」の規制、刑法上の賭博規制が及ぶ可能性がある。なお、NFT が暗
号資産に該当するかも問題となるが、1 号暗号資産には該当しないが、2
号暗号資産については、個別の NFT の内容や取引方法・態様等を踏まえ
て、具体的な検討が必要である（詳細は**Q28**参照）。

3　キャラクターやアイテム等に関する権利が表章されたNFTの「レンタル」の規制

「レンタル」の当事者間では、自己の保有するNFTを希望者に利用させ、その見返りとして、当該NFTを使用してゲーム内で獲得した利益の分配を受けることとなる。そのため、このような仕組みが、実質的に「出資又は拠出をした金銭（これに類するものとして政令で定めるものを含む。）を充てて行う事業から生ずる収益の配当又は当該出資対象事業に係る財産の分配を受けることができる権利」（いわゆる「集団投資スキーム持分」。金商法2条2項5号）に該当し、金商法の規制対象とならないか、検討が必要になる場合がある。特に、NFT保有者と希望者を結び付けるマッチングサービスの提供者が介在する場合、NFT保有者の関与がより間接的になることから、慎重な検討が必要になるものと思われる。

4　景品表示法の「景品類」の規制

②で紹介したように、プレイ内容に応じてプレイヤーにメタバース（ゲーム）内の仮想通貨を付与することで、強いキャラクターやアイテムの購入を促進することになるため、景品表示法の「景品類」に該当する可能性があり、該当すれば「景品類」について上限規制・総額規制が適用されるため、「景品類等」の該当性を検討する必要がある。

景品表示法による規制対象となる「景品類」とは、①顧客を誘引するための手段として、②事業者が自己の供給する商品・サービスの取引に付随して提供する、③物品、金銭その他の経済上の利益をいい（同法2条3項）、「景品類」に該当する場合は、景品表示法に基づく過大な景品に対する規制が適用される。

まず、①「顧客を誘引するための手段」かどうかは、提供者の主観的意図やその企画の名目とは関係なく、客観的に顧客誘引のための手段になっているかどうかによって判断される。次に、②「事業者が自己の供給する商品・サービスの取引に付随して」について、取引を条件として他の経済上の利益を提供する場合は、「取引に付随」する提供に当たる。また、取引を条件としない場合であっても、経済上の利益の提供が、取引の相手方を主たる対象として行われるときは、「取引に付随」するとされている。そして、③「物品、金銭その他経済上の利益」については、そのための特

	上限規制	総額規制
懸賞	取引価額が 5000 円未満の場合：取引価額の 20 倍 取引価額が 5000 円以上の場合：10 万円	懸賞に係る売上予定総額の 2%
総付景品	取引価額が 1000 円未満の場合：200 円 取引価額が 2000 円以上の場合：取引価額の 10 分の 2	規制なし

段の出費を要しないで提供できる物品等であっても、又は市販されていない物品等であっても、提供を受ける者の側からみて、通常、経済的対価を支払って取得すると認められるものは、「経済上の利益」に含まれるとされている。

　上記で紹介したような、プレイヤー間で NFT キャラクターを戦闘させ、勝利したプレイヤーに換金可能なゲーム内仮想通貨が付与される場合、当該戦闘に参加するために、ゲーム内キャラクター等の NFT を購入する必要がある、あるいは、ゲーム内キャラクターやアイテム等の NFT を購入した方が戦闘に有利であり、報酬を得られやすくなる場合には、当該報酬はゲーム内キャラクターやアイテム等の購入を誘引するものとして、「景品類」に該当すると考えられる。

　「景品類」は「懸賞」「総付景品」に分類され、表に示したような上限規制・総額規制が設けられている。

　このように景品類の規制では、取引価額や売上予定総額が基準として機能するが、NFT は市販品としてマーケットに並んでいるわけではないため、その算定方法が問題になる。「景品類の価額の算定基準について」（昭和 53 年 11 月 30 日事務局長通達第 9 号）1 項は、景品類と同じものが市販されていない場合は、景品類を提供する者がそれを入手した価格、類似品の市価等を勘案して、景品類の提供を受ける者が、それを通常購入することとしたときの価格を算定し、その価格によることと定めているが、これらがどう適用されるかは今後の議論を待つ必要がある。

5　特定商取引法

　特定商取引法では、このハサミを買ってくれれば、内職の仕事を発注するよ、と勧誘するいわゆる「内職商法」を、「業務提供誘引販売取引」（特定商取引法第 51 条）として、勧誘に先立つ氏名等の明示、広告規制、消費

者への書面交付義務などの規制を定めている。「業務提供誘引販売取引」として規制されるには、①物品の販売又は役務の提供（そのあっせんを含む）の事業であって、②業務提供利益が得られると相手方を誘引し、③その者と特定負担（＝業務提供誘引販売取引に係る商品の購入若しくは役務の対価の支払い又は取引料の提供）を伴う取引をする取引、のすべての要件を充足する必要がある。

　上記の3要件を Play to Earn にひき直して考えると、「この NFT キャラクターを購入してプレイさえすれば、月〇〇円相当額を稼げますよ」と勧誘する行為が、「業務提供誘引販売取引」に該当しないかは念のためチェックしておくべきだろう。

6　職業安定法

　ゲームアイテムのレンタルにとどまらず、ゲームの一日のプレイ時間やプレイ内容の詳細な指示が行われる場合、特定の業務の履行としての性質に着目する必要が生じてくる。この特定の業務の履行を約する契約の性質としては、雇用（民法623条）、請負（民法632条）、準委任（同656条）等が考えられる。雇用と考えられる場合に、当該業務を発注する側と受注する側のマッチングするサービスがあれば、職業安定法が適用される可能性が生じる。このため、マッチング・サービスの提供に際しては、個別の契約の性質や依頼内容を踏まえた慎重な検討が求められる。

Q31 メタバース内の取引にも税法は適用される？

メタバース内の経済取引機能が充実し、NFT や暗号資産が動くとなると、税金の問題が出てくるように思うのですが、どのようなリスクがあるのでしょうか。

Point

メタバース内の経済取引は、メタバース内で取引が完結する一方で、当事者の匿名性が保たれている場合が多いことから、従前の税法実務の整理で割り切れない場面が多く、税法上のリスクが生じてくる。

1　メタバース内の経済取引の特徴がもたらす税法上のリスク

たとえば、メタバース内の庭園内に据え付けられた有名キャラクターの彫像を表章する NFT をアバター間で取引する場合、取引対象の「引き渡し」は、オンライン又はブロックチェーン上で完結し、かつ、決済も暗号資産で行うことも可能であるから、現実世界との接点なしに取引が完了してしまう場面が想定される。現実世界で彫像の売買取引がなされれば、税法上は資産譲渡として取り扱われるのがはっきりしているが、メタバース内の取引では、売買なのか彫像の著作物にかかる利用許諾なのか、判然としないことも多い。このように、メタバース内で行われるデジタル資産の取引（デジタル取引）の法的性質が不明確であることは、税法上の取引の分類のどれに該当するかに影響することから、税法上のリスクを発生させることになる。

また、メタバース内の経済取引は当事者がアバターを被ったままで行う場面も想定され、この場合取引においても匿名性が確保されることになる。一般に、源泉徴収義務を負担する支払いを行う場合、支払先の情報を含む源泉徴収に係る法定調書を提出する義務を負うが、取引の相手方が匿名の場合、支払先の特定ができず、法定調書の記載不備が生じることになる。

このようなリスクを回避するために、該当する取引に際しては匿名取引を認めない等の対応を含め、どう対応するかが問題となり得る。

　また、多くのメタバースでは国境がないことから、取引の当事者が海外在住という自体もありうる。海外在住のメタバース参加者が資産譲渡を伴う取引を行う場合、日本の所得税法では、いわゆる「国内源泉所得」のみが課税対象となるため、メタバース内の経済取引が国内で行われているといえるか、あるいは、資産の所在が国内といえるかが問題となってくるところ、取引対象の物理的所在地がそもそも観念できないのではないかという懸念が出てくる。[1]

2　メタバース内の「不動産」NFT の取引
(1)「不動産」の法的性質

　現実世界の取引の課税との差異が際立つ事例として、メタバース内の「不動産」NFT 取引の課税を見てみよう。まず、メタバース内の「不動産」は、その実質はデジタル資産の取引にとどまるため、その法的性質を検討する必要がある。NFT が税法上の暗号資産に該当する場合（＝資金決済法上の暗号資産（資金決済法2条5項）に該当する場合）は別途の取扱いが必要となるが、Q28で別途検討したとおり、暗号資産に該当しないと通常考えられることを前提とすると、「不動産」の利用権を表章する NFT として、一つの財産的価値を有する資産として位置付けられる場合が多いように思われる。

　この整理に沿うものとして、国税庁のタックスアンサー「No.1525-2　NFT や NFT を用いた取引を行った場合の課税関係」は、NFT 取引に係る所得税の取扱いについて、「譲渡した NFT（中略）が、譲渡所得の基因となる資産に該当する場合（その所得が譲渡した NFT（中略）の値上がり益（キャピタル・ゲイン）と認められる場合）は、譲渡所得に区分され」ると述べており、NFT として発行されるメタバース不動産について、決済手段である暗号資産に該当しない限り、譲渡所得の起因となる一つの「資産」として把握するとの考え方を前提としているものと理解される。なお、2023 年 1 月 13 日付で国税庁通達「NFT に関する税務上の取扱いについて（情報）」が公表されている。

(2)「不動産」の所在地と消費税

　メタバース内の「不動産」は、消費税法上の非課税資産には該当しないことから、当該取引が国内において行われる限り、一般に消費税の課税対象となるため、「国内において」に該当するかがポイントになってくる。

　メタバース内「不動産」はオンライン又はブロックチェーン上に存在することから「不動産」の譲渡について、単純に「国内において」行われたと即断することができない。このため、利用規約等を踏まえた「不動産」の譲渡の法的性質の検討が必要となるところ、NFTというデジタル資産の譲渡と見る場合には、その内外判定は資産の所在地（消費税法4条3項1号）において判定され、所在不明資産については譲渡又は貸付者の譲渡等に係る事務所所在地（消費税法施行令6条1項10号）で判定される。

　メタバース内の「不動産」の所在地については、NFT発行者の所在地、サーバの所在地、インターネット又はブロックチェーンの管理者を基準とすることが考えられるが、これらの情報の確認には困難が予想されることから、実務的には、譲渡人の所在地で判定せざるをえない場合が多いことが予想される。譲渡人の所在地で判定する場合は、譲渡人が居住者又は内国法人である場合には、メタバース内不動産の譲渡は消費税の課税取引となる。

3　メタバース内の役務提供の取引

(1)「雇用契約」と認められるか

　メタバースによっては、アバターで掘削作業をすると、一定の条件下で暗号資産に一定のレートで交換可能なアイテムを入手できるシステムを備えたサービスも登場している。この類いの掘削作業はBOTで行われる場合もあるが、メタバース内でアバターが他のアバターを「雇用契約」と称して、掘削して得られたアイテムを納入させ、その対価として一定の「賃金」を支払うといったケースも見られる。このようなケースでは、現実世界の「雇用」と同じ税法上の取扱いをしてよいのだろうか。

　雇用契約は、一般に、労働者が使用者（企業）の指揮監督の下、労働に従事し、使用者がその労働に対して報酬を支払うことを約束する契約であるが、このメタバース内の「雇用契約」においては、「労働者」アバターは、自らのPCを計算の用に供するだけで一切の労務提供を行っていない

と評価できる場合が多いと予想される。このため、ここでいう「雇用契約」とは、法律上の雇用契約ではなく、むしろ自らの PC を「使用者」アバターの利用に供するサービス契約と見ることができるように思われる。

(2)「賃金」の位置付け

この場合、「労働者」アバターに支払われる「賃金」の所得税法上の取扱いは、現実世界であれば給与所得と考えられるが、メタバースの場合は労務提供の対価ではない以上、給与所得とは評価できず、雑所得として取り扱われる可能性が高いと思われる。

また、消費税については、国内における資産の貸付けとみるか、役務提供の対価であると見るかによって、取扱いが異なってくる。前者であれば、資産の所在地が問題となり、PC の所在地で判定するものと考えられる。後者であれば、クラウドサービス等との類似性から「電子通信電気通信利用役務提供」と評価できる可能性が高く、役務提供の受領者の所在地で判定することになる。「労働者」アバターの中の人、「使用者」アバターの中の人、ともに国内所在の場合は、国内取引として消費税の課税対象となると考えられる。

4　海外からのメタバース参加者が取引の当事者となる場合の注意点

取引の当事者が海外からの参加者である場合、すなわち、海外居住者あるいは外国法人で、日本国内に恒久的施設を有しない場合は、税務上の取扱いが、国内居住者あるいは内国法人、及び、海外居住者もしくは外国法人で、日本国内に恒久的施設を有する場合と異なってくる。

たとえば、メタバース内の「不動産」取引については、「不動産」譲渡による所得が、国内源泉所得といえるか、が問題となる。この点、国内源泉所得とされる所得の類型は「国内における人的役務の提供の対価」や「国内において業務を行う者から受ける使用料又は対価」など限定列挙されており、「不動産」譲渡による所得が、国内源泉所得と評価される可能性は低いと思われる。同じく「不動産」譲渡にかかる消費税については、消費税の内外判定が問題となる。メタバースでは資産の所在地が明らかでないことから、譲渡人の所在地を基準に判定せざるを得ないように思われ

る。このため、海外居住者や外国法人については、国外取引として消費税の課税の対象外と判断せざるをえない場合が大半と思われる。

....

1)　税法全般の詳細な検討として、AMT メタバース法務研究会「メタバースと税務」NBL1231 号（2022 年）76 頁以下。

I-6　メタバースのもう一つの現実を創出する機能に関わる法的課題

Q32　メタバース内の疑似「不動産」特有のリスクとは？

　メタバース内の疑似「不動産」について、現実世界の不動産とどこまで同様の取り扱いをすべきなのでしょうか。

Point

　メタバース内では仮想世界内の土地建物を 3D オブジェクトで購入でき、現実の不動産のように利用することができるが、現実の不動産特有の法的課題は、メタバース内の疑似「不動産」には該当しないものも多数見られる。そのため、購入・レンタル時の注意事項も特徴的である。

1　不動産購入・賃貸の各種ルール

　現実世界の不動産の購入・賃貸手続にはルールが定められている。また不動産業は規制業種であり、不動産取引に立ち会うスタッフはいわゆる宅建の資格が求められる。また、不動産賃貸については賃借人の保護の観点から、各種規制が設けられている。

　メタバース内の疑似「不動産」にこれらのルールが適用されることはないと考えられる。そもそも不動産の要件に該当しないのはもちろん、これらのルールを適用する必要性が見当たらないためである。遠い将来、一部の論者が主張するように、メタバースでの生活が、日常生活の多くの可処分時間を占めるようになり、メタバース内での社会生活や人間関係が、メタバース参加者の人生の大部分を構成するようになり、メタバース内の住宅の確保が人生にとって不可欠といえる時代が来れば、現実の不動産と同様の取扱いが必要になるかもしれないが、かなり先のことになるだろう。

2　メタバース上の建築物等とネーミングライツ

　ネーミングライツとは施設に命名できる権利であり、1990年代後半以降、サッカーや野球のスタジアムを中心として、スポーツ、文化施設等の名称に企業名を付けることがビジネスとして確立しており、「施設、設備などの対象物に対し名称を付与することに一定の経済的価値を見出し、この名称を付与する権利」などと定義される。

　メタバース内では、大規模施設を建設することが、現実世界と比べ、時間もコストも圧倒的に有利であり、大規模なスタジアムを建設してそこでコンサートが開催されたりしている。

　ネーミングライツとメタバースが関わる場面としてまず考えられるのが、「バーチャル渋谷」のように現実の大規模施設をメタバース内で再現するときに、メタバース内にもネーミングライツが及ぶのかという問題だろう。ネーミングライツの契約では施設命名権の対象となる施設と命名権の期間を特定するのが通常であるが、ここで対象となる施設として想定されているのは、現実世界の施設であり、メタバース内で再現される対象施設のことまで想定されていないことが多いと思われる。メタバース内の再現は、現実世界の鏡像と考えれば、現実世界の施設の命名権の反射的効力がメタバース内の再現施設に及んでくるととらえるのが自然であり、ネーミングライツ契約の当事者の合意にはメタバース内の再現施設の命名まで含まれているとみるのが、合理的な意思解釈といえるだろう。問題があるとすれば、現実世界の施設の命名権が期間満了で失われ、オリジナルの名称に戻ることになった場合に、メタバース内の再現施設の方にその名称変更が反映されることが保証されていないことである。この場合、ネーミングライツの契約当事者ではないメタバースの運営事業者又は街並み再現プロジェクトの責任者が最新情報をメタバース内の再現施設に反映することが求められるが、現実には困難であるように思われる。ネーミングライツが設定されている場合、あるいは新たに設定された場合は、知る限りの街並み再現のプロジェクトをリストアップして、命名権の期間満了時にはその旨をメタバース運営事業者又はプロジェクト管理者に通知するよう定めておくことも有用だろう。

　ネーミングライツとメタバースが関わるもう一つの場面は、メタバース内に建設されたオリジナルの施設のネーミングライツを設定する場面だろ

う。設定自体は、現実世界のネーミングライツの契約同様、対象施設と命名権の設定期間を定めることで可能と思われるが、メタバース特有の留意すべき事項もある。現実世界のネーミングライツの対象となる施設は、よほどのことがなければ命名権の契約期間中は崩壊したりすることは想定されていない。これに対し、メタバース内のオリジナルの施設は、メタバースのプラットフォーム上で設置されているに過ぎず、セキュリティ・インシデントで一瞬のうちにデータごと消去される事態すらありうる。このため、メタバース内の施設のネーミングライツ契約を準備するに際しては、対象施設が消滅する可能性が十分あることを踏まえるべきだろう。

3　景観の利益（まことちゃんハウス訴訟）

　一部のメタバース内では、「不動産」区画を購入して、区画上に3Dオブジェクトの建物を建築することができるとされている。メタバース内では建物の建築コストの期間も現実世界に比べ圧倒的に抑えられるため、サイケデリックな建物を建築する心理的なハードルが下がる可能性がある。そのような建物を隣接区画に建てられた人が、落ち着いたデザインへの変更を求めることはできるのだろうか。

　現実にこのような近隣トラブルが裁判に至ったとされるのが、いわゆる「まことちゃんハウス訴訟」である。[1] この訴訟は、赤と白のストライプの外壁と屋根に赤色の円塔を取り付けた建築がされることを知った近隣住民が、景観の利益を損なうと主張して、建築の差し止めを求める仮処分を求めたところからスタートした。この申立ては却下され、建物は予定通り竣工したところ、近隣住民は外壁の撤去と円塔の目隠しの設置を要求して、本訴を提起した。この赤と白のストライプは建築主の漫画家のトレードマークであり、屋根の円塔は作品のキャラクターをイメージしたもので、建築主としても譲れないところであった。

　裁判所は、「外壁の色彩に法的規制や住民の取り決めはなく、（この地域には）さまざまな色彩の建物が建設されている」と指摘し、「保護されるべき景観利益があるとはいえない」と判示した。さらに、「仮に景観利益があるとしても、景観の調和を乱すとまでは認められない」とも付言し、建築主の全面勝訴判決を下した。この訴訟を通じて景観利益が注目を集めるようになった。

　ではメタバース内では景観利益は認められるだろうか。1の現実の不動産と同等の取扱いをする必要性がおよそ認められない場面とは異なり、こちらは類似の問題状況が認められる余地はありそうである。景観利益では、特定の場所で過ごす住民にとって、周囲の建物や施設の外見や位置関係について問題意識がもたれるところ、メタバース内の住民にとっても、同様に周囲の建物や施設の外見や位置関係について問題意識がもたれうるからである。

4　広告表示の問題

　多くの場合、メタバース運営事業者は、広告主の依頼を受けて、メタバース内に広告を掲出することで収益を挙げている。現実世界では、ある店舗の目の前にライバル会社が看板を設置することがある。それと同じように、メタバース内の「土地」「建物」の前に、ライバル会社が広告を掲出する事態が考えられる。これらの広告については、参加者はコントロールできないのが一般的であり、メタバース運営事業者側に一定の配慮が求められるところである。

5　「購入」・レンタル時の注意事項

　上記のほか、メタバース内の「土地」「建物」を入手すると、様々なリスクを背負う可能性が指摘されている（詳しくはQ12、Q13、Q26、Q33を参照）。その中でも、現実世界にはないメタバース特有のリスクとして指摘されているのが、まず、「購入」・レンタルで得られるのは、いかなる権利なのか不明な場合があること、得られた権利自体も、現実世界の不動産のように、法律で保護された安定したものではないこと（サービス終了時はもちろん、規約違反を理由にサービスの利用資格をはく奪された場合でも、「土地」も「建物」も文字どおり消滅してしまう）、それに見合う対価設定にあっているかということが、まず問題となる。

　次に、メタバース固有の問題として、「土地」「建物」への立入権限のコントロールの問題がある。立入権限をどの範囲で設定できるのか（エリアごとなのか、個別の「土地」「建物」ごとなのか）、どのレベルで設定できるのか（フレンド指定した者に限定できる、あるいは、個別の参加者ごとにアクセス禁止を設定できる等）、そして、立入を禁止・許可する権限を誰が有す

るのか（運営事業者なのか、エリアごとに異なるのか、個々の「土地」「建物」の管理者なのか、レンタルだけでも権限を有するのか）、また具体的な設定手続きのフローまで、明らかにしたうえで検討すべきである。

　さらに、これはメタバース固有のリスクではないが、上記のように、周囲との軋轢が生じないよう、周囲の状況を調査し、あるいは、同一エリアでトラブルが発生していないか等も確認すべきだろう。

....

1)　東京地判　平成 19 年 1 月 28 日判例タイムズ 1290 号 184 頁。

Q33　現実世界の「犯罪行為」をメタバース内で再現した場合も犯罪？

　メタバースでは、アバターの「身体」を動かすことで、現実世界では「犯罪行為」に該当する挙動ができてしまいますが、これらも「犯罪行為」として規律されるのでしょうか。メタバースならではの対処方法があるのでしょうか。

Point

　現実世界では「犯罪行為」に該当する挙動をアバター経由で、メタバース内で再現した場合、現実世界とは異なる「犯罪行為」として規律される可能性がある。

1　メタバース内での「犯罪行為」の再現

　ある挙動が「犯罪行為」として規律されるのは、法律上「犯罪行為」として定められた一定の要件を、その挙動が充足している必要がある（その他にも本人の主観の有無等も問題となりうるが、メタバースのアバターを通じて「身体性」を入手するという特有の状況に焦点を当てる関係で、ここでは触れないこととする）。「犯罪行為」には様々な類型があり、分類する基準も多数存在するが、「身体」を伴わなくても成立する犯罪もあれば、「身体」が要件に含まれている犯罪もある。たとえば、詐欺であれば、「欺罔」、「錯誤」、「交付行為」、「財産移転」の四つの構成要件で成立するので、経済取引機能を備えるメタバース内で財産的価値が移転できるのであれば、メタバース内で詐欺罪が成立しうる。名誉毀損についても、アバターを被った参加者（いわゆる「中の人」）に対し、アバターを被った別の参加者が誹謗中傷することは、「身体」がなくとも可能であるから、メタバース内で成立しうる。他方、アバターに凶器を突き立てることで、メタバース内で「刺殺」の外観を再現することはできても、アバターは現実世界の身体にはなりえないので、身体の存在を前提とする犯罪類型は、メタバース

172

内では成立しえない。もっとも、それらの行為が別途の犯罪類型には該当する可能性もあるし、民事上の不法行為に該当する可能性もあるので、それらの観点からも検討すべきではあるし、またメタバースならではの対処方法も検討すべきである。この点、問題行為への対処の在り方として、内閣府知的財産戦略本部「メタバース上のコンテンツ等をめぐる新たな法的課題への対応に関する官民連携会議」において検討が進められている。

2 不法侵入

(1) 住居・建造物侵入罪の成否

メタバースの中には、「不動産」を保有でき、実際にアバターを操作して、「敷地」「建物」の中に入っていくことができるものがある。凝ったデザインの「建物」を皆に見てもらいたい参加者がいる一方で、「敷地」「建物」のプライバシー性を重視する参加者もいるだろう。この参加者の意識には、メタバース自体の文化や同じメタバース内でもエリアごとの雰囲気も作用することが考えられる。

現実世界の不動産であれば、いくら素敵なデザインだからといって、他人の家の敷地や建物に無断で入り込めば不法侵入として処罰対象になることは常識なので、通常は誰も実行しない。これに対し、メタバースでは、上記のようにそもそも参加者間で「常識」にずれがあることも珍しくないため、結果として、不法侵入が発生しやすくなる。このため、Second Life ブームの当時から、この類の参加者間のトラブルは頻発しており、これを現実世界の法律で規律できないか、が熱心に議論されてきた。

住居侵入・建造物侵入（刑法130条前段）の構成要件は、「正当な理由がない」のに、「人の住居、人の看守する邸宅、建造物、艦船」に「侵入」したことである。ここでいう「住居」とは「人がその日常生活に使用するため占居する場所」と解されており、「人」は現実世界の人間であるから、メタバース内では成立しえないことになる。将来技術が発展して、アバターの姿でメタバース内で日常生活の大半を過ごすような時代が到来すれば、この解釈が変わる可能性はある。

(2) 不正アクセス

それでは他の犯罪には該当しないだろうか。メタバースのシステム上、

参加者が、自身の保有する「不動産」に立ち入ることができるアバターを制限する機能が備えられている場合、たとえば ID とパスワードを入力しないと立ち入れない「不動産」に、別のアバターが ID とパスワードを違法に入手して立ち入るというケースであれば、不正アクセス禁止法違反を検討すべきである。不正アクセスとは、(1) 他人の識別符号を用いてアクセス制御を回避すること（不正アクセス禁止法 3 条 2 項 1 号）及び (2) 識別符号以外のデータによってアクセス制御を回避すること（同法 3 条 2 項 2 号及び 3 号）をいう。違法に入手した ID とパスワードを用いて、本来予定されていたアクセス制御を回避しているといえるので、不正アクセス禁止法に抵触する可能性が高いといえる。

(3) 民事上の責任

　上記のように、ID とパスワードを入力しないと立ち入れない等、通常のプレイスタイルではシステム上侵入できないようになっている「不動産」に、アバターが何らかの不正な手段で立ち入ったという場合は、当該アバターを被った参加者について、故意又は何らかの過失が認められる可能性があり、この場合には、立ち入られた「不動産」を保有する参加者に対する権利侵害は比較的認定が容易と思われる。

　それでは、そのようなシステム上のセキュリティが設けられておらず、たとえばメタバース内の「不動産」の前に「進入禁止」の掲示が出されていたにとどまる場合はどうか。この場合も立ち入られたアバター側の意思は示されてはいるものの、上述したように、参加者間の「常識」のずれも相当程度ありうることを踏まえると、立ち入った側の故意は認められない可能性があるし、過失についても検討が必要なところであろう。

3　3D オブジェクトの破壊

(1) 器物損壊罪の成否

　現実世界で他人の所有する USB メモリを踏みつぶせば、器物損壊の罪に問われる。これは、器物損壊罪は「他人の物」を「損壊し、または傷害」することで成立する。USB メモリを破壊すれば、記録されたデータも読み取れなくなるが、「他人の物」とは、「客体となる公用・私用文書、建造物、艦船以外の他人の財物」を指す一方、情報については、それが電

磁的記録で公用文書毀棄罪や私用文書毀棄罪の対象として保護されるものでない限り保護されず、器物損壊罪には該当しない。他方、「損壊」は、物本来の効用を失わせる行為を広く含んでおり、物理的損壊だけでなく、物理的損壊と同程度の効用喪失や利用侵害も「損壊」として認められる。

　メタバース内で、データ記録機能のない USB メモリ形状の 3D オブジェクトが実装され、アバターがアイテムとして装備していたところ、他のアバターがこれを破壊するケースは、①メタバースの機能として装備品破壊の仕組みが実装されているパターンと、②メタバース内で、本来は他のアバターの装備品を破壊する機能が実装されていないのに、一部の参加者がウェブサイトを改ざんするように、メタバースのプログラムやパラメータを改ざんして、破壊してしまったパターンが想定される。

　器物損壊罪の成否については、①②いずれの場合にしても、当該アイテムは「物」ではないので、器物損壊罪は成立しないと考えられる。メタバース内での破壊により、当該アイテムの復活ができなくなった場合、実質的にはアイテムの利用ができなくなったという意味では、現実世界で破壊したのと類似の効果をもたらす面はあるものの、アイテムを保有しているという情報をアイテム破壊に伴い利用できなくしたにとどまるので、やはり器物損壊罪の成立は難しいと考えられる。

(2) 不正指令電磁的記録作成罪・供用罪（刑法 168 条の 2）の成否

　3 (1) で説明したケースのうち、②のメタバース内で、本来は他のアバターの装備品を破壊する機能が実装されていないのに、一部の参加者がウェブサイトを改ざんするように、メタバースのプログラムやパラメータを改ざんして、他のアバターの装備品を破壊した場合、不正指令電磁的記録作成罪・供用罪の成否を検討すべきである。同罪が成立するには、「正当な理由がないのに」「人の電子計算機における実行の用に供する目的で」、「人が電子計算機を使用するに際してその意図に沿うべき動作をさせず、又はその意図に反する動作をさせるべき不正な指令を与える電磁的記録を」「作成し、又は提供した」の四つの構成要件を充足する必要がある。コインハイブ事件では、三つ目の要件のうち、「意図に反する動作」「不正な指令」がとりわけ争われたが、上記事例であれば、これらの要件を充足する事態も十分ありうると思われる。

Q34　メタバース内のサービスにも業法規制は適用される？

　現実世界のサービスをメタバース内で再現している参加者を見かけることがあります。現実世界では業法で規制される業種のサービスをメタバース内で展開する場合、規制はどうなりますか。

Point

　現実世界の規制業種の提供するサービスと外観上、よく似たサービスをメタバース内で提供する場合、現実世界の規制が適用される場合もありうる。メタバース内でのサービスを考えている場合、まずは、現実世界の規制を確認するとともに、メタバース内への適用の有無も検討すべきである。

1　メタバース内の EC サイト

　インターネット上の EC サイトでは、中古品売買や薬、酒、食料品など、取り扱う品目によっては、免許の取得や監督官庁への届出、あるいは商品を取扱うための資格者が必要となる場合がある。メタバース内に開設された仮想店舗でも、EC サイトの通信販売サービスを展開する場合は、インターネット上の EC サイトと同様に、免許や届出、資格者が必要になるのはもちろんである。他方、デジタルアイテムのみを取り扱う場合は、これらの EC サイトの取扱商品に起因する規制対応の問題は生じないと考えられる。

　一部のメタバースでは、商品の 3D オブジェクト化したモノを、仮想店舗内の商品棚に陳列して、来店したアバターが手に取ってウィンドウ・ショッピングを楽しめるようにしたうえで、気に入った商品があればメタバース外の EC サイトにジャンプできるような仕組みを導入しているパターンも見られるが、ショッピング・サービス自体はあくまで従前の EC サイトで提供しているに過ぎないので、メタバース内の仮想店舗にはやはり、取扱商品に起因する規制対応の問題は生じないと考えられる。

2　金融機関のメタバース展開

　金融機関のメタバース展開については、金融分野が厳格な規制業種であるが故に注意が必要な場面がある。企業のソーシャルメディア進出が本格化した時期、金融機関は比較的慎重な態度を見せる機関も多かった。これには、当時、金融機関の従業員がソーシャルメディアで炎上する事例が多発しており、他業種と比べて厳格な情報管理が求められる金融機関は、情報の伝播性が強めのソーシャルメディアとの相性が悪いのではないかと考えられていたこと、金融機関の客層を考えると、ソーシャルメディア進出のメリットは薄いのではないかという疑念が作用していたと考えられるが、もう一つあったのは、金融機関特有の事情である。公式アカウントの運用においてソーシャルメディア上の投稿が「勧誘」とみなされることを避け、また、免責文言を明確に示しておく必要があったのである。これらの留意事項はメタバースにおいても変わらないことから、業法規制の遵守の観点からも、従業員教育において格段の配慮が求められる。

3　風俗営業法

(1)　ゲームセンター

　かつて、オンラインクレーンゲーム（ゲームセンター内に設置されたクレーンゲームを、オンラインでリモートで操作して、クレーンゲームを楽しむことができる仕組み。プレイするには課金が必要であり、取れた商品は後日郵送されてくる）が登場したとき、風俗営業法のゲームセンター規制が適用されるのではないかが、議論された。ここでいうゲームセンター規制は、「遊技設備で本来の用途以外の用途として射幸心をそそる恐れのある遊技に用いることができるもの（遊技方法は射幸心をそそるつもりはないが、遊技設備が本来の用途と別に射幸心をそそる可能性があるもの）」（風営法2条1項5号）を規制対象と定めていることから、ゲームセンター以外にも、ルーレットやポーカーゲームを置いているアミューズメントカジノやカジノバーなども規制の適用対象として想定されており、規制が適用される場合は、いわゆる「5号営業」と呼ばれる風俗営業許可が必要となり、また営業時間などの制限を受けることになる。

　この規制が適用されないことを確認すべく、経済産業省に対して、産業競争力強化法に基づく「グレーゾーン解消制度」を利用した照会が行われ

た。その結果、照会対象の事業においては、店舗内において客に遊技をさせることが想定されないことから、同法の規定による規制を受けない旨の回答がなされ、規制が適用されないことが明確になった。

　メタバース上で展開されるサービスについては、「遊戯設備」が認められない限り、「5号営業」規制が適用されるリスクは考えにくいが、現実世界の設備と連動させるなどサービスの内容によっては、規制適用のリスクを抱えかねないため、「5号営業」の規制が適用されることがないよう、サービス設計において注意が必要になってくる。

(2) バーチャルキャバクラ

　現実世界のいわゆるキャバクラは、「キヤバレー、待合、料理店、カフエーその他設備を設けて客の接待をして客に遊興又は飲食をさせる営業」（風営法2条1項1号）に該当することから、いわゆる「1号営業」と呼ばれる風俗営業許可が必要なる。近時、VRゴーグルを被って、客も接待する側もアバター姿で参加するタイプのサービスも登場しているが、これらには、風営法の規制は及ぶのだろうか。

　バーチャルで完結する場合は、現実世界の店舗があるわけではないので「設備を設けて」の要件を充足せず、「1号営業」には該当しないという余地はあるように思われる（もっともバーチャルキャバクラを本格的に展開するために、専門のスタジオを設けている場合には、「設備を設けて」に該当しないかは念のため検討すべきだろう）。他方、アダルトサイトやライブチャットは、「専ら、性的好奇心をそそるため性的な行為を表す場面又は衣服を脱いだ人の姿態の映像を見せる営業で、電気通信設備を用いてその客に当該映像を伝達すること（放送又は有線放送に該当するものを除く。）により営むもの」である「映像送信型性風俗特殊営業」（風営法2条1項8号）として風営法の規制が適用され、届出が必要となる。バーチャルキャバクラあるいはその周辺サービスが「8号営業」として規制されるかは、たとえば裸のアバターの映像が「衣服を脱いだ人の姿態」に該当するか、つまり「アバター」が「人の姿態」といえるかもポイントになることが予想される。警察庁「風俗営業等の規制及び業務の適正化等に関する法律等の解釈運用基準」でも、この辺りはまだ明らかにされていない。

4　医療分野

(1)　メタバース上のカウンセリングの位置付け

　アバターで参加してコミュニケーションをとることが予定されているメタバースは、医療分野とは相性が悪いようにも思われるが、たとえばカウンセリングによっては、顔を見ないで医師と患者がリアルタイムのコミュニケーションをとることができるのがむしろ強みとなる場合がある。このカウンセリングが「遠隔健康医療相談」にとどまるか、「オンライン診療」あるいは「オンライン受診勧奨」に該当するかによって、規制の適用の有無が異なってくる。コロナ禍を経て、オンライン診療の規制緩和も進んでいるものの、カウンセリングが「診療」に該当する場合は「オンライン診療の適切な実施に関する労働省指針」（令和4年1月一部改訂)」の遵守を図る必要が生じる。

(2)　オンライン診療において求められるポイント

　同指針では、通信環境（情報セキュリティ・プライバシー・利用端末）について留意事項を定めている。同指針では「オンライン診療の実施に当たっては、利用する情報通信機器やクラウドサービスを含むオンライン診療システム及び汎用サービス等を適切に選択・使用するために、個人情報及びプライバシーの保護に配慮するとともに、使用するシステムに伴うリスクを踏まえた対策を講じた上で、オンライン診療を実施することが重要である」とされており、具体的には「医師がいる空間に診療に関わっていない者がいるかを示し、また、患者がいる空間に第三者がいないか確認すること」や「汎用サービスを用いる場合は、医師のなりすまし防止のために、（略）原則として、顔写真付きの「身分証明書」（マイナンバーカード、運転免許証、パスポート等。（略））と「医籍登録年」を示すこと」が求められており、メタバースを利用する場合はそのシステムがこれらを遵守できるかがポイントになってくる。同指針はさらに「オンライン診療システムを提供する事業者は、下記を備えたオンライン診療システムを構築し、下記の項目を満たすセキュリティ面で安全な状態を保つこと」を求めているが、メタバース運営事業者は汎用サービスを提供しているに過ぎないので、かかる要求が適用されるかは検討の余地があるように思われる。

5 参加者及び運営事業者の留意事項

　メタバース内で、ビジネス展開を考えている参加者は、現実世界において当該ビジネスに適用される業法規制が、メタバース内でも適用されるのか、あるいは、別個の規制が適用されないかを、検討する必要がある。とりわけ金融や医療分野のような比較的厳格な規制が設けられている分野については、サービスデザインの段階から細心の注意を払った検討が求められる。

　運営事業者においては、参加者のビジネスに「場」を提供する立場上、必要な許認可その他の規制をクリアしないまま、参加者がビジネスを展開することで、場合によっては、運営事業者が参加者をほう助しているとみられかねず、そのような事態は避けたいところである。このようなリスクを避けるための方策としては、予め、メタバース内で展開されることが想定されるビジネスのうち、業法規制の適用が予想されるものについて、利用規約にて、そもそもそのようなビジネスを禁止する、あるいは、運営事業者の事前チェックを経ないと展開できない、というような制限を置くことも考えられる。

Q35　メタバースにも賭博規制は適用される？ NFT ガチャは？

いわゆるオンライン賭博をメタバース内で行えば、賭博規制が適用されるかと思います。それでは、メタバース内の NFT ガチャに、賭博規制は適用されますか。

Point

メタバース内の NFT ガチャは、適切に仕組みを構築すれば、賭博規制が適用される可能性は低いが、射倖性を煽ることは控えるべきである。

1　国内外における「ガチャ」の位置付け

これまで、国内ではソーシャルゲームのいわゆる「ガチャ」の一部について、過剰に射幸心を煽っているのではないかとして、問題視される事案がたびたび発生してきた。とりわけ、未成年者が、保護者のクレジットカードを無断で使って、何十万円、何百万円と課金してしまう事例では強い非難の声も聞かれた。最終的には、日本国内ではいわゆる「コンプリートガチャ」のみ、景品表示法上の「絵合わせ規制」に抵触するとして、法律上禁止されるも、それ以外のガチャ一般は、業界団体の自主規制に委ねられるに留まっている。賭博規制を適用すべきとの議論がなかったわけではないが、「ゲームはゲーム」理論のもと、大きなうねりにまでなることはなかった。他方、海外を見ると、ガチャそのものに問題があるとして、広範な規制を設けている国も見られる。

2　「ガチャ」の進化とメタバース

「ガチャ」はその後も進化し、ゲームアイテム等の取得過程にランダム要素を追加したものや、ゲーム内でのプレイ実績や成績によって報酬などが付与される仕組みも登場している。一部のメタバースで採用されているブロックチェーンゲームにおいても、NFT の入手過程にいわゆる「ガ

チャ」の仕組みを採用するケースが存在する。そして、NFT ガチャでは、メタバースやゲームの外に財産的価値を持ち出すことができるようになっており、「ゲームはゲーム」の説明は妥当しなくなったことから、このような販売方法が賭博罪（刑法 185 条）に該当しないかを改めて検討する必要が生じてきている。

3「賭博」該当性の検討

　刑法上、「賭博」の定義は規定されていないが、2 人以上の者が、偶然の勝敗により財物の得喪を争う行為であって、一時の娯楽に供する物を賭けたにとどまらない行為、と解されている。この点、「偶然の勝敗により」とは、当事者において確実に予見できず、又は自由に支配し得ない状態をいい、主観的に不確定であることが必要とされている。次に、「財物」とは、有体物又は管理可能物に限らず、広く財産上の利益であれば足り、債権等を含むと解されている。そして、「得喪を争う」とは、勝者が財物を得て、敗者がこれを失うことを意味し、当事者の一方がこれを失うことがない場合は、「得喪を争う」ものには該当しないと解されている。

　メタバース内のキャラクターやアイテムを表章する NFT を販売するに際して、「ガチャ」の仕組みを採用する場合、購入者の立場から見ると、これから自身が購入する NFT の内容を確実に予見できないことから、「偶然」性が認められる可能性は高い。そして、当該「ガチャ」により販売される NFT はアイテムが異なれば、客観的価値も差があると考えられ、購入者は異なる価値を有する NFT のうちどれが当たるかという偶然の事情によって「勝敗」を決していると考えられる。「財物」性については、NFT は、通常、セカンダリーマーケット等で取引されることが予定され、又は当該ゲーム内においてそれ自体に経済的価値は認められるケースが多いため、財産上の利益として「財物」に該当しうると考えられる。

　他方、「得喪」性については議論のあるところである。少なくとも、購入者が「ガチャ」要素を含むゲーム NFT 販売サービスにおいて、その支払った対価よりも価値の低いゲーム NFT を入手する可能性がある場合は、購入価格と取得した NFT の実際の価値の差額を失うことになるため、「得喪」が生じると考えられる。逆に言えば、購入価格を下回るようなアイテムがガチャからでないのであれば、「得」だけで「喪」はないことになり、

「得喪」性は否定されやすくなる。

　「ガチャ」の仕組みを有するゲーム NFT 販売サービスは賭博罪を構成する可能性は理論上はありうるものの、「ガチャ」から排出されるアイテムの構成によっては賭博罪該当性を否定する議論もありうると思われる。

4　賭博場開帳等図利罪の成否

　上記とは別に、メタバース運営事業者又は出店事業者が賭博に該当する態様でユーザーに NFT を販売する場合、賭博場開張等図利罪（刑法186条2項）の成否についても別途検討する必要がある。

　賭博場開張等図利罪は、「利益を図」る目的で、犯人自ら主宰者となり、「賭博をする場所」を開設、提供することにより成立する。「利益を図」るとは、テラ銭又は手数料等の名義をもって、賭場開設の対価として、不法な財産的利得をしようとする意思のあることをいうと解されている。「賭博をする場所」（賭博場）とは、賭博を行う場所、賭博のための場所的設備を指すが、その場所・設備が、房室であることや常設のものであることは要しないと解されている。

　もっとも、インターネットの普及と高速化に伴い、ウェブサイト、スマートフォン・アプリ等々、賭博と評価しうる行為を行うことができる環境は日々増加している。このため、どのような場所・設備が「賭博場」に該当するかについては、実務上の解釈が確立・統一されるには至っていないと評価できるだろう。

　とはいいながらも、これまでの判例・裁判例を踏まえると、電子空間を利用したオンラインサービスを通じて賭博行為が行われる場合であっても、賭博場に該当するかが問題とされているオンラインサービスを提供するために必要な電子機器を使用した場所、賭博の申込みを受け集計をする者の所在地、賭客の居所等が存在する場合、当該機器が使用された場所、又はこれらの場所等を含んだその全体が「賭博場」を構成すると評価される可能性は否定できない。したがって、NFT 販売サービスが賭博に該当しうる場合には、賭博場開張等図利罪が成立する可能性にも別途留意が必要である。

5　メタバース・プラットフォーム運営事業者の責任

　ゲーム運営事業者による NFT 販売サービスが賭博や賭博場開張等図利に該当するとしても、メタバース・プラットフォームの運営事業者は、自ら NFT 販売サービスを提供するものでない限りは、これらの罪が成立する可能性は低いと考えられる。もっとも万が一、NFT プラットフォーム運営事業者がゲーム運営事業者とゲーム NFT 販売サービスを共同して行っていると評価される場合、共同正犯（刑法 60 条）又は幇助犯（同法 62 条）として責任を問われる可能性があることに注意する必要がある。ビジネスを共同して行っていると評価される可能性があるパターンとしては、プラットフォーム運営事業者が、NFT 換金サービスを提供している、NFT 販売サービスの設計段階からサポートしているケース等が想定される。いずれにせよ、個別具体的な事例ごとの慎重な検討が必要となるだろう。

　また、2022 年 4 月に自民党が公表した「デジタル・ニッポン 2022 ～デジタルによる新しい資本主義への挑戦～」の別添資料 1「NFT ホワイトペーパー　Web3.0 時代を見据えたわが国の NFT 戦略」55 頁では、「特に、NFT を用いたランダム型販売と二次流通市場の併設については、既に海外では同様のビジネスモデルが隆盛を極めていることを踏まえると、関係省庁において、少なくとも一定の事業形態が賭博に該当しないことを明確に示すべきである。」とした上で、「なお、ランダム型販売や二次流通市場を利用して NFT を購入する消費者を保護する観点からのルール整備は別途検討を進めるべきであり、関係省庁の見解を踏まえた事業者におけるガイドラインの策定等が行われることが期待される。」とされている。これを受けて、2022 年 10 月には、関連 4 団体が共同して「NFT のランダム型販売に関するガイドライン」を策定・公表している。

I-7　メタバース世界の維持及びプラットフォームに関わる法的課題

///

Q36　メタバース特有のセキュリティリスクとは？

///

メタバースのセキュリティのリスクと対策を教えてください。

Point

　メタバースは、アバターを通じて多数の参加者の挙動情報が集積される、データの塊という側面を有しており、高度な情報セキュリティが不可欠である。さらに特有のリスクへの対策も必要となる。

1　メタバースの情報セキュリティリスク
(1)　莫大な情報収集に伴うリスク

　メタバースでは、多数の参加者から、ログイン時の生体認証データ、VRゴーグル装着時に測定されるEye-tracking data（視線情報）、身体の動作情報、ログイン後のメタバース上でのアバターの表情、動作、発言に関する3D映像記録、仮想世界のアイテムをNFTに紐付けて取引する場合の、NFTの帰属に関する情報等々、膨大な量の情報が収集されることが想定されている。そして、これらのデータは、メタバース運営事業者他を通じて、収集・分析されることになる。いわゆるセンシティブデータを含む莫大なデータが漏えいすれば、その被害規模は計り知れない。また、近年、収集したデータをAIを含む自動プログラムに処理させて、その分析結果を活用して、個々人の信用スコアを算出するビジネスが登場している。そこで分析・処理されるデータが大規模になればなるほど、不適切な分析処理が行われたときの本人の被るダメージは深刻化している。

(2)　サイバー攻撃の脅威

　オンラインサービスの種類を問わず、サイバー攻撃の脅威は、依然として増大し続けている。その背景として、ランサムウェアの攻撃ツールが広く販売されるなど、さほど技術力がなくても、お手軽に攻撃者になれる環境と、国内外の政治情勢の影響で、民間を含め対立勢力に対する攻撃が戦略の一環として行われる時代の到来が指摘されている。これらのサイバー攻撃の脅威は、メタバースでさらに増大する可能性が非常に高い。とりわけ、恐喝目的の DDoS（Distributed-Denial-of-Service）攻撃やメタバースアプリケーション用の API を通じての攻撃が懸念されている。また、メタバースそのものへの攻撃でなくとも、メタバースを踏み台とする攻撃のリスクも考えられる。メタバースでは VR ゴーグルその他の参加者の現実世界での動きをトラッキングするために、様々な VR デバイスやトラッキング・センサーを使用することが予定されている。このように、外部の接続デバイスが多いほど、インターネットスキャンエンジンを使用して、メタバースインターネット上の露出した脆弱なデバイスを発見・悪用のリスクが高まる。

2　メタバース特有のセキュリティリスク
(1) ダークバース
　ダークバース[1]は、いわゆるダークウェブのメタバース版を指し、ディープバースの中に設置されることが見込まれる。このため、通常のインターネット利用や検索エンジンでは容易に発見できず、より秘匿性が高い環境で、事態が進行してしまうリスクが指摘されている。ダークバースはダークウェブと同様に、違法行為や犯罪行為の密談の場として使われる以外にも、メタバースにおけるアンダーグラウンドなマーケットの舞台として悪用される可能性も指摘されている。
　このような事態を防ぐためには、運営事業者がメタバース内のアバターの挙動やアバター間のコミュニケーションをモニタリングすることが考えられるが、モニタリング・システムの設置コスト、運用コストの問題、プライバシーや通信の秘密に抵触しないよう配慮が必要であること、に加えて、音声コミュニケーションのリアル・モニタリングは、文字コミュニケーションと比べて、機械によるモニタリングが技術的にハードルが高く、人間によるモニタリングはおよそ現実的でないことなど、有効なモニタリ

ングが現実的に可能なのかを含め、課題が山積している状況である。

(2) ソーシャルエンジニアリング

　ソーシャルエンジニアリングとは、ネットワークに侵入するために必要となるパスワードなどの重要な情報を、高度な情報通信技術に頼らずに盗み出す方法をいう。その多くは人間の心理的な隙や行動のミスにつけ込むもので、古典的な手法として知られているのは「電話で関係者になりすまして、動揺させてパスワードを聞き出す」というものである。メタバースでは、アバターを用いたなりすましによって、関係者になりすますことが容易になることから、ソーシャルエンジニアリングの被害が大規模化、深刻化する恐れがある。

(3) コミュニケーション機能の悪用

　メタバースのコミュニケーション機能、とりわけアバターによって現実世界に近いコミュニケーションをとれることを逆手にとって、次のようなセキュリティ上のリスクが発生する可能性が指摘されている[2]。

・メタバースで収集された Eye-tracking ほかのトラッキング情報、音声のトーンなどを分析することによって、参加者の感情分析を緻密に行い得るのを利用して、政治的な意見対立を煽る。
・メタバース上の集会において、特定のトピックに繊細な集団に影響力を与えるべく、当該集団をターゲットとするストーリーを投下する。
・メタバース上で、ディープフェイクによる誤情報を拡散する。
・犯罪者がメタバースの公式アバターになりすまし、一般参加者を誤誘導する。

(4) 端末経由の物理的・精神的攻撃

　これまでになかったメタバース特有のセキュリティ問題として、VRゴーグルの視界ジャックその他メタバースにアクセスするための現実世界の端末を異常動作させ、身体へのフィードバックを含め、装着者に物理的・精神的ダメージを与える可能性が懸念されている。また、端末の外部カメラ機能を悪用した盗聴・盗撮等のユーザへの不正行為も考えられる。

3　セキュリティの今後の課題

　これまで、オンラインサービスを提供する事業者は、それぞれのサービスに見合ったサイバーセキュリティ対策の在り方を検討し、実施してきた。ここでは情報を取り扱う環境、サービスの提供先、情報を預ける側の認識、取り扱う情報の種類や規模等が考慮される。メタバースにおいてのセキュリティの在り方については、上記のとおり、取り扱う情報の種類も量も莫大なものであることや、国境のないタイプのサービスであり、常に各国の攻撃者によるサイバー攻撃のリスクを意識しなければならないのと同時に、各国のデータ保護法への配慮が必要となることなどを踏まえると、これまでにない配慮が求められる可能性がある。今後議論が深まることが期待されるが、その際、重要なのが標準化の視点である。

　メタバースの標準化について、インターネットの標準化と比較してハードルを高くしているのは、その歴史的な経緯である。インターネットは米軍のネットワークが一般に開放され、とりわけアカデミックかつオープンな環境で進化してきた。その技術的な根幹部分である、ドメインネームの割り当て、管理について、非営利組織であるICANNで重要事項が決定され、いわゆるマルチステークホルダー・ガバナンスの意識が強く、標準の決定・採用の過程において透明性が重視されてきた。他方、メタバースについては、将来の理想とされるマルチバース時代の到来はまだ遠く、運営事業者各社がそれぞれの方針でメタバースを開発・運営している状況であり、標準化にはまだ時間がかかりそうな状況である。最低限のセキュリティの確保の観点からは、国際的な業界団体を巻き込んだ、標準化の検討が求められるところである。

....

1)　https://www.trendmicro.com/vinfo/us/security/definition/darkverse
2)　前掲注1)参照。

Q37　メタバース特有の青少年保護の リスクとは？

　Robloxや教育目的のサービスのように児童の参加を想定するメタバースもありますが、メタバースにおける青少年保護はどのように考えるべきでしょうか。

Point

　メタバースにおけるアバター経由のコミュニケーションは、青少年に悪影響を及ぼすリスクが想定されるため、青少年保護は重要な課題である。目的達成のためには、技術的対策のみならず、利用規約の策定や青少年への教育なども検討すべきである。さらに、メタバースの運営方針において、青少年保護にどれだけ重きを置くのかという問題もある。

1　メタバースにおける青少年保護の必要性

　メタバースでは、アバターの身体を伴うコミュニケーションを行うことが想定されており、高い没入感を得られるのがメリットであるが、人によっては、とりわけ心身の成長過程にある青少年にとっては、デメリットにもなりかねない。

（1）長時間のログインの悪影響

　高い没入感にはまると、メタバース内こそが自分のいるべきところだという感覚に陥り、結果として長時間ログインし続けてしまう参加者が出てくることが懸念される。とりわけVRゴーグルを装着してアクセスするメタバースについては、目下、VRゴーグル装着の身体への負担のため、長時間ノンストップでのアクセスが難しく、この技術的制約が、長時間ログインの事実上の足枷となっている面があることは否定できない。将来の技術改善でVRゴーグルの装着の負担が軽減される、あるいはVRゴーグルの装着すら不要になると、この事実上の足枷は解消されることになる。

　ではこの技術的制約による足枷が解消された後、どのような懸念が生じてくるだろうか。まず、オンラインゲームでしばしば指摘される長時間のログインによる、日常生活への悪影響、たとえば不登校・欠勤・遅刻、集中力の欠如などのリスクは、メタバースでも同様に懸念されるところである。次に、これもオンラインゲームでしばしば指摘されることだが、ディスプレイの前で同じ姿勢のまま何時間も座り続けることで、視力や体力への悪影響が懸念される。メタバースでも同様の悪影響の可能性は検討すべきだろう。VR ゴーグルを装着してメタバースに参加する場合は、装着した状態で立ち上がって身体を動かし続けるため、座り続ける悪影響はないものの、また別の身体への悪影響の可能性も問題となりうる。

(2) 没入感の高いコミュニケーションの悪影響

　高い没入感は、メタバース内のアバターを通じてのコミュニケーションにおいて、あたかも目の前にいる友人とコミュニケーションをしているような錯覚をもたらしかねない。結果として、アバターをかぶった正体不明の参加者であっても、素性をよく知った、長年の友人に対しているのと同様の対応をしてしまうおそれがある。現実世界の長年の友人であっても、迂闊な言動や不適切な発言をすると、それを契機として、信頼関係が壊れ、あるいは、大きな隙を見せることになりかねないところ、相手が正体不明の参加者であれば、そのリスクは大きくなる。とくに、相手のアバターがもともとソーシャルエンジニアリングを目的として接近してきたような場合は、うっかり現実世界の居住地や学校、勤務先など身元の特定につながる情報を開示してしまうミスは現実的な懸念といえるだろう。

(3) 現実世界へのマイナスのフィードバック

　上で見たように、メタバースでは、アバターをかぶった正体不明の参加者との不適切な距離感が悪い方に作用し、根拠のない誤った信頼感を抱いたままコミュニケーションしてしまう可能性がある。その結果、相手が悪人だった場合は、現実世界での情報商材セミナーやマルチ商法に引き込もうとしてくることも考えられる。青少年とわかっていれば、くみしやすいと思われ、出会い系に誘い込もうとする事態もありうる。

（4）コンテンツによる心身への悪影響

　メタバースによっては、過度に攻撃的なコンテンツ、性的なコンテンツが、その付近に来た参加者の目に触れる状態でおかれている場合がある。家庭用ゲーム機の CERO のようなレーティングが設けられているわけでもないし、スマートフォンアプリのように、アプリストアの運営者によるチェックがなされるわけでもない。あとはメタバース運営事業者による巡回チェックのほかは、コンテンツを設置する参加者の良識に委ねられている以上、やむを得ない面はあるものの、これらのコンテンツは、とりわけ青少年への悪影響が懸念されるところであり、排除を求める声が出てくるのは自然な流れである。他方で、メタバースの参加者の層やメタバース内のエリアの雰囲気によっては、許容される、あるいはそれを目当てに参加者が集まってくることもあるので、このようなコンテンツをすべて禁止するのが常にどこでも正解とは限らない。棲み分けで対応することも考えるべきだろう。

2　フィルタリングサービス（出会い系防止対策ほか）

　日本国内では、2008 年に「青少年が安全に安心してインターネットを利用できる環境の整備等に関する法律」（以下「青少年インターネット環境整備法」という）が制定、翌年から施行された。この法律は、青少年が青少年有害情報（犯罪行為や自殺を誘引する情報、わいせつな情報、残虐な情報）に接するのを防止するためのフィルタリングを、携帯電話端末に導入するのを求めるものだった。その後、スマートフォンやアプリ・公衆無線LAN など、既存の携帯電話への措置では対応困難な機器・サービスの利用が急速に拡大したことで、フィルタリング利用率が伸び悩んでいる状況を改善すべく、2018 年に改正青少年インターネット環境整備法が施行された。改正法では、対象となる端末に携帯電話回線を利用してインターネットを閲覧できる機器が含まれるようになった。

　現時点ではメタバースの運営事業者に直接適用される規制ではないが、青少年を遠ざけておくべきメタバース内のコンテンツの範囲の策定、フィルタリングの設定方法、携帯電話キャリアが自主的に進めている利用者への注意喚起の在り方は、メタバース運営事業者にとっても参考になると思われる。

3　ゲーム条例

　各所で大きな論争を巻き起こしている香川県のネット・ゲーム依存症対策条例（「ゲーム条例」）では、18歳未満を対象として、ゲームの利用時間を1日60分、休日は90分までとし、スマートフォンは中学生以下が21時まで、それ以外は22時までとする目安を設け、家庭内でのルール作りを促している。違反しても罰則などの規定はないとされているが、制定過程や科学的根拠、効果への疑問も含め、否定的な見解をとる専門家が多い。メタバースにおける長時間利用の対策についても、全く別の観点からの対策の検討が必要だろう。

4　メタバース運営事業者に求められる対応

　メタバースにおける青少年保護について、運営事業者としてまず検討すべきは、青少年にフォーカスしたサービスとして、徹底した安全なメタバースを目指すか、青少年にフォーカスはせずに、一定程度の安全性を保つにとどめるか、の大きな方針である。前者は後者に比べて、どうしてもメタバースの運営事業者にとっての負担（参加者の挙動のモニタリング、行動・発言に問題が認められた参加者の早期排除の人員・コストが必要になる。特に音声のモニタリングは、一定数の専任スタッフを置く必要性があり、運用コストの上昇は避け難いと思われる）は重くなってしまうし、参加者の行動・発言の自由度を下げてしまうというデメリットが付きまとう。自由度が下がれば、メタバースでも、現実世界と同じく、様々な制約を受けることを嫌う層の参加者は逃げ出してしまい、仮想世界としての盛り上がりという観点から見ればマイナスになるだろう。

　方針を決めることができたら、次は、具体的にやってはだめなことを明文化し、違反者にはどのような制裁措置がありうるかを、利用規約やガイドラインで示す必要がある。あるいは、禁止事項までいかなくとも、青少年保護の観点を踏まえた注意事項をFAQなどで示し、青少年の参加者だけでなく、青少年を取り巻く大人の参加者にも問題意識を共有してもらうことが考えられる。

　禁止事項・注意事項を明確にした後は、これを遵守させることが重要になる。日々の運用においてどこまでの人員・コストをかけてそれを徹底させるかは、方針を踏まえて個別事業者ごとに判断することが求められると

ころである。エリアごとにアクセスできる参加者の年齢層を技術的にコントロールすることも考えられる。

Q38　プラットフォーム事業者としてのメタバース運営事業者の責任とは？

　メタバース運営事業者には、プラットフォーム事業者としてどのような規律が適用されますか。

Point

　メタバース運営事業者には、プラットフォーム事業者として「競争政策」「データの利活用・保護」「知的財産」に加え「消費者保護」の観点からの規律が適用される。

1　プラットフォームビジネスとは

　いわゆるプラットフォームビジネスとは、プラットフォーム事業者が提供するシステムや「場」に、個人や法人が参加し、それぞれ需要者、供給者としてコミュニケーションや取引を行うビジネスをさしていう。オンライン・ショッピングモール、オンライン・フリーマーケット、インターネット・オークション、アプリ・マーケットのような取引型のサービスのみならず、ソーシャルメディアや検索エンジンなど非取引型のサービスなど、様々な形態が含まれる。

　メタバースも様々な形態があるし、一つのメタバースが複数の機能を有することが一般的であるが、コミュニケーション機能に重点を置くメタバースはソーシャルメディアに近い機能を有するし、経済取引機能に重点を置くメタバースのうち、参加者の事業者自身が店舗を営み、エンドユーザーの参加者にサービスを提供する場合は、オンライン・ショッピングモールに、エンドユーザーの参加者間の取引を想定する場合は、オンライン・フリーマーケットに、それぞれ近い機能を有することから、メタバースの運営事業者は、いわゆるプラットフォームビジネスに該当するものと考えられる。

2　プラットフォームビジネスをめぐる国内の議論

　オンラインのプラットフォームビジネスの事業者の規律の在り方については、政府内でたびたび議論されており、その切り口も「競争政策」「データの利活用・保護」「知的財産」に加え「消費者保護」と多岐にわたっている。「競争政策」に重点を置いた検討としては、「デジタル・プラットフォーマーをめぐる取引環境整備に関する検討会」による中間論点整理及び「PF事業者と個人情報等を提供する消費者との取引における優越的地位の濫用に関する独占禁止法上の考え方」が著名である。前者では、公正性確保のために透明性を実現する方策として、重要な取引条件の開示義務の導入などにより、透明化促進に向けた提言がなされた。これらの議論は「特定デジタルプラットフォームの透明性及び公正性の向上に関する法律（デジタルプラットフォーム取引透明化法）」として結実した。後者では、独占禁止法の規制する優越的地位の濫用規制が、どのような場面で適用されるのかが明らかにされている。

　消費者保護に重点を置いた検討としては、「オンラインプラットフォームにおける取引のあり方に関する専門の調査会」の報告書、「デジタル・プラットフォーム企業が介在する消費者取引における環境整備等に関する検討会」による報告書が知られている。これらの検討は「取引デジタルプラットフォームを利用する消費者の利益の保護に関する法律（取引デジタルプラットフォーム消費者保護法）」として結実している。

3　プラットフォームビジネスをめぐる規律

　デジタルプラットフォーム取引透明化法では、デジタルプラットフォームのうち、特に取引の透明性・公正性を高める必要性の高いプラットフォームを提供する事業者を「特定デジタルプラットフォーム提供者」として指定し、規律の対象としており、適用範囲がかなり限定されているのに対し、取引デジタルプラットフォーム消費者保護法では、消費者と通信販売取引を行う「販売業者等」に取引デジタルプラットフォームを提供する「取引デジタルプラットフォーム提供者」を規律の対象としており、適用範囲は広めである。

　「特定デジタルプラットフォーム提供者」は「事業の区分」と「事業の規模」によって指定される。

　2021 年 4 月の法律施行のタイミングで、オンライン・ショッピングモール提供者 3 社とアプリ・マーケット提供者 2 社が指定された。2022 年 10 月には「事業の区分」として「メディア一体型広告デジタルプラットフォーム（自社の検索サービスやポータルサイト、SNS 等に、主としてオークション方式で決定された広告主の広告を掲載する類型）」と「広告仲介型デジタルプラットフォーム（広告主とその広告を掲載するウェブサイト等運営者を、主としてオークション方式で仲介する類型）」が追加され、前者は 3 社、後者は 1 社が指定された。

　このように「特定デジタルプラットフォーム提供者」はごくごく限られた事業者のみが指定されることから、メタバース運営事業者がこれに該当することは当面考えにくい。これに対し、「取引デジタルプラットフォーム提供者」は、メタバース内で参加者が、商品・役務を提供する取引ができる環境を提供するメタバース運営事業者は広く該当する可能性があるため注意が必要である。

4　取引デジタルプラットフォーム提供者と販売業者等

　取引デジタルプラットフォーム消費者保護法では、取引デジタルプラットフォームを利用して行われる、消費者と「販売業者等」との間の通信販売に係る取引を対象とする。このためメタバースの文脈では、参加者（出席者）が「販売業者等」に該当するかが重要になってくる。

　「販売業者等」は「販売業者又は役務の提供の事業を営む者」であり、「販売業者」とは、販売を業として営む者をいう。そして、販売を「業として営む」及び役務の提供の「事業を営む」とは、営利の意思を持って反復継続して取引を行うことを指す。営利の意思の有無は客観的に判断される。「販売業者等」に該当するかの判断に際しては、「取引デジタルプラットフォームを利用する消費者の利益の保護に関する法律における「販売業者等」に係るガイドライン」を参照する必要がある。同ガイドラインにおいても、量や金額による画一的な基準を設けることは現実的ではないとして、考慮すべきファクターや典型例が示されるにとどまっているため、実際には個別具体的な検討が必要となる。

5 取引デジタルプラットフォーム提供者に適用される規律

メタバース運営事業者が「取引デジタルプラットフォーム提供者」に該当する場合、以下の役割を果たすことを求められる。

まず、取引デジタルプラットフォームを利用して行われる通信販売取引の適正化及び紛争の解決の促進に資するため、以下の①〜③の措置の実施及びその概要等の開示についての努力義務が定められている。

①　販売業者と消費者との間の円滑な連絡を可能とする措置

②　販売条件等の表示に関し苦情の申出を受けた場合における必要な調査等の実施

③　販売業者に対し必要に応じ身元確認のための情報提供を求める

上記の内容については、2022年5月に公表された「取引デジタルプラットフォームを利用する消費者の利益の保護に関する法律3条3項に基づき取引デジタルプラットフォーム提供者が行う措置に関して、その適切かつ有効な実施に資するために必要な指針」を参照することが求められる。

次に、消費者が損害賠償請求等を行う場合に必要な範囲で販売業者の情報の開示を請求できる権利を行使してきた場合に、適切な手順に従って開示請求に応じた場合は、取引デジタルプラットフォーム事業者は販売業者に対し責任を負わなくてすむ。

また、危険商品等（重要事項（商品の安全性の判断に資する事項等）の表示に著しい虚偽・誤認表示がある商品等）が出品され、かつ、販売業者が特定不能など、特定商取引法をはじめとする個別法の執行が困難な場合であるとして、出品削除等の要請を受けた場合は、削除に応じても、出店者に対する賠償責任を免除される。

6 メタバース運営事業者の留意事項

参加者による取引機能を提供するメタバース運営事業者は、参加者が「販売業者等」に、自身が「取引デジタルプラットフォーム事業者」に、それぞれ該当しないかを確認しておく必要がある。該当する場合は、⑤で紹介した役割を適切に果たせるよう、販売業者等として参加者の管理、苦情を受けての調査や開示請求への対応の手順をあらかじめ準備しておく必要が生じる。

Q39 メタバース運営事業者に適用される規律と留意事項とは？

メタバース運営事業者は、プラットフォーム事業者としての規律のほか、どのような規律が適用されますか。

Point

メタバース運営事業者は、プラットフォーム事業者としての規律を受けるほか、サービス内容によっては、電気通信事業法、プロバイダ責任制限法、各種金融規制の適用その他の規制を受ける可能性がある。

1 メタバース運営事業者に適用される規律

メタバース運営事業者は、現時点では「特定デジタルプラットフォーム提供者」には該当せず、また「取引デジタルプラットフォーム提供者」に該当するかは未知数である。しかし、これらのいずれに該当しない場合でも、メタバース内で提供するサービスの在り方によって、様々な規制を受ける可能性がある。

2 電気通信事業法
(1) メタバース運営事業者は電気通信事業者に該当するか

電気通信事業を営もうとする者は、事前に登録又は届出をしなくてはならない。ここでいう電気通信事業とは「電気通信役務を他人の需要に応ずるために提供すること」をいい、「電気通信役務」とは「電気通信設備を用いて他人の通信を媒介し、その他電気通信設備を他人の通信の用に供すること」をいう。

コミュニケーション機能を有するメタバースの運営事業者が、電気通信事業者に該当するか否かを検討するに際しては、コミュニケーション機能が「他人の通信を媒介」に該当するかがポイントとなることが多いが、その判断は複雑である。たとえばクローズド・チャットは登録又は届出が必

要であるのに対し、オープン・チャットは登録も届出も不要である。このように、サービス名が類似していても法律上の取扱いは全く異なるので、サービスごとに個別に検討する必要がある。

　メタバース上で、特定の参加者がアバターの姿で会議ができる「バーチャル会議室」のようなサービスを提供する場合は「他人の通信を媒介」に該当し、電気通信事業法の登録又は届出が必要となる可能性が高い。

(2)　電気通信事業者として適用される規律

　電気通信事業者に該当する場合、電気通信事業法による様々な規律が適用されることになるが、とりわけ注意が必要なのは、情報の取扱いである。まず、登録又は届出が不要な場合でも、個人情報の取扱いに関しては「電気通信事業における個人情報保護に関するガイドライン」が適用される点は注意すべきである。同ガイドラインは、一般的な「個人情報の保護に関する法律についてのガイドライン（通則編）」よりも厳格な規律を設けており、たとえば、取得の場面では、努力義務ながら「電気通信サービスを提供するため必要な場合に限り、個人情報を取得するよう努めなければならない」と取得が許容される場面を限定しており、特に限定していない一般的なガイドラインとは大きく異なる。もう一つ、2022年6月の電気通信事業法改正により、主にcookie規制を念頭において導入された特定利用者情報の取扱いであるが、こちらは当該規制が適用される電気通信事業者の範囲は、メタバース運営事業者が該当するかを含め、総務省令を待つ必要がある（詳細は**Q20**を参照のこと）。

3　プロバイダ責任制限法

(1)　メタバース運営事業者は特定電気通信役務提供者に該当するか

　メタバース内において、参加者間のコミュニケーションが活発化した結果、誹謗中傷が発生し、あるいは、参加者による他者の著作権や商標権の侵害が発生することが想定され、その場合トラブルの相手方からメタバース運営事業者に対して、削除請求がなされることが想定される。また、削除だけでは解決に至らず、連絡先の開示を求めてくる事態も想定される。このような場面において、メタバース運営事業者は、これらの請求にどのように対応すべきなのだろうか。

　このような事態に対応するために設けられたのが、特定電気通信役務提供者の損害賠償責任の制限及び発信者情報の開示に関する法律（「プロバイダ責任制限法」）である。特定電気通信役務提供者とは、「特定電気通信設備を用いて他人の通信を媒介し、その他特定電気通信設備を他人の通信の用に供する者」を指す。この「特定電気通信設備」とは、「特定電気通信設備（＝不特定の者によって受信されることを目的とする電気通信の送信（公衆によって直接受信されることを目的とする電気通信の送信を除く。））の用に供される電気通信設備」をいう。「不特定の者によって受信されることを目的とする」の限定がかかっているため、ウェブページ、電子掲示板等が該当し、電子メールは該当しない。メタバース内のコミュニケーションは様々な形態がありうるところだが、いずれにしても同様の基準で判断されることになる。

(2)　削除請求

　プロバイダ責任制限法3条1項は、削除請求については、特定電気通信役務提供者による情報の流通により他人の権利が侵害されたときで、その削除を行うことが技術的に可能な場合であっても、①他人の権利が侵害されていることを知っていたとき、又は、②他人の権利が侵害されていることを知ることができたと認めるに足りる相当の理由があるときでなければ、賠償の責めに任じないと規定する。言い換えれば、①②のいずれかを充足する場合は、メタバース運営事業者も、あるいはメタバース内に独自に掲示板等を設置して管理する参加者（法人・個人を問わない）も、削除請求に応じないことで、賠償責任を負う可能性が出てくる。

　一方で、同法3条2項は、特定電気通信役務提供者は、その削除を行った場合において、発信者に生じた損害については、必要な限度において行われたものである場合であって、①他人の権利が侵害されていると信じるに足る相当の理由があった場合、又は、②削除の申出があったことを発信者に連絡して7日以内に反論がない場合には、賠償の責めに任じないと規定する。これらの要件の詳細な解釈は、プロバイダ責任制限法ガイドライン等検討協議会の策定する各ガイドラインで示されており、実務ではそれらのガイドラインを参照して、対応することになる。

（3）開示請求

　一般的にメタバース運営事業者は、参加者の連絡先情報を保有していることが多く、参加者とトラブルになった相手方から連絡先の開示を求められる事態が想定される。連絡先情報を保有していなくとも、インターネットサービスプロバイダーへの契約者情報の開示の前段として、IPアドレスの開示を求められる可能性がある。

　2022年10月より施行された改正プロバイダ責任制限法5条は、権利侵害情報が匿名で書き込まれた際、被害者（権利を侵害されたと主張する者）は、被害回復のために、当該匿名の加害者（発信者）を特定して損害賠償請求を行うための前提として、その加害者を特定するための情報の開示を請求することができるとされている。具体的には、特定発信者情報（ログイン時の情報）を除く情報については、①侵害情報の流通によって、請求者の権利が侵害されたことが明らかであること、かつ、②損害賠償請求の行使その他開示を受けるべき正当な理由があることという要件が揃えば、そして、特定発信者情報（ログイン時の情報）については、上記①及び②に加えて、(i)プロバイダが特定発信者情報しか保有していない場合、(ii)プロバイダが保有する特定発信者情報以外の情報が限定的である場合、又は(iii)特定発信者情報の開示がないと発信者特定に必要である場合のいずれかの事情があれば、被害者は、プロバイダに対し、当該匿名の加害者（発信者）の特定に資する情報（発信者情報）の開示を請求することができる、と定められており、要件が大幅に緩和されている。

(4) メタバース運営事業者の留意事項

　実務では、メタバース運営事業者は、参加者とのトラブルを回避するためにも、当該メタバース全体に適用される利用規約及びFAQにおいて、トラブルを招きかねない情報の発信を禁止するのみならず、違反した参加者への制裁措置（開示を含む）を実行できる環境を整えておく必要がある。従前より、モデル条項やガイドラインが公表されており、実務での標準的な取扱いとして、参照すべきである。

4　ショッピングモールのサービスを展開する場合

　メタバース内でショッピングモールのサービスを展開する場合、モール

内での取引については、参加者である出店者が責任を負うものであり、メタバース運営事業者が責任を問われないのが原則である。もっとも、以下で検討するいくつかの場面についてはメタバース運営事業者の責任が問われる可能性がある。

(1) メタバース運営事業者が売主であるかのような外観を有する場合（名板貸し）

　いわゆる名板貸しの法理（商法14条、会社法9条の類推適用）は、メタバース内のショッピングモールでも該当すると考えられる。具体的には、(i)店舗による営業をメタバース運営事業者自身による営業とモール利用者が誤って判断するのもやむを得ない外観が存在し（外観の存在）、(ⅱ)その外観が存在することについてメタバース運営事業者に責任があり（帰責事由）、(ⅲ)モール利用者が重大な過失なしに営業主を誤って判断して取引をした（相手方の善意無重過失）場合、メタバース運営事業者の責任が問われる可能性が生じる。

　実際に責任の有無が争われる場合は、「モールの外観、モール運営者の運営形態のみならず、外観作出の帰責性の有無の判断要素として店舗の営業への関与の程度（例えば売上代金の回収の態様、明示若しくは黙示の商号使用の許諾等）等をも総合的に勘案して判断される」と実務では考えられている。[1] メタバース運営事業者としては、商品説明画面や申込画面などの画面構成に配慮するほか、利用規約において、参加者である出店者に対して、紛らわしい外観を禁止するなどの対応を求めることが考えられる。

(2) 重大な製品事故の発生が多数確認されている商品の販売が店舗でなされていることをメタバース運営事業者が知りつつ、合理的期間を超えて放置した結果、当該店舗から当該商品を購入したモール利用者に同種の製品事故による損害が発生した場合のような特段の事情がある場合

　この場合、「不法行為責任又はモール利用者に対する注意義務違反（モール利用契約に付随する義務違反）に基づく責任を問われる可能性」が指摘されている。[2]

5 金融規制

メタバース運営事業者が参加者向けに決済機能を提供する場合は、資金決済法の前払式支払手段の発行者としての規制その他の金融規制が適用されないかを検討すべきである。また、参加者が各種金融サービスを提供する場合は、プラットフォームとしてのメタバース運営事業者に関連して何らかの規律が適用される可能性を検討すべきである（詳細は**Q25**、**Q29**を参照のこと）。

6 業法等による規制

その他、メタバース内の参加者に適用される規制（医師法、古物営業法、特定商取引法）について、これらの規制に違反した参加者をメタバース運営事業者がサポートしていることを理由として、メタバース運営事業者に何らかの制裁が発生する可能性については明らかでないが、リスクとしては検討しておくべきである。何らかのリスクが認められる場合は、利用規約において禁止行為として列挙しておく、サービス開始後も、ダークバースでひそかにサービスが展開されたりしないよう、定期的なチェックを行うことが考えられる。

---

1) 経済産業省「電子商取引及び情報財取引等に関する準則」（2022年4月改訂）1-6。
2) 経済産業省・前掲注1）参照。

Q40　メタバース内に参加者として出店する際に留意すべき事項とは？

　メタバース参加者として新たにメタバース内に出店する場合、事業者が留意すべき事項を教えてください。

Point

　メタバース内に出店する場合は、「不動産」や「アイテム」の権利内容・処分の可否、現実世界の規制の適用の有無等々、現実世界で出店する場合と様々な差異がある。

1　メタバースの選択

　メタバース内に出店する場合、まずメタバースの選択が問題となる。自社がメタバース内で行いたいサービスが明確になっていれば、当該サービスを提供できる機能を備えたメタバースを調査し、その中から選択することになる。そこでは、コミュニケーション機能、経済取引機能それぞれに特化した、あるいは双方に強いメタバースを探っていくことになる。

　問題は自社が行いたいサービスが明確になっておらず、とりあえず他社に先駆けてメタバースを開始したい、そこで集客イベントを行って知名度を上げたい、と上司から言われた場合である。この場合は、メタバースの日本国内における知名度や世間でのイメージ、メタバースの参加者人口（登録者数、日々の訪問者数）、公的機関や競合会社の利用動向、初期投資費用・利用料金、集客力、イベント開催時の参加可能なアバターの人数制限、アバターやアイテムの制作における外部ツールの利用の可否・難易度、利用終了時のアバターやアイテムの持出しの可否・難易度、顧客情報を含む情報の保護、知的財産権をめぐるルールほか、セキュリティなど技術的な要素、さらにはサービスの継続可能性に影響し得る運営事業者の財務の健全性まで踏まえた検討を行うことになる。

2 「不動産」の検討段階

　出店するメタバースを決定すると、次は、現実世界と同じく、メタバース内のどの区域・場所に出店するかを検討することになる。その際、当該エリアの雰囲気や近隣の出店者としてどのような参加者がいるのかをチェックする必要があるのは、現実世界と同様である。他方で「不動産」を「購入」あるいは「賃借」して得られる権利内容は大きく異なるし、相場の振れ幅がかなり大きい点も現実世界と比べると大きな違いといえる。つまり、現実世界の不動産のように所有権や賃借権、あるいは定期借地権といった法律上がっちりと保護された権利を得られるものではない。ハッキングされて技術的に復旧不可になることもあれば、メタバースの運営がうまくいかず、サービスの停止あるいはメタバース運営事業者が倒産に追い込まれる事態もありうる。この場合、現実世界の不動産と異なり、手元に「不動産」が残ることはないので、場合によっては、初期投資が回収できないまま終了する可能性もある。また、「不動産」付近の広告のコントロールの在り方も、現実世界と異なる可能性があり、場合によっては、運営事業者が、「不動産」を保有する参加者のリクエストを受け付けるサービスも考えられるので、検討しておくべきである（詳細は**Q32**参照）。

3 アバターやアイテムの制作と権利関係

　一部のメタバースでは、アバターやアイテムの制作において、外部ツールの利用を許容している。これにより、使い慣れているツールで制作することができ、よりクォリティの高いアバターやアイテムを利用することができる。また、権利関係についても、メタバース外部で制作する場合は、参加者側が権利を有することが明らかであるから、サービス終了後の別のメタバースでの利用のための権利関係の整理も比較的容易であると考えられる。

　他方、とりわけアバターについて、メタバース内の制作ツールを利用するしか選択の余地がないメタバースもある。この場合の権利が、実際に制作した参加者とツールの提供者である運営事業者のいずれに与えられるかは、利用規約における定めのみならず、制作ツールの内容も影響してくると思われる。そしてこれらの権利関係は、サービス終了後の外部での利用の可否にも影響してくるので、その確認は不可欠である。

　また、外部のクリエイターに制作を依頼する場合、将来の利用の妨げになる事象が生じないよう、権利をもれなく確保しておくことが重要である。もっとも、クリエイター側としては、ゼロスクラッチではなく、たとえば、あらかじめ用意しておいた土台を、発注を受けて加工し制作したという場合、発注者である企業に帰属する権利は限定したいと考えるのはもっともな話であり、その場合は、将来の利用に悪影響が生じないよう、対価とのバランスを勘案しつつ、外部クリエイターから必要な許諾を受けておく等の対応が考えられる（その他の論点を含め、詳細は**Q16**を参照のこと。外部クリエイター側からの視点として、コラム「クリエイターが企業と契約する際の留意事項」参照）。

4　メタバース内のビジネスに適用される規制

　メタバースでは、現実世界のビジネスをアバターを通して再現することができ、あたかも現実世界のように、アバター間でサービスの提供を受け、対価を支払うことがシステム上可能であることから、どうしても現実世界の規制がメタバースにおいても適用されるのではないかという懸念が出てくるのは避けがたいところである。

　単に知名度向上のための集客を考えている場合でも、たとえば金融機関であれば、業法上の規制の適用の有無を検討する必要がある。あるいは、実際に何らかのビジネス展開を考えている場合は、メタバース上でそれらを展開する場合に、何らかの規制が適用されないかを確認する必要がある。規制が適用されるのであれば、遵守に必要な手続き（登録や届出の要否を含む）あるいはビジネスの展開が現実的なのかを検討することになる。

　電気通信事業法に関して言えば、一定の区画を会議室仕様にアレンジして、アバター向けのオンライン会議室のサービスを提供する場合は、クローズト・チャットに近いサービスとなる可能性があり、この場合は電気通信事業者として登録又は届出が必要になる可能性がある。あるいは、商品あるいは役務の通信販売を行う場合は、特定商取引法が適用されることとなり、広告表示や販売申込の最終画面で一定事項の表示を行うなどの対応が必要になる。

　また、金融機関については検討すべき規制が多岐にわたるため、メタバースへの進出予定時期よりもかなり前倒しの検討開始が必要になるだろ

う。

5　メタバース内で生成されるアイテムの権利関係

　メタバース内で生成されるアイテムは知的財産権によって保護される可能性があるが、その場合の権利関係は要注意である。利用規約や利用ガイドにて定めている場合もあれば、網羅的に定め切れておらず、実際にトラブルが発生した場合、書面上の曖昧な取扱いがさらなるトラブルの拡大を招くこともありうる。また、権利関係の帰属がいずれかの当事者と定められている場合でも、無償で半永久的に相手方当事者が利用できる権限を有する、あるいは、相手方に対して、目的を限定せずに、無償での利用を許諾することが定められている可能性もあるので、利用規約や契約について慎重な検討が不可欠である。

6　メタバースからの出口戦略

　出店していたメタバースのサービスが終了、あるいは利用料金が費用対効果で見合わなくなった場合、他のメタバースへの切替えを検討することになる。この場合、これまでメタバース内で慣れ親しまれた「不動産」やアバターを、できるだけそのまま移転して、移転先のメタバースでも継続して利用したいと考えるのは自然なことだろう。ここでクリアすべきハードルとしては、技術的制約、システム上の制約、そして権利関係の制限がある。自身に権利が確保できていれば、権利関係が支障になる可能性は低いが、利用規約上、移転を制限する条項がないかを確認する必要がある。自身に権利が確保できていない場合で、使用許諾を受けるにとどまっている場合は、使用許諾の範囲の確認が必要である。もっとも、外部メタバースへの移転後の利用についてまで許諾を受けている可能性は低く、メタバース運営事業者との交渉が必要になるだろう。

Q41　メタバースの利用規約作成のポイントとは？

　メタバース利用規約を作成するに際して、メタバース運営事業者が留意すべき事項を教えてください。

Point

　メタバースの利用規約作成のポイントは、メタバースの機能ごとに異なる部分と、どのようなメタバースのサービスでも共通して必要な事項が存在するため、実務ではサービス内容を踏まえた検討が必要となる。

1　共通して必要な事項

　どのようなメタバースのサービスでも共通して必要な事項は、従前の一般的なオンラインサービスの利用規約にも含まれている事項と考えるとわかりやすい。たとえば、以下のような項目である。

・サービス内容
・（有償の場合）料金
・プラットフォームとしてのメタバースの知的財産その他の権利の帰属
・禁止事項と違反時のサンクション（アカウント停止等）
・サービスの停止
・サービス終了時の手続き
・契約終了時の手続き
・損害賠償責任
・免責または責任制限
・準拠法、裁判管轄

（1）免責又は責任制限

　多くのオンラインサービスの利用規約では、多くの対消費者向けのサービスと同様に、サービス運営事業者の参加者に対する損害賠償責任を免責

又は一定程度に限定する条項を設けている。このような事業者の消費者に対する責任を免責又は限定することは、消費者契約法8条に抵触して無効とされる恐れがある。消費者契約法8条は事業者の債務不履行により消費者に生じた損害を賠償する責任の全部を免除する条項や、消費者契約における事業者の債務の履行に際してされた当該事業者の不法行為により消費者に生じた損害を賠償する責任の全部を免除する条項、事業者の故意・重過失による損害賠償責任の一部を免除する条項を無効としており、過去実際に消費者向けサービスの免責・責任制限条項について、裁判所で無効と判断されたケースも出ている。[1)]

このため、メタバースの利用規約の作成においても、免責又は責任制限の条項が無効と判断されることがないよう、適切な文言を置くことが必要となる。

(2) 準拠法

準拠法については、当事者間で合意があればそれに従うのが原則だが、一方の当事者が消費者である場合には、消費者側は常居所地の特定の強行法規の適用を主張することができる（法の適用に関する通則法（以下「通則法」という）11条1項）。合意がない場合は、「最も密接な関係のある地の法」が適用される（通則法8条1項）。たとえば一方の当事者が消費者である場合は、消費者の常居所地法が適用されるため、仮に利用規約で準拠法を日本と定めていても、海外からの参加者である消費者から自国の法律を準拠法とすることを主張された場合、それを受け入れざるを得ない場面が出てくる可能性がある。

もっとも、通則法では、あまりに事業者の不利にならないように、一定の除外事由も定められている（通則法11条2項、6項）。

メタバースでは国境がないことから、特に多様な言語が受け入れられているメタバースについては、参加者の国籍も多岐にわたることが予想される。とりわけ参加者がアバターをかぶっている場合は、他の参加者から見て、目の前のアバターがどこからきているか判断が難しい場面も多くなるだろう。このような場面は、上記の消費者契約の除外事由の一つである「事業者が消費者の常居所地を知らず、かつ、知らないことについて相当の理由があるとき」に該当すると整理できないかも検討すべきである。

　また、メタバースでは、プライバシー侵害等に関連して、被害者である参加者からメタバース運営事業者に対して不法行為責任を主張する場面も想定され、ここでも準拠法が問題となり得る。これらは利用規約で対処することはできず、通則法では、不法行為によって生じる債権の成立及び効力は、原則として、加害行為が発生した地の法により、例外的に、その地における結果の発生が通常予見することができないものである場合は、加害行為が行われた地の法によると定めている。なお、特則として、他人の名誉又は信用を毀損する不法行為については、結果発生地の特定が困難である場合が多いことから、被害者の常居所地法と定められている（通則法19条）。

(3) 裁判管轄

　管轄については、当事者間に仲裁合意又は裁判管轄の合意をしておけばそれに従うのが原則だが、一方の当事者が消費者である場合には、仲裁合意を解除でき、裁判管轄の合意は無効となるため、消費者を相手方とする取引は要注意である。合意がない場合に、日本の裁判所に管轄が認められる場合は、民事訴訟法に細かく定められている（民事訴訟法3条の2～3条の4）。

　海外からの参加者については国際裁判管轄が問題となるところ、こちらも当事者間で書面による合意があれば当該合意に従うことになる（民事訴訟法3条の7第1項、第2項）。もっとも、海外からの参加者が個人であって、問題となる契約が消費者契約に該当する場合は、消費者に有利な特則が適用されるので注意が必要である。将来において生じる消費者契約に関する紛争を対象とする国際裁判管轄の合意は、別途の合意の援用がない限り、契約締結時において消費者が住所を有していた国の裁判所以外にすることはできない（同条第5項）。

2　メタバースの機能に応じて必要となる条項
(1) メタバース内のコンテンツの知的財産その他の権利の帰属

　クリエイト機能を有するメタバースにおいて必須の条項である。

　Q18において仮想世界のアイテムの権利帰属をめぐってのサービス運営事業者とユーザの対立の歴史を紹介したように、仮想世界で生成された

アイテムの知的財産権その他の権利の帰属の取扱いは、参加者にとって最も関心が高いところである。過去、この点について、サービス運営事業者側に過度に有利な内容を定めようとして、炎上した事例はいとまがない。このため、仮想世界で生成されたアイテムの権利帰属について、適切なバランスをもって利用規約で定めておくことが重要である。とりわけ多くのメタバースではUGC（ユーザージェネレイテッドコンテンツ）の重要性が高まっており、慎重な対応が求められるところである。

　この適切なバランスというのは、時代の趨勢によって変わりうるところであるが、オンライン動画投稿サービスやソーシャルメディアサービスに限って言えば、現時点では、おおむね、参加者に権利帰属させ、参加者からサービスに運営事業者に対して無償で半永久的に相手方当事者が利用できる権限を有する、あるいは、相手方に対して、目的を限定せずに、無償での利用を許諾することを定めるあたりかと思われる。メタバースでも同様のバランス感覚が妥当する場合も多いかと思われるが、気を付けなければならないのはメタバースによってはサービス外へのコンテンツの持ち出しを予定しているものがあり、その場合に、このバランスが妥当するのかは再度検討が必要になるという点である。

　メタバースのサービス終了時、あるいは参加者が他のメタバースに移動する場合のUGCの取扱いも明確にしておくことが望ましい。利用規約上、移転を制限するのか否かを明確にするとともに、終了・移動後も、参加者が上記の無償許諾を続ける必要があるのかについても、明確にしておくべきだろう。

　また、UGCによる権利侵害が生じないよう、他者の権利を害するようなUGCの制作を明確に禁止するとともに、他者の権利侵害が発生した場合のメタバース運営事業者の損害・損失について、当該UGCに関与した参加者の責任及びペナルティについても、利用規約上、明確なルールを設けておくのが望ましい。さらに、利用規約を離れるが、メタバース運営事業者としての責任を避ける観点からは、権利侵害の通報窓口を設けておき、通報があれば、事実確認を含め、速やかに対処できる体制を整えておくことも重要になってくる。また、そもそも権利侵害が発生しないように、参加者に対する日頃の啓蒙活動もポイントになってくるだろう。

(2) 禁止事項及びサンクションの拡充

　コミュニケーション機能を有するメタバースでは、参加者間のトラブル発生をできる限り抑え込むこと、トラブルが発生してしまった場合は、効果的かつ迅速な対応をとることが求められる。このため、一般的なメタバースの禁止事項及びサンクションの定めだけでは、十分な対応が難しい場合も出てくる。

　たとえば、エモート機能が充実しているサービスであれば、エモート機能を効果的に使えば理想的なコミュニケーションが図れる一方で、悪用する参加者がいた場合、通常では考えにくいトラブルが発生する可能性が生じる。このため、利用規約においては、このようなトラブルを事前に広く想定し、禁止事項として定めておくことが求められる。もちろん、実務上は、利用規約による制限だけでなく、技術的な制限や、参加者への啓蒙も重要である。また、サンクションについても、サービスの使用によっては、単なるアカウントの停止のみならず、特定の他の参加者への接近禁止措置など、より効果的なサンクションも考えられる。これらの措置も含めて可能となるよう、利用規約の文言を工夫しておくことが考えられる。

(3) 海外からの参加者を想定している場合

　Q21でも述べたように、海外からの参加者について消費者保護分野を中心に海外のルールが適用される可能性がある。その結果として、事業者の責任の制限や利用料金の返金等の条項について無効と判断される可能性もある。そのような事態に備えて、利用規約の一部の無効が、規約全体が無効になるものではない旨を予めうたっておくことも考えられる。

---

1)　さいたま地決令和2年2月5日判例時報2458号84頁、東京高決令和2年11月5日（令和2年（ネ）第1093号）。

II

XR編

II - 1　XR 入門

Q42　XR とは何か？

　XR のイメージがつかめません。VR や AR の総称とのことですが、他に何がありますか。また xR という記載も目にしますが、XR とは違うものでしょうか。

Point

　XR とは、現実世界に影響しない「VR」、現実世界をベースとする「AR」、現実世界への影響を有する「MR」、現実世界の代替である「SR」といった、現実にはないものを知覚できる技術の総称であり、総称であることを強調するために xR と表記する場合がある。

1　XR とは

　XR とは、「Extended Reality（エクステンデッド・リアリティ）」又は「Cross Reality（クロス・リアリティ）」の略語で、現実世界と仮想世界を融合することで、現実にはないものを知覚できる技術の総称である。そのため、「VR（仮想現実）」「AR（拡張現実）」「MR（複合現実）」「SR（代替現実）」といった仮想世界と現実を融合させる画像処理を中心とする各技術はいずれも XR（xR）に含まれる。

　「XR」という概念が登場したのは、「VR」「AR」等よりも後発である。XR という概念が必要とされた背景として、VR や AR などを複合した技術が登場していることが挙げられる。たとえば、VR ゴーグルを使った VR のゲームに、AR のコンテンツを組み合わせた場合、それが VR なのか AR なのか、境界線を引くのは難しい。無理にいずれかに区別せず、XR という総称する概念を持ち出すことで無駄な言葉遊びを回避したともいえる。

2　VR とは

　VR は 1989 年に VPL Research の創始者である Jaron Lanier 氏によっ
て提唱された、「Virtual Reality（バーチャル・リアリティ）」の略語で、コ
ンピュータグラフィックスで作られた世界や 360 度動画等の実写映像を
「あたかもその場所に居るかのような没入感」で味わうことができる技術
を指し、「仮想現実」と訳されることが多い。

　VR ゴーグルと呼ばれる専用のヘッドマウントディスプレイ及びコント
ローラーを装着して鑑賞するものが典型的だが、VR 体験を多人数で共有
しようとすると、その数だけ VR ゴーグルが必要になるという弱点がある。
この弱点を解消する技術として、プロジェクション VR と呼ばれる平面の
スクリーンを使用する技術や VR コンテンツ展示用のドーム型ディスプレ
イも登場している。

　VR ではいかに手軽かつ巧妙に人間の五感を支配できるかがポイントで
あり、現在も技術開発が日進月歩で進められている。視聴覚をカバーする
VR ゴーグルについては、1968 年に MIT で開発された The Sword of
Damacles がその原型とされるが、これは天井からつるされた巨大な装置
を頭にかぶるスタイルであった。日本国内ではセガのアーケードゲーム機
VR- 1 で使用されたメガバイザー（1994 年）、商業的には成功しなかった
ものの今も伝説のマシンとして語り継がれる任天堂のバーチャルボーイ
（1995 年）が登場した。その後、コンシューマー向け VR デバイスの開発
は停滞期に陥ったが、2012 年の Oculus Rift の登場、2014 年の旧
Facebook 社（現在の Meta 社）による Oculus 社の買収から再び活発になり、
立て続けに新型デバイスが発表された 2016 年から 2017 年までの時期は
VR 元年とも呼ばれたが、業界の期待ほど VR デバイスは一般の消費者に
は普及しないままだった。その後、2020 年のコロナショックによる環境
変化とコストダウンを図った Oculus Quest2（現在の Meta Quest2）の登場
で、VR デバイスの利用者層は一気に拡大し、現在も、デバイスの軽量
化・視野角の改善・没入感の向上を目指し、続々と新製品が登場している[1]。

　触覚については、1977 年に発表された手袋型の The Sayle Gloves が、
手指の動きをデジタル信号化する画期的デバイスとして知られる[2]。直近で
は、コントローラーで振動を知覚させるデバイスが身近だが、現在も、立
体的な「もの」の手触りを感じるグローブ型の触覚デバイスの開発が進め

られている。

　視聴覚・触覚に加えて、嗅覚・味覚に働きかける技術・デバイスも登場している。嗅覚では VR ゴーグルに取り付け、コンテンツに同期しカートリッジの香料を射出するデバイスが製品化されているが、さらに、数十種類の香りのもと（要素臭）を調合し、任意の匂いを瞬時に発生させる「嗅覚ディスプレイ」[3] が登場している。味覚は、性質上、拡張現実的なアプローチがとられることが多いが、基本五味を感じさせる電解質で作られた 5 つのゲルを舌に触れさせ、電気を通して味を再現させる技術[4]や、箸など舌に触れる食器で味を感じさせる技術が注目されている。

3　AR とは

　AR は 1990 年に航空機技術者 Tom Caudell 氏によって提唱された、「Augmented Reality」の略語で、現実を仮想的に拡張する技術を指し、「拡張現実」と訳されることが多い。現実世界の情報にバーチャルな視覚情報を加えて現実世界を拡張するもので、VR とは異なり、ヘッドマウントディスプレイの装着は必要とされないのが一般的である。スマホやヘッドマウントディスプレイを介して現実世界を見たときに、仮想の存在であるデータや画像を表示することで、現実世界をベースとしてバーチャル寄りに「拡張」された世界を見ることができる。

　1992 年に登場したアメリカ空軍が、航空機の操作能力向上を目的として、世界初の操作可能な AR システム「Virtual Fixtures」を開発した。同システムは、現在の AR が有する基本的機能をほぼ備えていたことから、「the first fully immersive Augmented Reality system」とも呼称される。1998 年にはアメリカンフットボールのテレビ中継において、中継画面上で、現実には存在しないフィールドのラインを引いてみせることで、視聴者のプレー状況に対する理解をサポートする技術が登場し、多くの人に、AR 技術の有効性を実感させた。2000 年台に入り、スマートフォンを始めとする携帯端末の性能の向上に比例するように、AR は一般に普及し始め、航空機の整備マニュアルなどの業務分野のみならず、広告分野など様々な分野での利用がされるようになった。2010 年代には Niantic 社によるポケモン GO がリリースされ、世界的に AR はさらに身近な技術に、近年は地図アプリや翻訳アプリとの連動など、生活の一部となりつつある。

4　MR とは

　MR とは「Mixed Reality」の略語であり、現実世界と仮想世界をミックスさせる考え方、技術の総称であり、「複合現実」と訳されることが多い。現実世界と仮想世界が相互に干渉、影響しあうことをベースとすることから、VR や AR の進化版と説明される場合もある。

　現実世界と仮想世界を混在させるという意味では、AR と類似するが、AR が現実世界の比率が高く、仮想的なオブジェクトはあくまでも「追加」された存在にとどまるのに対して、MR は「現実世界と仮想世界の両方を取得し、重ね合わせる」ため、デジタル情報に直接触れて操作することができる点が特徴的である。MR は、建築分野での実用化が進んでいる。

　・進行中の建築現場（現実）と製品サンプルの 3D データ（仮想）を重ねて表示し、それをもとに作業工程を決定する

　・現地で作成した図面（現実）と、図面から作成した 3D モデルデータ（仮想）を重ね合わせ、設計を確認する

5　SR とは

　SR は「Substitutional Reality」の略語で、現実の世界と過去の映像を混同させて、本来実在しない人物や事象が実時間・実空間に存在しているかの如く錯覚させるシステムをいい、「代替現実」と訳されることが多い。

6　各技術相互の関係

　すべて CG による映像を使用しているものが VR、現実世界の映像にデータや映像、CG をオーバーレイしたものが AR、重ねられた映像や CG と現実世界に物理的な相互作用を作り出したものが MR と、現実世界と仮想世界の融合度合いによって分類され、それぞれの表現に使われるデバイスも異なる。MR を AR、VR の上位概念とする考え方もある。

1)　株式会社往来『未来ビジネス図解　仮想空間と VR』（MdN、2021 年）28 頁〜33 頁。
2)　株式会社往来・前掲注 1) 29 頁。
3)　東京工業大学リリース（https://www.titech.ac.jp/news/2022/063555）。
4)　明治大学ウェブサイト（https://www.meiji.ac.jp/koho/press/6t5h7p0000342664.html）。

Q43 XR がなぜ注目されているのか？

ここ数年で XR をキーワードとする色々なメディア記事やテレビ番組を目にしますが、なぜ今注目されているのでしょうか。

Point

XR が注目されている理由としては、①技術の進歩による現実世界と仮想世界のギャップの縮小、② 5G に代表される新たな通信規格の普及、③端末の発達・普及、④利用場面の拡大、⑤モノ消費からコト消費、さらにトキ消費への社会の消費スタイルの変遷が指摘されている。

1 現実世界と仮想世界のギャップの縮小

ここ数年の CG モデルの制作技術や VR ゴーグルのディスプレイの解像度・視野角、ドーム型の VR 装置の音響性能等の向上により、より現実世界に近づいた仮想世界を体感することが可能になりつつある。以前の仮想世界は、映像の解像度の低さや視野角の狭さ、立体感の乏しい音響システムなど粗が目立つことも多く、現実世界と仮想世界のギャップの大きさを否定できなかったところ、急速な技術発展により、このギャップが急速に縮小されつつある。VR のみならず、AR でも、あたかも目の前の現実世界に、仮想世界の登場人物やアイテムが違和感なく存在を感じさせることができる状況がうまれつつある。このように、現実世界とのギャップが縮小されることで、VR や AR を含む XR が違和感なく受け入れられ、XR の注目度が高まっている。

2 新たな通信規格の普及

携帯電話をはじめとする移動通信システムは、近年でも 3G、4G、5G とアップデートが行われ、音声通話であれば音声の改善が、データ通信であればより速く、より大容量のデータを取り扱えるよう進化してきた。と

りわけ、各国で導入が進みつつある第五世代移動通信システム（5G）は、生活基盤を超えた社会基盤へと進化すると見込まれている。5G の主な特徴である、高速大容量、多数同時接続、超低遅延技術は、これまで主要とされていた 4G と比べると、遅延・速度・容量・汎用性の面で大きく進化しており、コロナ禍で急速に需要の高まったビデオ会議や仮想世界など、ビデオテクノロジーの増加にも対応している。このように、5G の普及により、VR（仮想世界）をはじめとする XR の普及の土台が整えられてきている。

さらに、その次の世代である Beyond 5G（いわゆる 6G）は、仮想世界を含むいわゆるサイバー空間を現実世界と一体化させることが期待されている。このような一体化に伴い、サイバー空間と現実世界との間での情報のやりとりが飛躍的に増大することが見込まれることから、Beyond 5G は、Society 5.0 のバックボーンとして中核的な機能を担い、XR の進化を促すことが期待されている。

3　端末の発達と普及

XR のうち VR 端末を代表するヘッドマウントディスプレイは、従前は、大型でずっしりとした重量で、電源の限界もあり、物理的な制約が大きかった。現在でも、その重量がたびたび問題になり、長時間継続して装着することは推奨されてはいないものの、サイズダウン・軽量化を果たしたことで、持ち運びも容易になっている。これにより、VR が趣味だけれど自宅が狭くて貸しスペースを使わざるを得ない個人が気軽に外に端末を持ち出すほか、企業も、イベント会場に大量に持ち込めるようになるなど、VR 端末利用のハードルは大きく下がっている。また、従前は、VR 端末の価格も高く、技術に詳しくない者にはそもそも操作が困難であったところ、技術の発達を反映した低価格化や技術に詳しくない者でも手軽に取り扱えるようなソフトウェアの向上・ハードウェアの改善が進んだことにより、誰でも手軽に端末を入手し、使いこなせる時代が到来している。これにより、専門の業者の手を借りずとも、一般の事業者がそのビジネスに端末を利用することが現実的になっており、XR は日常生活・ビジネスに身近なものとなっている。

4　利用場面の拡大

　XR が日常生活・ビジネスに身近なものになったことで、XR の利用場面は拡大しつつある。VR ではたとえばテレイグジステンス技術、すなわちオペレーターが実在する場所とは異なる場所に、あたかも存在しているかのように、遠隔操作でロボットなどの対象物を操作することができる技術は、コロナ禍で、店員と顧客の接触を最小限にしたい小売店によって、実際に活用されるようになっており、メディアでも大きく取り上げられた。また、筋萎縮性側索硬化症（ALS）や脊髄損傷などの重度障害や海外在住など、自分の身体を現場に運び働くことが困難な人が、分身となるロボットを遠隔操作し、接客を行うロボットカフェも誕生している。AR といえば、ポケモン Go はスマートフォンアプリであり、スマートフォンによる利用というイメージが強かったところ、近時は眼鏡型のウェアラブル端末が複数のメーカーから登場しており、これまでにない利用の在り方の登場と、それに伴うさらなる利用場面の拡大が期待されている。

5　「モノ消費」から「コト消費」、さらにその先の時代へ

　近年、人々の消費スタイルの変遷として、物を買う「モノ消費」から、体験を買う「コト消費」への変化が指摘されている。たとえば「有名なブランドショップで高額なブランド家具を購入する」ことよりも、「家具づくりのキットを購入し、子どもと一緒に自宅で作る」ことを重視するなどである。「モノ」から「コト」へ消費が変化した背景として、「国内消費」と「インバウンド消費」が指摘されてきた。

　他方で、ソーシャルメディアによる情報発信による自己実現が一般化したこともあり、物の本来の用途に使用することよりも、いわゆる「物撮り」と呼ばれる、写真を撮ってソーシャルメディアで公開することを目的として、商品の選別・購入行為をする消費スタイルが普及している。このように、特に若者の間では、ソーシャルメディアに投稿することで消費が完結するというような消費行動がより一般的となってきている。その投稿を読むことで、他のユーザーは、あたかも自身もその消費を行ったように感じる「疑似体験」が可能となる。このため、単に「モノ」を購入して公開するのでは、他の消費者の消費結果と同じような再現性の高い消費結果しか生まれず、二番煎じに終わってしまう。これを避けるために、イベン

トやコンサートなど「その日」「その時間」「その場所」でしか体験できな
い事柄に参加する消費行動（「トキ」消費）が求められるようになった。コ
ロナ禍では、「トキ」消費の典型的な機会であるコンサートやスポーツイ
ベントが数多く中止に追い込まれたことで、「トキ」消費の機会が大きく
減少することとなり、その穴を埋めるように、VR や AR 技術を用いたオ
ンラインのライブやイベントが多数開催されるようになった。とりわけ、
VR で開催される演劇や音楽ライブに、演者にしろ、観客にしろ、消費者
がアバターの姿で参加することは、まさにこの「トキ」消費の典型例とし
て機能していたといえる。このように「トキ」消費の消費欲の解消手段と
して、XR が注目されたことも各所で指摘されている。

Q44　今日に至るまでの XR

XR という言葉自体は最近聞くようになったと思うのですが、VR や AR も含めた歴史を教えてください。

Point

XR は最近登場した概念であるが、XR を構成する VR や AR は長い歴史を背負っており、XR にもこれらの歴史が引き継がれている。

1　XR が登場した経緯

「XR」という概念が登場した背景として、VR や AR などを複合した技術が登場しているところ、無理にいずれかに区別せず、これらを総称する上位概念が求められていたことが指摘されている。このため、XR という概念が登場したのは直近であるが、XR を構成する VR や AR は意外と長い歴史を背負っているので、以下ではこれを見ていく。

2　VR の歴史

(1) VR 創成紀から第一次 VR ブームまで

XR の中で最も古い歴史を持つのが VR（Virtual Reality（仮想現実））である。Q42で述べたとおり、VR という言葉が世界で初めて登場したのは 1989 年のことで、VPL Research の創業者である Jaron Lanier 氏が提唱したとされているが、VR 端末でも主流を占めるヘッドマウントディスプレイ型端末の概念が登場したのは、1936 年刊行の SF 雑誌のショートストーリーとされている。約 30 年後、ヘッドマウントディスプレイ型で現実に稼働する VR 端末が登場した（ダモクレスの剣（The Sword of Damacles））。

現在普及している VR ゴーグルのもう一つの主要な要素である、両手のコントローラーを通じて VR 空間内のアイテムを握ったりして操作する機

能の原型と評価できるのが、1990 年に NASA と VPL Research が共同で発表した The Virtual Interface Environment Workstation（VIEW）と名付けられた、VR 空間とそれを操作する装置のアイディアである。ここでは Data Glove によって VR 空間に干渉することが想定されているが、手袋型のデバイス自体は、それより以前の 1977 年に発表された The Sayre Gloves が初出とされている。

　その後、**Q42** で紹介したように、VR は、日本のゲーム会社を中心に、1990 〜 2000 年代にかけて、一般消費者向けのゲーム機の新技術として発展したものの、関連技術の研究、製品開発は徐々に下火となっていった。ここまでが「第一次 VR ブーム」とされることが多い。その後、2012 年の Oculus Rift の登場まで、ヘッドマウントディスプレイ型のコンシューマー向け VR デバイスは停滞期に入ることとなった。[1]

　もちろん、VR 端末は、ヘッドマウントディスプレイ型ばかりではない。その最初期のシステムとされるのが、1950 年代に登場したセンソラマ（Sensorama）である。センソラマは、機械式のデバイスで、フルカラーの 3 次元映像（ステレオ映像）ディスプレイ、風を感じさせるためのファン、香りの噴出装置、ステレオ式サウンドシステム、そして動作式の椅子から構成されており、たとえばバスの後ろを走るシーンでは、排気ガスの臭いと風を感じさせ、バスのエンジン音を聞かせるといった仕組みであった。

(2) 第二次 VR ブーム

　2012 年当時としては驚くべき高性能を誇りつつ圧倒的な価格競争力を備えた Oculus Rift（ゲーミング PC に HDMI 有線接続する方式）の登場は、コンシューマー市場に強い衝撃をもたらした。刺激を受けた IT 各社は、独自の VR ゴーグルの販売を次々と開始し、第二次 VR ブームともいうべき状況が出現した。もっとも、VR ゴーグル以外にゲーミング PC の購入が必須という状況は広い層のコンシューマーにとっては依然としてハードルが高いことには変わりはなかった。

　この結果、2016 年は VR 元年と業界では呼称されるも、市場からの反応はやや冷ややかであり、その後も期待を込めて毎年のように、今年こそ「VR 元年」と位置付けようとする状況がうまれた。

　そのような膠着した状況を大きく変えたのが、PC を必要とせず、より

手軽に遊べるスタンドアロン式への主要製品の転換である。この流れで、2018 年に Oculus Go、2019 年に Oculus Quest、2020 年に Oculus Quest2（現在の名称は Meta Quest2）、Vive Cosmos Elite、HP Reverb G2 が立て続けに発売され、コロナ禍という特殊な時代環境もあいまって、VR ゴーグルは再度のブームを迎えたとも評される。

3　AR の歴史

(1) AR 創成紀からロケーション AR の誕生まで

他方、AR（Augmented Reality（拡張現実））という概念が初めて登場したのは、1990 年に航空機メーカーのボーイング社の研究員であったトム・コーデルが、ケーブル配線作業のサポート・ツールとして、建設作業員向けのヘッドマウントディスプレイを提案し、これを AR と呼称したものといわれている。つまり、AR は、B2B の産業環境で誕生したことになる。その後、1992 年には、米国空軍アームストロング研究所にて、世界初の操作可能な AR システム「Virtual Fixtures」が航空機の操作能力向上のために開発された。さらに、1999 年には、NASA によって、乗員帰還機の飛行中のナビゲーション・システムに、操縦を AR 技術によって視覚的にサポートする装置「Hybrid Synthetic Vision System」が搭載された。

AR はエンタテインメント分野でも活用がはじまっており、1994 年にはダンサーが舞台上にてリアルタイムで AR オブジェクトとパフォーマンスを行う、史上初の AR 舞台劇が、1997 年にはアメリカンフットボールをはじめとするスポーツイベントのテレビ中継の際に、実際のプレーを映しつつ、現実には存在しないフィールドのラインを AR 技術を用いて可視化することで視聴をサポートする仕組みが導入された。

1999 年には、AR アプリケーションを実現するためのライブラリ「ARToolKit」が開発され、「単眼カメラ」と「平面マーカー」のみを使って AR を実装することが可能となり、より日常的な場面で AR が利用されるようになった。さらに 2008 年には、モバイルカメラと各種センサーから得た情報を使い画像認識を可能にし、リアルに様々な情報を加えることを可能にするツール「Wikitude」が開発され、「セカイカメラ」をはじめとする、いわゆるロケーションベース AR を利用したアプリが数多く輩出された。

(2) スマートフォンでの AR 利用

　2010 年代のスマートフォンの普及・高性能化によって、AGPS による詳細な位置情報、地磁気センサーによる方角情報、美麗な CG 描画性能が利用できるようになり、AR を用いたコンテンツは一気に拡大した。2012 年の「Ingress」、2016 年の「ポケモン Go」は世界的に流行した。

　その後のスマートフォンの AI 処理性能の向上により、AI 技術を用いた現実世界と AR コンテンツの重ね合わせはどんどん自然なものとなり、自撮りアプリのフィルター機能やオンライン会議アプリのバーチャル背景機能でも活用されるに至っている。

(3) ウェアラブル AR 端末の登場と発展

　眼鏡型のウェアラブル AR 端末（AR グラス）は 2013 年にはすでに登場したものの、競合会社の製品も含めその利用はもっぱら、B2B に限られていた。たとえば、物流倉庫で、作業員が AR グラスを装着して対象となる製品を確認すると、製品の付加情報が自動的に表示されることで、いちいち情報確認のために作業を中断することなく、効率的な作業を可能にしていた。近時は低価格製品の登場により、日常生活にも普及しつつある。

4　XR 市場の拡大

　ある調査では、2025 年には、XR の市場規模は 1 兆円を超えるとも予測されている。この予測の根拠としては、これまで XR は、ゲームや映像などエンターテイメント分野を中心に活用されてきたところ、ビジネス分野での活用が分野・量ともに、大きく拡大する見込みがあることが指摘されている。活用エリアが拡大すれば、それにともない、考慮すべきビジネスリスクや検討すべき法的リスクも増大してくることになる。本書では法的リスクを中心にこれらを概観し、対策を検討していく。

....

1)　株式会社往来『未来ビジネス図解　仮想空間と VR』（MdN、2021 年）28 頁〜 33 頁。他に VR・AR の歴史を紹介する書籍として、インディラ・トゥーヴェニン＋ロマン・ルロン『ビジュアル版　ヴァーチャル・リアリティ百科』（原書房、2021 年）18 頁〜 45 頁等がある。

II - 2　XR 関連ビジネスと法的課題

Q45　VR・MR が活用されるビジネス分野は？

メタバース以外で、VR・MR はどのようなビジネス分野で活用されているのでしょうか。

Point

VR・MR はエンタメ分野・ビジネス分野に限らない、多種多様な分野で活用されている。

1　建築・建設

建築は、VR の没入感を求める開発の初期段階から、主要な用途として想定されてきた分野の一つである。施工前の段階においては、まだ現実には存在しない建築予定の構造物を、設計担当者がいかにリアルに構想できるかが一つのポイントになる。紙に建築図面を書いていた時代から、3DCAD モデルを利用する時代を経て、VR 技術を用いた、没入型建築ウォークスルーを利用する時代が到来しつつある。たとえば、ホテルの改装プロジェクトにおいて、VR ゴーグルを通して、様々な提案段階のデザインを試すことにより、改装後の建築物について現実感を伴った体験を得ることができ、いざ改装工事に着手してから、やはりイメージが違ったからといって、デザイン変更してやりなおす、といった事態を防ぐことができるようになった。

建設管理においても、VR の有用性が認められている。現実の進行状況と仮想モデルを重ね合わせて比較することで、進行予定と実際の進捗状況の比較が容易になる。このような現実と仮想を融合する活用形態は MR に分類される場合もある。

建設プロジェクトには建築家、施工業者、下請業者等、多数の当事者が

関与するため、共通の理解を正確に保つ必要がある。解決手段として導入されつつあるのがビルディング・インフォメーション・モデリング（BIM）であり、コンピューター上で制作した建物の 3D モデルに、コストや仕上げ、管理情報などの属性データを追加する。その強みとして 4 番目の次元として時間的要素を追加することで、様々なフェーズごとの 3D モデル内のシーケンスを確認できる点が指摘される。この BIM と VR 技術を組み合わせることで、大規模な建築プロジェクトにおける BIM の有用性が高まる。ある巨大スポーツ施設の建築プロジェクトでは、BIM と VR 技術の活用により、特定の角度からの視覚が遮られることが判明するなど、多数の欠陥が建設施工前に発見されたと伝えられている。[1]

2　不動産物件紹介サービス

　不動産業界は、VR 技術の現場導入がもっとも進んでいるビジネス分野の一つである。VR 技術を用いて、物件の現場に行かずとも内見ができることを特色とする不動産物件の紹介サービスは従前から存在していたが、コロナ禍においては、現場で不動産の案内をする際の人的接触を最小限にすべく、VR 技術を利用した物件紹介はより広い範囲で利用されるようになっている。

　さらに豪華物件の紹介サービスでは、見込み顧客の関心をより高めるべく、VR ゴーグルとハンドコントローラーを用いて、より没入感の高い物件紹介を提供する事業者も登場している。

3　医療

　医療分野も、VR 技術の導入・活用が際立って進んでいる分野といえる。分野を問わず、新人育成においては、現場を体験させるのは定番の効果的な育成方法である。営業分野であれば新人を伴って取引先を挨拶回りするのは、現場体験を通じた育成の典型例だろう。医療分野においても新人育成の重要性は言うまでもないが、サービス提供の対象が患者の身体であり精神であることが、問題を難しくしている。このため医療分野ではコンピュータベースのシミュレーション技術の重要性が高まっており、VR 技術が広く活用されている。たとえば、歯科の世界では、これまでのマネキン頭部のプラスチックの歯を用いるトレーニングに代わって、現場の器具

と同じ形態のコントローラーを用いて、仮想ディスプレイをのぞき込んで行うトレーニングが普及している。また、退役後の軍人を襲う PTSD の社会問題が顕在化しているアメリカでは、「仮想」イラクや「仮想」アフガニスタンを体験させることで効果的な治療が可能になったとされている。また高所恐怖症など一定の事象に対する恐怖症を克服するために、患者にVR ゴーグルを装着してもらう仮想現実暴露療法も登場している。[2]

　認知症のケアサービスでも VR 技術の活用が注目されている。認知症の治療方法の一つに、思い出のアイテムを見せて刺激を与える方法が知られているが、VR の没入感の高さは、より強い刺激をもたらすことが期待されている。とりわけ、すでに現実世界には存在しない、本人が若い頃の実家の様子などを再現できるのは、VR の特徴といえ、高い効果が期待されている。

4　軍事

　米軍では、完全没入タイプの VR 技術を用いた歩兵訓練システム（Dismounted Soldier Training System:DSTS）が以前から活用されている。このシステムでは、訓練者は、VR ゴーグルの他、身体の動きをトラッキングするセンサーや、計器付きの武器、交信用のマイク等を装着する。現実世界では広いエリアで歩き回って訓練するところ、DSTS では直径 1.2メートルの円形のゴムパット上にとどまったままで、仮想世界内で訓練を行うことが可能である。大人数での参加が前提となる部隊単位での訓練についても、VR 技術を利用することで、世界各地の拠点から参加することが可能になっている。[3]

　軍事面における VR 技術の活用では、パラシュート降下の訓練も知られている。パラシュート訓練は失敗すれば容易に命を落としかねず、兵士の訓練としても危険性が高い。VR ゴーグルを装着し、電動ウィンチでつるされた訓練者は、安全な環境下で、上空の航空機から飛び出した直後の体制維持のトレーニングができる。[4]

5　職業訓練・育成

　溶接技術のようにこれまで現場で危険な実地訓練を繰り返して、身体に覚え込ませるタイプの職業訓練が基本だった分野でも、VR 技術の導入が

始まっている。溶接シミュレーターでは、VR ゴーグルを装着した訓練者は、溶接器具型のコントローラーを使って、仮想世界内で溶接訓練が可能である。このような訓練では没入感が重要だが、シミュレーター専用に設計された音響システム、コントローラーを通して得られる作業感覚、仮想世界内で完全再現される飛び散る火花が、絶妙な没入感を与えてくれる[5]。

　塗装技術のうちスプレー塗装も、多様な塗料を用いつつ、均一な塗装が求められており、単にふきかけるだけでは十分とはいえない。塗装が不均一なままだと、見栄えが悪いだけでなく、航空機の空気力学的効率が想定通りに機能せず、運用コスト増大させるなど、ビジネスへの悪影響も生じてくる。このため、均一な塗装技術を獲得させるべく塗装訓練が求められるのだが、現実世界の塗装訓練では、レアな塗装材料ほど材料費がかさむし、スプレー塗装の性質上、空気フローなど良好な訓練環境を整えるのもコストがかさむのに加えて、訓練者の呼吸器へのダメージを防ぐ必要もある。これらの問題点を解消すべく、VR 技術を用いた塗装訓練システムが実用化されており、作業に要した時間や塗料の量、目標達成率を数値化することで、より効率的なトレーニングが可能となっている[6]。

6　金融

　米国では、バーチャルオフィス上で、AI チャットシステムを用いたアバターが、フィナンシャルアドバイザーとしてアドバイスを提供する事業が登場している。バーチャルオフィスで展開することによって、株価のチャートなどの視覚情報の見せ方を工夫しやすいなどのメリットが指摘されている。

---

1)　Steve Aukstakalnis『AR の実践教科書』（マイナビ、2020 年）257 頁〜 259 頁。
2)　Steve Aukstakalnis・前掲注 1) 284 頁・285 頁。また、9.11 同時多発テロ被害者の PTSD 治療に用いられた事例が、ジェレミー・ベインソン『VR は脳をどう変えるか？　仮想現実の心理学』（文藝春秋、2018 年）181 頁〜 190 頁で詳しく紹介されている。
3)　Steve Aukstakalnis・前掲注 1) 299 頁・300 頁。
4)　Steve Aukstakalnis・前掲注 1) 300 頁〜 302 頁。
5)　Steve Aukstakalnis・前掲注 1) 316 頁〜 318 頁。
6)　Steve Aukstakalnis・前掲注 1) 318 頁〜 320 頁。

Q46　AR が活用されるビジネス分野は？

AR はどのようなビジネス分野で活用されているのでしょうか。

Point

　AR はその出自からもわかるように、産業分野での活用が中心だったが、医療分野への拡大、そしてエンタメ分野・ビジネス分野でも活用され始めている。

1　戦闘機のパイロット向けの情報表示

　現実世界にデータを重ねて表示するという AR 技術の使い方で、映像作品などを通じて一般にもなじみ深いのは、戦闘機のパイロットが装着するヘルメット搭載型ディスプレイではないだろうか。かつて戦闘機のコックピットは無数の計器とスイッチで埋め尽くされており、それらの計器上の情報の読み取りはパイロットの大きな負担となっていた。その後の多機能ディスプレイの導入により、計器やスイッチは整理され、パイロットの負担はある程度軽減された。もっとも、パイロットが計器類から情報を得るためには、正面を向いた姿勢を維持する必要があり、ある程度の負担は避けられないでいた。AR 技術の導入で、正面の情報ディスプレイをパイロットのヘルメット内に移動することができるようになった。ヘルメット搭載型ディスプレイは「幅広く使用されるようになった初めての拡張現実システム」と評価されている。[1]

2　建築・建設

　工場内の施設・機械を不具合なく運用を継続するためには、老朽化の状況の確認が不可欠である。施設・機械をアップデートする場面でも、設計と現状でどのような違いがあるかを把握する必要がある。従前は、この確認・把握を、3 次元スキャナを用いて現状を把握、設計時の 3DCAD モデ

ルといちいち比較する作業を行っており、結構な時間を要していた。AR
技術を用いると、現場に CAD モデルを持ち込んで、最新情報を CAD モ
デル上に反映させることが可能となった。

　また、**Q45**で紹介したビルディング・インフォメーション・モデリン
グを、現実世界の構造物に AR ディスプレイを用いて複合する新たな活用
形態も登場してきている。

3　地下のインフラ管理

　地下のインフラ管理においては、地上からは地下設備が見えないため、
その正確な場所を把握することが重要になる。米国では地理情報システム
の情報の利用が可能だが、システム自体の情報も最新化する必要があり、
そのためには、現地での検査が必要となる。AR 技術を用いると、地下設
備を可視化した地図を利用できるため、地下のインフラ管理の大幅な効率
化が期待されている。

4　機器のメンテナンス

　機器のメンテナンスには、その仕組みを理解し、整備・分解技術を維
持・向上させる必要がある。たとえば、コーヒーメーカーの整備をしやす
くするために、AR グラスの装着者には、内部構造が製品に重なって表示
されるようになっている。また専門的な機器によっては、エキスパートの
サポートを必要とする場面が出てくるが、AR ライブビューを遠隔地のエ
キスパートとシェアするシステム（AR テレプレゼンスシステム）も開発さ
れている。同システムでは、エキスパートは、整備の現場から逐次送信さ
れてくる AR ライブビューの画像上で、問題となる部品の位置にアドバイ
スを書き込むことができ、電話越しで位置がうまく伝達されないなどのミ
スコミュニケーションを防ぐことができる。

5　医療

　AR 技術の活用は医療分野にも拡大している。患者の体内の状況を確認
するための撮影技術は X 線、コンピュータ断層撮影装置、超音波、MRI
等が登場、日々進化を遂げており、医師は症状によって複数の撮影技術を
使い分けることも珍しくない。これらの撮影結果は撮影機器ごとに個別に

出力されるため、医師の確認作業が手間取ることが課題とされており、特に手術現場ではこの手間が問題となってきた。AR技術を利用することで、複数の機器の画像を重ねて表示することにより、この課題を解消することが可能となり、すでに多くの臨床現場において採用されている。

6　個人向けサービス

上記のような産業分野、医療分野での活用を経て、Q44で紹介したようにスマートフォンにおけるAR活用が普及するのにともない、AR技術は個人向けサービスにおいても広く活用されるに至った。スマートフォンカメラを現実世界の様々なアイテムに向けることで、アイテムの詳細情報が表示されたり、あるいは、現実世界の店舗や観光名所に向けることで店舗や名所の口コミ情報が表示されたりするのはもはや珍しくない。

ARブラウザと他のアプリケーションを組み合わせることで、個人向けサービスはより多様な分野で展開されることになる。たとえばスマートフォンの翻訳アプリでは、外国語の文字列をスマートファンのカメラで撮影すると、翻訳された言葉が、元の外国語の語句に被さるように表現されるものも登場している。

7　広告

広告分野でもAR技術の活用が進んでいる。新聞や雑誌記事の横に掲載されたQRコードをスマートフォンのカメラで撮影すると、スマートフォンの画面上で、記事に登場したマスコットキャラクターが動き出す動画が再生されるタイプの広告も多い。いろいろな意味で衆目を集めたARアプリ広告の事例として、ファーストフードの看板を撮影すると、撮影した看板が炎上し、広告主であるライバル企業のクーポンが登場するアプリ（つまりクーポンを入手したい利用者は、ARアプリ上とはいえライバル企業の看板を炎上させる必要がある）が知られている。

8　ナビゲーション

ARナビゲーションのアプリも数多く登場している。地図アプリの普及で、多くの人々が、初めて訪問した海外の地でも、迷わず目的地に到達できるようになったが、それでも方向音痴の人に言わせれば、それでも自分

が地図上でどちらの方向に向いているのかがそもそも把握できないという問題は残る。ARナビゲーションのアプリは、カメラで映した実際の風景上にルートを表示する機能を提供しており、アプリの利用者は、AR画面に表示されるルートに従って進むだけで、正しい目的地に到達できる。アプリによっては、途中経路にあるレストランやコーヒーショップなどの情報を、アプリの利用者の現在地に応じて提供するなどの機能を備えるものもある。

普段は方向音痴でなくとも、空港などの巨大な建造物内に入ると方向感覚を失う人も少なくない。このような巨大な施設内の迷子防止のため、施設専用にARナビゲーションのアプリを提供しているケースもある。△△番ゲートなどの行先情報を設定した状態で、施設のあちらこちらに設置された案内板にスマートフォンのカメラを向けると、行先までの経路や進行方向をわかりやすく案内してくれる。

9 アパレル

アパレル業界もAR技術の導入が進んでいる。オンライン販売はごくごく一般的なサービスとなったが、現実世界の店舗に出向くわけではないので、衣服や装着品の試着ができず、鞄など身の回り品もサイズ感がつかめないまま購入してしまうケースも少なくなかった。これらの課題を克服すべく、手元にない衣服や装飾品を、AR技術を活用して試着するサービスや鞄などの身の回り品の実サイズをARで確かめることができるサービスが登場している。

10 エンターテインメント

エンタメ分野のARとしては、位置情報アプリとAR技術を合体したポケモンGoがまず頭に浮かぶが、それ以外にも、バーチャルキャラクターのライブをスマートフォンのARアプリによって自宅で視聴できるサービスも登場している。

---

1) Steve Aukstakalnis『ARの実践教科書』（マイナビ出版、2020年）305頁。

Q47　AR の仕組みは？法律の議論に影響する？

現実世界の拡張である AR は、現実世界と切り離された VR と異なり、現実世界との関わりが常に生じていますが、どのような仕組みで現実世界との関係性を維持するのでしょうか。また仕組みの違いは法律の議論にも影響しますか。

Point

AR では、現実世界を認識・処理して、仮想世界に表現する技術のみならず、現実世界との関係性を維持するためのトラッキング技術が重要になる。

1　AR のタイプ

　AR の典型的な挙動は、①カメラにより現実世界の画像を撮影する、②あらかじめインストールされた AR アプリで画像を解析し、AR マーカーが検出された場合、マーカーと対応する AR コンテンツを呼び出す（ダウンロードする）、③カメラが映している画像に、AR コンテンツを重ねて表示する、という流れで説明されることが多いところ、これ以外の挙動をとるものも登場している。現在利用されている AR の挙動を、AR コンテンツを呼び出すトリガーに着目した場合、諸説あるものの、おおむね、マーカー型、物体認識型、空間認識型、ロケーションベース型（センサー型）、の四つに分類することができるとされるので、以下この順で紹介する。

　マーカー型は、画像・空間認識の技術を使い、指定されたオブジェクトを読み込んだ場合に、それをトリガーとして AR コンテンツを表示させる方法である。事前に設置した位置指定マーカーあるいは事前に撮影・登録したフリーマーカーが用いられる。

　立体認識型は、スマートフォンのカメラをあらかじめ登録された特定の立体物に向けると、それをトリガーとして、カメラで立体物の特徴点を解

析し、立体物のかざされている面に対してその面にARコンテンツを表示させる方法であり、マーカー型と類似するが、対象物を360度どこからでも認識する必要があるため、マーカー型に比べて3Dデータを取り扱うより専門的な処理を要するとされる。

　空間認識型は、カメラやセンサーなどを通じて、現実世界の空間（高低差や大きさ、奥行きなど）を認識し、ARコンテンツを表示する方法である。マーカーのある場所に限定されるマーカー型に対して、空間の特徴を認識した場所すべてに、自由にオブジェクトを出現させることが可能である。ARコンテンツの表示は、利用者の操作をトリガーとし、利用者はARコンテンツの出現位置を自分で決定できるものもある。産業分野での業務効率向上や、家具・家電などの配置シミュレーションに利用されている。

　ロケーションベース型は、特定の場所に接近したらARコンテンツを出現させるよう、あらかじめGPSの位置情報と連動させて設定し、設定された場所に向かってスマートフォンなどの端末をかざした場合、それをトリガーとしてARコンテンツを表示する方法である。位置情報に加えて、磁気センサーやジャイロセンサーなどのデータと組み合わせて、より精度の高い場所に表示するものもある。スマートフォンと組み合わせて、遺跡巡りの観光者向けに、過去の建物をアプリ画面上で再現して見せる等の場面でも利用されている。

2　ARの挙動

　上記のいずれのタイプも最終的な目標は、③の現実世界の画像に、ARコンテンツを重ねて表示することにある。そこでは、ARの内容にもよるものの、利用者の操作や位置移動へのリアルタイムの応答と三次元的な意味での整合性の維持が必要になる。つまり、現実世界にいるARディスプレイの利用者が、表示内容を踏まえたインタラクティブな操作を行うと、それを即時に反映した状況がARディスプレイに表示され、かつ、表示された画像内で三次元的な意味での整合性が維持されていることが求められる。たとえば、スマートフォンのカメラで歴史上の偉人の影像を撮影して、ARアプリに取り込み、偉人名を認識させたうえで、アプリ上で美少女化された同じ偉人の3Dモデルを表示させ、また利用者自身が影像の周囲をぐるぐると回って、スマートフォンのアプリ画面上で良さそうな角度を見

つけては、色々な角度から並んで記念撮影（スクリーンショット）させたりするという行為は、①現実の彫像をアプリで認識することで、対応する仮想の 3D モデルを登場させて、両者を組み合わせ、②アプリ利用者の動きに応答して彫像と 3D モデルを動かし、③その際、利用者自身と彫像との位置関係を含め、破綻させないようにすることが求められる。では、これらはどのような仕組みで行われるのだろうか。

　なお、AR の出力端末としては音声、触覚等の非視覚系ディスプレイもあり得るが、本書では視覚系ディスプレイに限定して検討する。視覚系ディスプレイも、眼鏡型、ヘッドマウントディスプレイ型、携帯型（スマートフォン）、据え置き型（卓上ディスプレイ、窓型ディスプレイ、仮想鏡、仮想ショーケースその他）、投影型等があるが、ここでは、上記のスマートフォンの事例にそって、携帯型を前提に検討する。

3　AR を構成する技術

　AR を構成する要素技術は、大きく分けて「認識技術」と「表現技術」の 2 つから構成されると説明される[1]。

　認識技術とは「センサーで取得した空間情報を分析して、その場に何が、どのような状態で存在しているのかを識別する技術」をいう。その識別の手法は様々である。古典的な AR では、位置指定マーカーと呼ばれる、識別のためのマーカー（モノクロで、正方形や円形が多い）をあらかじめ対象物体の表面や周囲に設置しておく手法がとられていたが、現在は画像認識技術の発達もあり、任意の画像や写真をマーカーとして事前に撮影、登録しマーカーとして設定しておく、いわゆるフリーマーカーも手軽に利用できるようになっている。もっとも、事前に設置しておくことが困難な場合も少なくない。このため、マーカーなしで、「特定の画像や物体、人体、顔、位置情報など特徴的な内容」を抽出し、あらかじめ登録しておいたデータベースと照合して識別する手法が登場してきた。この特徴を抽出する手法として知られるのが「画像特徴点」である[2]。身近なところで言うと、スマートフォンの顔認証と類似した手法である。顔認証においては、フロントカメラで撮影したユーザーの顔画像をすべて、本人確認の検証材料に用いているわけではない。顔認証情報の登録時も、実際の顔認証時も、顔画像から顔の特徴点を抽出し、そのパターンを照合している。このように

生の画像ではなく特徴点を取り扱うのが特徴的である。

表現技術とは「抽出した特徴に対して情報を提示する技術」をいう。前述の AR マーカーであれば、認識技術により抽出した「AR マーカーの位置、角度、大きさの情報」に応じて、「カメラ映像にリアルタイムに 3DCG を、適切な形で表示する表現技術」が機能することになる[3]。

2の歴史上の偉人の彫像の例でいえば、彫像の台座に、当該アプリに対応する AR マーカーを設置しておき、これをアプリで読み込むことで、あるいは、マーカーがなくとも、彫像の情報をあらかじめ登録したデータベースがあれば、データベースと照合するなどして、彫像の偉人を特定・識別することができるというものである。そして特定・識別した偉人に対応する 3D モデル（当該偉人の美少女化）を表示させることができることになる。その際、アプリ利用者の移動に応じて、アプリ画面内の彫像と 3D モデルを適切な位置で表示するべく、マーカーの位置、距離、方向のデータを取得し、これを踏まえてリアルタイムでアプリ内の画像を変動させていくことになる。ここで重要になってくるのが、トラッキング・位置合わせの手法である。トラッキング・位置合わせが適切でないと、仮想物体と実物体の位置がずれたり、重なったり、変な方向を向いたりするので、いかに自然かつ即時に実行できるかが重要になってくる。

4　トラッキング・位置合わせ・較正

AR の文脈では、一般的にトラッキングとは「ある実物体の位置及び姿勢が連続的に測定されること」を意味する。トラッキングと類似する概念として、位置合わせ、較正（キャリブレーション）もある。以下の図表[4]にあるように、厳密にはこれらは異なる意味で用いられるのだが、法的課題を検討する観点からは、これらを区分して取り扱う意味は薄いため、わかりやすさを優先して、本書では以下「トラッキング・位置合わせ」とまとめて総称する。

トラッキング	ある実物体の位置及び姿勢が連続的に測定されること
位置合わせ	仮想物体と実物体との間の座標系を一致させ、同一の座標系に配置すること
較正（キャリブレーション）	基準となるデバイス及び較正されるデバイスの二つの異なるデバイス間で測定された値を比較すること

トラッキング・位置合わせの手法は、以下のように整理されている[5]。こ

の中でも、ARToolKit や ARToolKitPlus がオープンソースとして公開されて以降、低い計算コストで低品質のカメラを用いた場合においても有用な結果を得ることができるマーカーベース・トラッキングが広く利用されてきたが、近年は多様化している。[6] 図表の通り、手法によってメリットデメリットが異なるため、場面に応じた手法の検討が求められる。

ビジョンベース（カメラからの入力画像をもとにカメラの位置・姿勢を計算するアプローチ）	マーカーベース 位置指定マーカーあるいは事前に登録済みのフリーマーカーと照合し、相対的な位置・姿勢を検知する。
	モデルベース 位置合わせに利用したい物体の 3 次元形状を用意しておき、その 3 次元モデルと実際に入力画像に写った対象物体の見た目が一致するようにパラメータを推定する。
	自然特徴ベース（例：PTAM (Parallel Tracking And Mapping)） 現実世界に存在する物体がカメラで撮影されたときに、画像中から抽出できる点や線を追跡する。
センサーベース（カメラそのものや対象環境中にセンサーを搭載し、直接その動きや構造を計測するアプローチ）	屋外などの照明環境が変化しやすい環境や非常に広範囲の AR に有用（例：アプリ「セカイカメラ」）。 磁気センサーやジャイロセンサー、赤外線センサー、GPS などのセンサーを使い分ける。

5　表示端末（視覚ディスプレイ）

　AR の視覚ディスプレイは多様な方式が存在するが、ここでは直近でメジャーな眼鏡型ディスプレイと携帯型ディスプレイの仕組みを説明する。眼鏡型ディスプレイは光学透過型、ビデオ透過型に分類できる。[7] 前者は、光学式シースルー方式とも呼称され、「ハーフミラーなどを用いて、映り込む仮想環境と透過して見える現実環境を同時に」装着者に提示する方式である。後者は、ビデオシースルー方式とも呼称され、「カメラによって撮影された現実環境の画像上に、仮想物体を描画する方式」であり、装着者の「視線方向とカメラの光軸方向を一致させて撮影した現実環境の映像上に、仮想環境を合成して提示すること」で実現される。[8] これらの方式は、それぞれ図表のような特徴があり、一長一短といえる。

方式	光学透過型	ビデオ透過型
現実環境の提示	遅れなく提示できる。	現実環境と仮想環境の同期をとって提示できるため、同期ずれによる両者の位置ずれは生じない。ただし、提示される AR 環境全体が、仮想環境を重畳合成する際の計算時間などによって遅れて提示される。
仮想環境の提示	計算に時間を要し、現実環境と仮想環境の同期ずれとなり、装着者には位置ずれとして知覚される。	

前後関係の提示	現実物体と仮想物体の前後関係を表現するのが一般的に困難。デバイスによっては可能に。	前後関係が分かれば、お互いを隠蔽でき、現実物体との前後関係を表現できる。
陰影の提示	仮想物体を置くことによる実物体への影などの表現が困難。	

　スマートフォンなどの携帯型ディスプレイにおいては、このビデオ透過型が採用されている場合が多い。

　ここまで見てきたように、ARでは様々な技術が採用されており、これらはQ49以下で検討する法律の議論にも影響してくる場合がある。

....

1)　田上慎＝飛澤健太「AR（拡張現実）は、人間が手にした新たな未来：ARの変遷と展望」情報管理59巻8号（2016年）528頁。
2)　田上＝飛澤・前掲注1)528頁。
3)　田上＝飛澤・前掲注1)528頁。
4)　Dieter Schmalstieg ＝ Tobias Hollerer 著・池田聖ほか編・訳『ARの教科書』（マイナビ出版、2018年）116頁。
5)　植松裕子「特集拡張現実感（AR）基礎2：位置合わせ技術」情報処理51巻4号（2010年）373頁〜377頁。
6)　Schmalstieg ＝ Hollerer・前掲注4)156頁。
7)　Schmalstieg ＝ Hollerer・前掲注4)88頁〜98頁。
8)　神原誠之「特集拡張現実感（AR）基礎1：拡張現実感」情報処理51巻4号（2010年）368頁。

Q48　XR に法務はどのような姿勢で取り組むべきか？

XR のビジネスに法務はどのように取り組むべきでしょうか。

Point

　XR ビジネスを担当する法務担当者は、通常より一層ビジネス部門と密接なコミュニケーションをとりつつ、想定外のリスクを早期に発見できるよう体制を整えておくことが求められる。

1　XR 特有の法務リスク

　XR に関連するビジネスは、VR、AR、MR いずれも多彩な分野での展開が想定されている反面、法的リスクの検討は従前になされているとは言い難い。さらに XR デバイスを含め、XR を支える技術的な環境は日々進歩していることもあり、ビジネスの開始後に想定外の法務リスクが発生するおそれも十分あり得る。たとえば、今後普及が予想される AR クラウドの利用が日常化した場面では、世界各地から同時に AR コンテンツにアクセス・参加できるようになり、ユーザ同士のインタラクティブな体験が実現する反面、データの帰属や参加者のプライバシーの取扱いが新たに問題となることが予想される。法務担当者としては、このような想定外のリスクを早期に発見し対応できるよう体制を整えておくべく、一層ビジネス部門と密接なコミュニケーションを確保しておくべきだろう。

　加えて、メタバースでも問題となったが、XR ビジネスでは、容易に国境を越えた仮想空間でビジネスが展開されることになることも多い。この関係では技術の輸出入規制や個人情報を含む情報の越境移転規制への対処が必要となり得る。さらに、産業利用においては、機密情報が XR 側に取り込まれる場面も多く発生し得るが、XR のプラットフォーム提供事業者に機密情報へのアクセスを認めることがそもそも機密保持義務に違反しないかや、プラットフォーム上の情報管理体制の在り方も検討が必要になる

だろう。

　以下では分野ごとに想定される法務リスクを見ていく。

2　建築・建設

　建設・建築分野でXRを活用することにより、改装後の建築物について現実感を伴った体験を得ることができ、いざ改装工事に着手してから、やはりイメージが違ったからといって、デザイン変更してやりなおす、といった事態を防ぐことができるというメリットがあることを紹介したが、これは逆に言えばXRコンテンツで提示したイメージと実物との違いがどこまで許容されるのかという新たな問題を発生させることになる。イメージ映像が具体的になればなるほど、施主はイメージをつかみやすくなる反面、詳細を提示してしまっていることが故に、実物との相違点がより明確に表れてしまうためである。

　建設管理においても、現実の進行状況と仮想モデルを重ね合わせて比較することで、進行予定と実際の進捗状況の比較が容易になるというメリットを紹介したが、やり直しが必要な状況が発生しやすくなる面もあり、その場合の費用負担がより問題になりやすい状況もあり得る。これらのリスクへの対処を契約書であらかじめ行っておく必要性が高まっている。

3　不動産物件紹介サービス

　XRによる物件紹介が普及した結果、現地を見に行くことなく不動産物件を購入するケースもみられる。もちろん、このような購入は、購入者の責任においてなされていると推測されるが、売主・買主間で何らかの行き違いがあった場合は、紛争発生のリスクが高まることは否定できない。契約書による対応はもちろん必要だが、やはり行き違いそのものをなくす方策を講じることが、法務リスクの観点からは求められる。

4　医療

　医療分野におけるXR利用において、法務リスクが特に高いと考えられるのは、先端的な医療としてXRを利用した医療を提供する場面が挙げられる。これらの場面の法務リスクを低減するには、これまで最先端医療の場面で蓄積されてきた知見の活用が求められるところである。

　医療関係では、全く異なる文脈だが、XR 端末の使用によって視力が改善する等の医療的な効果をうたう製品を取り扱う場合のリスクも要注意である。このような健康増進効果を宣伝文句とする場合は、薬機法への対応が必要となる。また見落としがちだが、XR アプリの効果を宣伝文句とする場合も同様である。

5　軍事

　軍事利用はまさに機密情報の集積場ともいうべき場面である。❶の産業利用でも触れたとおり、機密情報が XR 側に取り込まれる場面も多く発生し得るが、XR のプラットフォーム提供事業者に機密情報へのアクセスを認めることがそもそも機密保持義務に違反しないかや、プラットフォーム上の情報管理体制の在り方も検討が必要になるだろう。おそらく、実際の軍事利用においては、機密性の高い独自の XR プラットフォームが利用されているものと推察されるが、逆にプラットフォーム提供事業者の立場で言えば、軍事利用をはじめとする機密情報を伴う利用を制限する等の対応をする必要が生じる可能性がある。

6　金融

　メタバースでも触れたように、金融には独自の規制が多数存在しており、XR 上で金融サービスを提供するのであれば、同様に遵守しなければならない。

7　インフラ管理

　地下のインフラ管理における XR 利用のメリットを紹介したが、インフラは、サイバーセキュリティのリスクが高いことが従前から指摘されており、日本国内でもサイバーセキュリティ関連のガイドラインが多数公表されている。XR は基本的にネットワーク上での利用が想定されるため、サイバーセキュリティ確保の必要性がさらに高まってくる。このため、契約上、日々更新されるサイバーセキュリティのルールのみならず、突発的な事態が発生した場合の一時的な対応責任の所在や情報共有の在り方、その後の費用負担等々、明確にしておくことが望ましい。

8　機器のメンテナンス

　機器のメンテナンスには、その性質上、事業者の機密情報に携わることが多くなる。そのため、XR事業者の機密情報保持体制等について、契約書であらかじめ明確にしておくことが必要となる。

コラム　デジタルツイン・AR クラウド

　デジタルツインとは、センサー等から取得したデータをもとに、建物や道路などのインフラ、経済活動、人の流れ等、様々な要素を、サイバー空間（コンピューターやコンピューターネットワーク上の仮想空間）上に「双子（ツイン）」のように再現したもの」であり、「フィジカル空間（現実空間）の様々な分野における活動から取得されるリアルタイムなデータに基づき、サイバー空間（仮想空間）において高度な分析・シミュレーションを行い、その結果を高速かつインタラクティブなかたちでフィジカル空間にフィードバックする」ことで、トラブル対応や商品の研究開発の促進、インフラ管理の効率化、防災シミュレーションへの活用等が期待されている（東京都「デジタルツインの社会実装に向けたロードマップ初版」（2022 年））。

　AR クラウドとは、AR 空間をインターネット上で共有する技術をいう。AR クラウドでは、ユーザー A とユーザー B は同じ AR フィールドを共有することになるため、ユーザー A が AR 空間上で何かアクションを行うと、その行動がユーザー B にも影響することになる。これにより、複数のユーザーが AR 体験を共有することが可能となる。

　両者はメタバースで紹介したのと共通する法的課題が多くみられるが、その特性が議論に影響する場面も登場している。たとえば、著作権法 30 条の 2 の付随対象著作物の利用の規定を適用して、コンテンツ内に取り込まれる著作物の著作権の問題をクリアするためには、付随性要件や軽微性要件等を充足する必要がある。デジタルツインで工場内の部品呼称のトラブル対応する場面を想定した場合、迅速な復旧を目指して、工場設備をデジタルに再現することが考えられる。この場合、故障個所以外の設備も再現されることになるが、故障個所が主たる対象で、それ以外の設備は従たる対象と割り切ってもよいのかという問題が指摘されている。AR クラウドでは、各ユーザーの物理的な所在位置を踏まえて、指定されたルートに沿ってユーザーが移動することを前提として、AR コンテンツを配置する必要上、ルートから外れた部分を含めてサービス地域全体をデジタルに再現する必要がある。この場合、ルートから外れた部分もサービス提供には欠かせないので、従たる対象と割り切るのは難しいのではという問題が指摘されている。（ともに詳細は関真也『XR・メタバースの知財法務』（中央経済社、2022 年）96 〜 97 頁を参照）

II-3　XRビジネスで生じる法的課題（AR を中心に）

Q49　XR ビジネスの法的課題とは？

XR ビジネスにおける法的課題にはどのようなものがありますか。

Point

　メタバースで紹介したものを除くと、XR ビジネスにおける法的課題としては、AR における知的財産関連のほか、広告・宣伝利用の問題、ヘッドマウントディスプレイなどの製造物責任への影響等が考えられる。

1　AR の特徴

　AR では、カメラデバイスに現実世界の実物体を認識させ、AR の視覚ディスプレイ上で、バーチャルな視覚情報と同時に表示するため、対象となる現実世界の様々な不動産・動産その他の実物体を何らかの形で利用することとなる。これらの実物体は著作権等で保護されていることが考えられるため、AR の利用が、著作権法等に抵触しないかを検討する必要が生じる。

　これらの検討に影響する AR の特徴として、まず思い浮かぶのが、既存の現実世界の著作物そのものに何らの改変を加えていないものの、AR の視覚ディスプレイ上で、周囲に別個の著作物を配置することに関して、既存の著作物に影響があり得る、という点である。AR ではなく、現実世界における事例であるが、類似の論点が問題となった事案として知られているのが、1987 年のブラックマンデー後に、アメリカのパワーの象徴として、ニューヨーク証券取引所前に設置された雄牛像「Charging Bull」（無許可だったため、その後ウォール街近くに移転）と 2017 年に 1 週間の期間限定で、これに正面から立ち向かうような位置関係で設置された、両手を腰に当て

て胸を張る少女像「Fairless Girl」（その後、話題になったこともあり、ニューヨーク証券取引所の向かいに移転）の事例である。雄牛像の制作者は、広告目的の奇策であり、本来ポジティブな雄牛像のメッセージが失われ、負の力や脅威の象徴としてゆがめられたとして批判した。

　少女像は現実世界で設置された事案だが、同じことを AR で行った場合、同様の問題が生じうる。つまり、カメラで雄牛像を撮影すると、これに対応する AR コンテンツである少女像の 3D モデルがダウンロードされ、視覚ディスプレイ上で、現実世界の雄牛像と仮想世界の少女像が正面から対峙する場面が出現するという AR での雄牛像の利用をどう考えるべきかという問題である。

　Q47の事例でいえば、歴上の偉人の彫像を撮影すると、これに対応する AR コンテンツである当該偉人を美少女化した 3D モデルがダウンロードされ、視覚ディスプレイ上で、現実世界の偉人の彫像と仮想世界の美少女の 3D モデルが並ぶ場面が出現するという AR での偉人の彫像の利用をどう考えるべきかが問題となるということである。歴史上の偉人の美少女化は、日本国内ではかなりポピュラーな文化であるが、他方で、嫌悪感を覚える向きもあるため、雄牛像の制作者と同じく、彫像の制作者からクレームが入る可能性もありうる。

2　知的財産権法の観点からの検討の枠組み

　Q47で紹介した通り、AR を構成する技術には認識技術と表現技術がある。これを踏まえて、知的財産権法の観点からの検討においても、現実世界の実物体を AR に融合させるまでの過程について、①現実世界の実物体を撮影して、マーカーとして登録する、あるいは位置合わせに利用する実物体の 3D モデルのデータベースを作成し、AR コンテンツの起動トリガーにすると共に、トラッキング・位置合わせを行う、情報処理する認識フェーズと、②重ね合わせたＡＲコンテンツと現実世界の著作物を、AR の視覚ディスプレイ端末の画面上に表示する表現フェーズに分けて検討することが考えられる。Q50〜Q53では、この枠組みに沿って検討している。

　なお、海外では、美術館に展示されている絵画をスマートフォンで撮影すると、AR アプリの画面上で当該絵画の登場人物が AR 動画のコンテンツとして動き出すアプリが登場している。このアプリでは、現実世界の絵

画の著作物をマーカー又は AR コンテンツとして登録するだけでなく、絵画の著作物を取り込んで動画コンテンツに加工している。取り込まれた絵画は画家の著作物であり、絵画の登場人物が動く動画も当該著作物の二次的著作物であるから、それぞれのデータを無断で制作し、AR アプリに登録する行為は複製権又は翻案権に抵触するおそれがある。

3　広告・宣伝

(1) バーチャルな看板の差し替え

　バーチャルな看板の差し替えは、海外のスポーツイベントの中継映像をはじめとして映像作品等でも日常的に行われるようになっている。XR（VR の仮想空間及び AR の視覚ディスプレイ）でも看板の差し替えはあり得る。米国では映画の事案ではあるが裁判も起きており、日本国内で XR について将来紛争が発生する可能性もある（詳細は Q54 参照）。

(2) AR 広告による、他者の広告の妨害

　AR 広告では、とりわけ眼鏡型端末を装着している場合、現実世界の広告を、AR 広告があたかも上書きするかのように表示され、結果として、現実世界の広告が、装着者の視界から消えてしまう状況が発生しうる、という特殊性がある。このようなトラブルが生じた場合、影響を受けた広告主は何か法的な権利を主張できるかが問題となる。

　現実世界において、既存の広告が、隣地あるいは近隣の建物や工事、看板の設置によって、視認性が下がった場合、実務上の一般的なルールとしては、ある程度受忍せざるを得ないとされているが、既存の広告主が全く権利侵害を主張できないというわけではなく、「特定の場所が、広告の眺望という観点から一定の価値を有するものと評価され、これを広告表示者において享受することが社会通念上独立した利益として承認されるだけの実質的な意義を有するものと認められる場合」は、例外的に法的保護の対象となると考えられている。AR 広告の特殊性を踏まえた検討が必要となるだろう（詳細は Q54 参照）。

(3) 有名人画像と AR 広告

　有名人画像を AR 広告に利用する典型的なケースとして想定されるのは、

有名人のブロマイドをスマートフォン端末で撮影すると、ARアプリ内で当該有名人の着用している衣装のバーチャル情報を表示するというものである。このような有名人の肖像等を利用したAR広告を作成・提供する行為が、いわゆるパブリシティ権に抵触しないかが問題となる。これまでAR広告についてパブリシティ権侵害について判断する裁判例はないが、特に区別して取り扱う理由は見当たらないため、従前と同様の基準によって判断される可能性がある（詳細はQ54参照）。

4　製造物責任

　XRを使用あるいは参加する際のデバイスでは、VRゴーグルや、眼鏡型のAR端末など、一定時間身体に密着して継続して使用することが前提となっているものも多い。製品説明にも一定時間以上の継続使用を行わないよう警告する注意書きを備えるものもみられるが、コンテンツとしての没入性の高さが影響してか、注意書きに書かれている以上の長時間継続して装着してしまうユーザーも少なくない。このような本来想定されていない使用によって、身体に悪影響が生じた場合にまで、端末メーカーやコンテンツのプロバイダーが責任を問われる可能性があるかが問題となる。またVR特有の問題としてVR酔いもあり、そこから生じる可能性のあるリスクへの対応も検討しておくべきだろう。

　また、端末装着時は視界をふさがれ、端末外の状況を把握できないまま身体を動かす前提の製品もみられる。これらのいわゆる完全没入型のデバイスの使用の結果、装着者たるユーザー自身が負傷する、あるいは、周囲の物を破壊してしまう物的損害が発生する事態の多発が懸念されており、これらについても、同様に責任を問われる可能性があるか、リスクがある場合はその対策を検討すべきである。

Q50　現実の物を AR に取り込むときの法的課題とは？

　トラッキング・位置合わせ等に利用するために、現実世界の実物体を撮影して、マーカーとして登録する、あるいは実物体の 3D モデルのデータベースを作成し、情報処理するために、現実の実物体を AR に取り込むことには、どのような課題がありますか。

Point

　現実世界の実物体を撮影し、マーカーとして登録する、あるいは実物体の 3D モデルを準備し、そのデータベースを作成・登録し、カメラによる認識をトリガーとして AR 側で準備した 3D モデルを AR コンテンツとして呼び出すべく、現実の実物体を AR に取り込むことは、著作権法の権利制限規定によって許容されると考えられる。

1　著作権法の抵触可能性

　Q47 で紹介したように、AR コンテンツの起動トリガー及び位置合わせ・トラッキングに利用することを目的として、現実世界の実物体を撮影し、マーカーとしてその画像を登録する、あるいは位置合わせに利用したい実物体の 3 次元形状を用意しておき、そのデータベースを作成・登録する行為は、実物体の著作権のうち、複製権・翻案権に抵触する可能性があるため、権利制限規定の適用可能性を検討する必要が生じる。

2　権利制限規定の適用可能性

(1)　著作権法 30 条の 4

　著作権法 30 条の 4 は、著作物に表現された思想又は感情の享受を目的としない場合、著作権者の許諾がなくとも、方法を問わず著作物を利用できる旨定めている。ここでいう「享受」とは、一般的には「精神的にすぐれたものや物質上の利益などを、受け入れ味わいたのしむこと」を意味す

ることとされており、ある行為が著作権法 30 条の 4 に規定する「著作物
に表現された思想又は感情」の「享受」を目的とする行為に該当するか否
かは、同条の立法趣旨及び「享受」の一般的な語義を踏まえ、著作物等の
視聴等を通じて、視聴者等の知的・精神的欲求を満たすという効用を得る
ことに向けられた行為であるか否かという観点から判断されることとなる。
このため、ある行為が著作権法 30 条の 4 に規定する「著作物に表現され
た思想又は感情」の「享受」を目的とする行為に該当するか否かは、著作
物等の視聴等を通じて、視聴者等の知的・精神的欲求を満たすという効用
を得ることに向けられた行為であるか否かという観点から判断されること
となり、「享受」を目的とする行為に該当するか否かの認定に当たっては、
行為者の主観に関する主張のほか、利用行為の態様や利用に至る経緯等の
客観的・外形的な状況も含めて総合的に考慮されることとなる[1]。なお、主
たる目的であるか否かを問わず「享受」の目的がないことが必要である[2]。

　著作権法 30 条の 4 は、1 号から 3 号として典型例を示している。3 号は
「著作物の表現についての人の知覚による認識を伴うことなく当該著作物
を電子計算機による情報処理の過程における利用その他の利用（プログラ
ムの著作物にあっては、当該著作物の電子計算機における実行を除く。）に供す
る場合」である。

　実物体を撮影した画像については、AR コンテンツの起動トリガー及び
位置合わせ・トラッキングに利用する限りは、画像自体を知覚により認識
することは想定されないため、著作権法 30 条の 4 が適用され、著作権者
の許諾なく利用できる場合が多いと思われる。他方で、端末の画面上に表
示される、他人の著作物と AR コンテンツを一体に組み合わせた 1 つの作
品によって表現される思想又は感情を享受させるという目的のもとに登録
を行う場合は、当該他人の「著作物に表現された思想又は感情を自ら享受
し又は他人に享受させることを目的としない」とはいえないとする指摘も
見られる。

(2)　著作権法 47 条の 4

　著作権法 47 条の 4 は、電子計算機における利用に供される著作物は、
当該著作物の電子計算機における利用を円滑又は効率的に行うために当該
電子計算機における利用に付随する利用に供することを目的とする場合に

は、その必要と認められる限度において、いずれの方法によるかを問わず、利用することができる旨を定めている。

　AR の視覚ディスプレイ上に AR コンテンツを表示することは、主たる利用と捉えられる。この表示をリアルタイムかつ 3 次元の破綻なく整合性をもって行うべく円滑又は効率的に行うために、実物体の著作物を撮影した画像あるいは 3 次元形状を登録し、AR コンテンツの起動トリガー及び位置合わせ・トラッキングという付随する利用に供することを目的とする場合は、必要な限度で、権利制限の対象となると考えられる。

(3)　著作権法 47 条の 5

　著作権法 47 条の 5 は、電子計算機を用いた情報処理により新たな知見又は情報を創出することによって著作物の利用の促進に資する特定の行為を行う者は、公衆への提供等（公衆への提供又は提示をいい、送信可能化を含む）が行われた著作物について、特定の行為の目的上必要と認められる限度において、当該行為に付随して、いずれの方法によるかを問わず、軽微な利用（当該公衆提供等著作物のうちその利用に供される部分の占める割合、その利用に供される部分の量、その利用に供される際の表示の精度その他の要素に照らし軽微な利用）を行うことができる旨を定める（第 1 項）。同条が適用される行為類型の一つとして「電子計算機による情報解析を行い、及びその結果を提供すること」が定められている（2 号）。ここでは「情報解析の結果を提供すること」が求められているところ、位置合わせ・トラッキングを情報解析と位置付けた場合、その結果を提供するといえるかが問題となる。この点、認識フェーズと表示フェーズ双方にわたる検討が必要となる。この点、仮想世界の AR コンテンツ及び現実世界の実体物たる他人の著作物を、AR の視覚ディスプレイ上で表示し提供することが最終的な目的であることを踏まえると、「作品全体の提示が、情報解析の『結果を提供すること』であるといえるかどうかについては疑問である」とする指摘がある[3]。同条は、情報解析及びその結果の提供という行為に付随する利用を、軽微利用等の要件を充足する限りにおいて、非侵害とするものであるため、仮想世界の AR コンテンツ及び現実世界の実物体たる他人の著作物を、AR の視覚ディスプレイ上に表示して提示することが翻案に該当する場合にまで、翻案権侵害を否定するものではないと考えられる。

1) 文化庁著作権課「デジタル化・ネットワーク化の進展に対応した柔軟な権利制限規定に関する基本的な考え方」6 頁〜 7 頁。
2) 文化庁著作権課・前掲注 1) 8 頁。
3) 関真也『XR メタバースの知財法務』（中央経済社、2022 年）118 頁。

Q51 現実の物を AR で表示するときの法的課題とは（著作権法関連）？

仮想世界の AR コンテンツと現実世界の著作物を、AR の視覚ディスプレイ端末の画面上に表示する際、著作権との関係ではどのような点に気をつけるべきでしょうか。

Point

複製権・翻案権の侵害にならないよう、いくつかの事項に留意すべきである。

1 AR のタイプと表示フェーズにおける AR の特性

ここでは、Q47 で紹介した AR の 4 タイプのうち、マーカー型を前提に検討する。この場合、現実世界の実物体たる他人の著作物をトリガーとして、仮想世界の AR コンテンツがあらかじめ用意されたサーバからダウンロードされ、光学透過型・ビデオ透過型いずれかの方式で、AR コンテンツと他人の著作物が、AR の視覚ディスプレイ上に表示された結果、現実世界では他人の著作物には何らの変化も加えられていないものの、視覚ディスプレイ上では、両者が重なることによる見え方の変化や他人の著作物の発信するメッセージへの何らかの影響が生じうる。

2 著作権法の抵触可能性

仮想世界の AR コンテンツと現実世界の著作物を、AR の視覚ディスプレイの画面上に表示する行為の著作権法上の取扱いを検討する際、まず、表示方式がポイントとなる。Q47 で紹介したように、AR 視覚ディスプレイの表示方式には、光学透過型、ビデオ透過型が存在する。前者は、ハーフミラーなどを用いて、映り込む仮想世界と透過して見える現実世界を同時に表示する方式である。後者は、カメラによって撮影された現実世界の映像上に、仮想世界の AR コンテンツを描画する方式であり、装着者の視

線方向とカメラの光軸方向を一致させて撮影した現実世界の映像上に、仮想世界の AR コンテンツを合成して表示することで実現される。

　前者の光学透過型では、現実世界に存在する実物体たる他人の著作物を有形的に固定することがないため、複製権は侵害せず、翻案権侵害のみが問題となり得る。

　後者のビデオ透過型では、AR の視覚ディスプレイ上の合成画像の一部として、他人の著作物を一時的にせよ有形的に固定する可能性が生じるため、理論的には複製権侵害が問題となり得る。もっとも、AR の視覚ディスプレイ上に AR コンテンツを表示することを主たる利用と捉え、他人の著作物を固定することは著作権法 47 条の 4 第 1 項により許容されると解する余地があるように思われる。さらに、リアルタイム性の高い AR であれば、合成画像も生成・表示されては瞬時に更新され、新規の合成画像に置換されていくことが予想されることから、複製と評価すべきでないとする指摘もある[1]。このため、ビデオ透過型においても、主に問題となるのは翻案権侵害であると考えられる。

3　AR の特性と翻案権侵害の成否

　翻案権侵害については、AR コンテンツの特徴として、現実世界の著作物そのものには何らの改変も加えられていないにもかかわらず、当該著作物の周辺に AR コンテンツを付加し、両者を組み合わせて同時に画面上に提示する行為が、当該現実世界の「著作物に依拠し、かつ、その表現上の本質的な特徴の同一性を維持しつつ、具体的表現に修正、増減、変更等を加えて、新たに思想または感情を創作的に表現することにより、これに接する者が既存の著作物の表現上の本質的な特徴を直接感得することのできる別の著作物を創作する行為」（江差追分事件最高裁判決）といえるか否かがポイントになると考えられる。

　ここで問題となるのは、同じ AR の視覚ディスプレイ上に表示されているとはいえ、もともと他人の著作物と AR コンテンツは独立した著作物であり、それが視覚ディスプレイ上に特定の見え方や位置関係に置かれていることによって、全体として新たな著作物と認められ、翻案行為があると認められるのか、という点である。

　この点、まず、素材の選択又は配列に創作性が認められれば、編集著作

物（著作権法 12 条 1 項）のように、全体として一個の著作物と認められる。また、ノグチ・ルーム事件決定[2]の「彫刻については、庭園全体の構成のみならず本件建物におけるノグチ・ルームの構造が庭園に設置される彫刻の位置、形状を考慮した上で、設計されているものであるから、谷口およびイサム・ノグチが設置した場所に位置している限りにおいては、庭園の構成要素の一部として上記の一個の建築の著作物を構成するものであるが、同時に、独立して鑑賞する対象ともなり得るものとして、それ自体が独立した美術の著作物でもあると認めることができる」とする判旨及び従前の裁判例を踏まえると、別個独立した著作物である作品は、相互の位置関係等によっては、同時に一体的な一つの著作物であると評価される余地がある。

　上記を踏まえると、もともと別個独立した著作物である他人の著作物とAR コンテンツについても、両者の選択と配列に創作性が認められれば、すなわち、両者を組み合わせとして選択し、かつ、AR の視覚ディスプレイ上の見え方、位置関係を考慮して配列することで、全体として新たな思想又は感情を表現する映像作品を創出した場合は、現実世界の他人の著作物に何ら改変を加えずとも、翻案行為があると認められる余地はあるように思われる。

4　視覚ディスプレイ上での見え方・位置関係の影響

　実務での AR コンテンツの検討に際しては、視覚ディスプレイ上での、現実世界の著作物と AR コンテンツの見え方、位置関係等について検討が必要である。まず AR コンテンツが他人の著作物を完全に覆い尽くす場合は、もはや他人の著作物の表現上の本質的な特徴を監督することはできないので、翻案権侵害は成立しないと考えられる。他方、常時両者の重なり合いが発生する場合や、基本的に重ならないものの、利用者側が移動する等の理由で、重なる瞬間が存在する場合は、翻案権侵害の成否を検討する必要があるといえる。

5　権利制限規定の適用可能性
(1)　著作権法 30 条の 4

　著作権法 30 条の 4 は、著作物に表現された思想又は感情の享受を目的

としない場合、著作権者の許諾がなくとも、方法を問わず著作物を利用できる旨定めている（詳細は Q50 2(1) 参照）。この点、翻案が成立している場合は、他人の著作物の表現上の本質的な特徴の同一性が視覚ディスプレイ上でも維持されていることに他ならず、当該特徴として表現された思想又は感情を享受させる目的が認められる可能性を否定するのは難しいようにも思われる。この場合、著作権法 30 条の 4 を適用するのは難しくなる。

他方で、翻案が成立しているということは、視覚ディスプレイ上の画像という新たな著作物が創出されているのだから、その新たな作品が表現する思想又は感情を享受させる目的があると言えるから、著作権法 30 条の 4 を適用する余地があるのではとする指摘も見られる。[3)]

(2) 著作権法 47 条の 4

著作権法 47 条の 4 は、電子計算機における利用に供される著作物は、当該著作物の電子計算機における利用を円滑又は効率的に行うために当該電子計算機における利用に付随する利用に供することを目的とする場合には、その必要と認められる限度において、いずれの方法によるかを問わず、利用することができる旨を定める。同規定は、主たる利用である視覚ディスプレイ上の画像の表示についてではなく、付随する目的での利用について、著作権侵害を否定するものである。このため、他人の著作物と AR コンテンツを視覚ディスプレイ上で表示して提示することが翻案に該当してしまう場合に、翻案権侵害を否定するものではないと考えられる。

(3) 著作権法 47 条の 5

著作権法 47 条の 5 は、電子計算機を用いた情報処理により新たな知見又は情報を創出することによって著作物の利用の促進に資する特定の行為を行う者は、公衆への提供等が行われた著作物について、特定の行為の目的上必要と認められる限度において、当該行為に付随して、いずれの方法によるかを問わず、軽微な利用を行うことができる旨を定める。Q50 2(3) で検討した通り、仮想世界の AR コンテンツ及び現実世界の実物体たる他人の著作物を、AR の視覚ディスプレイ上に表示して提示することが翻案に該当する場合にまで、翻案権侵害を否定するものではないと考えられる。

(4) 著作権法 32 条

　著作権法 32 条は、公表された著作物は、公正な慣行に合致するものであり、かつ、報道、批評、研究その他の引用の目的上正当な範囲内で行なわれるものであれば、引用して利用することができる旨を定める。実務上、その判断基準は揺れが見られるものの、明瞭区別性、主従関係性が基本的な判断要素であり、これに「公正な慣行」「正当な範囲内」の要件を加味して検討することになる。

　明瞭区別性については、AR の視覚ディスプレイの端末によって、認められやすさに差異が生じることが考えられる。スマートフォンをはじめとする携帯型端末であれば、端末の画面に映りこんでいる当該他人の著作物は、目の前に存在する現実世界に存在する他人の著作物そのものであり、同じ画面内に映し出された AR コンテンツないし AR コンテンツと当該他人の著作物とが一体となった作品とは容易に区別しやすい。これに対し、眼鏡型端末では、区別可能性がさほど明瞭とはいいにくい状況が想定される。

　主従関係性に関しては、場面によって異なるが、充足する余地はあると思われる。

　「公正な慣行」要件に関しては、AR コンテンツの関係で慣行が確立しているというには時期尚早といわざるを得ない。もっとも、裁判例は「公正な慣行が確立していない場合であっても、当該引用が社会通念上相当と認められる方法等によると認められるときは『公正な慣行に合致する』というべきである」としており[4]、従前の AR 以前の議論を踏まえて検討する余地はある。AR の特性上、遂行が難しい可能性があるのが出所表示である。「公正な慣行」要件に出所表示要件が含まれるかは議論があるところだが、慎重を期すのであれば、AR の世界観を崩さないよう工夫して、対応することを検討すべきだろう。

　「正当な範囲内」要件に関しては、「①引用の目的及び正当性、②引用の目的と引用された著作物との関連性、③引用された著作物の範囲及び分量、④引用の方法及び態様、⑤引用により著作権者が得る利益及び引用された側が被る不利益の程度」等を総合的に考慮して判断すべきとされている[5]。AR の視覚ディスプレイ上で他人の著作物と AR コンテンツを表示する場合、他人の著作物全体を利用することも多いため、本要件を満たすかは慎重な検討を要すると思われる。

　なお、著作権法 47 条の 6 第 1 項 2 号の文言を根拠として、引用される著作物について、翻案は許容されないのではないかとする指摘も見られるが、明確ではなく、議論の集積が待たれるところである[6]。

....

1)　関真也『XR メタバースの知財法務』（中央経済社、2022 年）111 頁。
2)　東京地決平成 15 年 6 月 11 日判例時報 1840 号 106 頁。
3)　関・前掲注 1）116 頁〜 117 頁。この見解では、さらに光学透過型とビデオ透過型の区別も影響する可能性を指摘する。
4)　東京地判令和 3 年 4 月 14 日裁判所 HP。
5)　東京地判令和 3 年 5 月 26 日裁判所 HP、東京地判令和 3 年 4 月 14 日裁判所 HP。
6)　関・前掲注 1）124 頁〜 126 頁。

Q52　現実の物を AR で「改変」することの法的課題とは？

　仮想世界の AR コンテンツと現実世界の著作物を、AR の視覚ディスプレイ端末の画面上に表示する際、著作権をクリアできれば、著作権法との関係での懸念は解消されたと考えて良いでしょうか。

Point

　著作権法では、著作権の他、著作者人格権を定めている。著作権と異なり、著作者人格権は譲渡ができず、また、権利制限規定の対象からも外れているため、著作権とは別途の検討・対応が必要となる。

1　著作者人格権とは

　著作権法では、著作者人格権として、公表権（著作権法 18 条 1 項）、氏名表示権（同法 19 条 1 項）、同一性保持権（同法 20 条 1 項）、名誉声望保持権（同法 113 条 11 項）を定める。著作権と異なり、著作者人格権は譲渡ができず（同法 59 条）、また、権利制限規定の対象からも外れているため（同法 50 条）、著作権とは別途の検討・対応が必要となる。以下では権利ごとに対応を検討する。

2　公表権

　「公表権」とは、公表されていない著作物について、公表するかどうか、公表する場合はいつ、どのような方法・条件で公表するかを決定できる権利のことをいい、著作者に無断で公衆に提供し、又は提示した場合、公表権侵害となる（著作権法 18 条 1 項）。例外として、著作者の許諾があったと推定又はみなされる場合は、許容される（同条 2 項）。たとえば、AR の産業利用の場合、社外秘の未公表の著作物が、AR コンテンツとして取り込まれて公表されたりすることがないよう注意が必要となる。

3 氏名表示権

「氏名表示権」とは、著作物の原作品に、あるいは著作物を公表するに際し、著作者名を表示するかどうか、表示する場合には実名で表示するか、あるいはペンネーム等で表示するかを決定できる権利をいう（著作権法 19 条 1 項）。例外として、著作物の利用の目的及び態様に照らし著作者が創作者であることを主張する利益を害するおそれがないと認められるときは、公正な慣行に反しない限り、省略することができる（同条 3 項）。この例外の適用の検討が必要になる場面としては、デジタルツインや AR クラウドのような、デジタルデータ化の対象となる著作物の数が相当数にわたる場面であろうと指摘されている。[1]

この例外の適用を肯定した従前の裁判例では、以下の点が認められるポイントとされており、AR の文脈でも同様の議論が可能と考えられる。

・一般に著作者の氏名を表示しないのが通例といえるか[2]

・対象物のほとんどの部分について、複製権・翻案権侵害のいずれも成立しないといえるか[3]

4 同一性保持権

「同一性保持権」とは、著作者が、その著作物及びその題号の同一性を保持する権利をいい、著作者はその意に反してこれらの変更、切除その他の改変を受けないものとされる（著作権法 20 条 1 項）。ただし、著作物の性質並びにその利用の目的及び態様に照らしやむを得ないと認められる改変（同条 2 項 4 号）等に該当する場合は、例外的に許容される。

AR の特性上、現実世界の実物体たる他人の著作物に何らの改変を加えない場合に、同一性保持権侵害が成立しうるかが問題となる。この点、国語テスト事件判決[4]が「言語の著作物である本件各著作物と挿絵や写真は、それぞれ別個の著作物であるから、挿絵や写真がなければ著作者の文字による思想や又は感情の表現が不完全になるとか、著作者が文字による表現を視覚的表現によって補う意図で自ら挿絵や写真を挿入するなど、文字による表現と挿絵や写真とが不可分一体で分離できない場合に、挿絵や写真を挿入することにより、文字によって表された思想又は感情の創作的表現の同一性を損なわせるなどの特段の事情がない限り、同一性保持権の侵害には当たらない」とする点や、「希望の壁」事件判決[5]が「中自然の森から

Q52　現実の物を AR で「改変」することの法的課題とは？

カナルを通った水が花渦で吸い込まれ、そこから旧花野（新里山）へ循環するという本件庭園の基本構想は、本件工作物の設置場所付近では感得しにくい状態とな」り、また、巨大な本件工作物が設置されることによって「本件庭園の景観、印象、美的感覚等に相当の変化が生じる」ことから、「本件工作物の設置は、本件庭園に対する改変に該当する」とする点を踏まえて、現実世界の著作物そのものには何らの改変も加えられていなくとも成立の余地があるのではないかとする指摘がある[6]。

　現実世界の著作物そのものには何らの改変も加えられていなくとも、同一性保持権侵害が成立する余地があるとしても、AR 利用すべての場合について一律に考えるのは妥当とは言い難い。**Q51** の 4 で翻案権侵害の成否について検討したのと同様に、AR コンテンツが他人の著作物を完全に覆い尽くす場合は、もはや他人の著作物の表現上の本質的な特徴を感得することはできないので、同一性保持権侵害は成立しないと考えられる。他方、常時両者の重なり合いが発生する場合は、同一性保持権侵害の成否を検討する必要があるといえる。

　また、AR では、ユーザー（AR コンテンツの視聴者）がカメラを構える位置や姿勢によって、トラッキング・位置合わせがなされることによって、視覚ディスプレイ上の位置関係も含めて、他人の著作物と AR コンテンツの見え方も変わってくる場合が多い。この場合、位置や姿勢を変えることで、他人の著作物全体を見ることができる状態を回復できることから、同一性保持権侵害は認められづらくなるように思われる。

　加えて、「他人の著作物部分と AR コンテンツ部分とを明瞭に区別して認識することができ（適切に出所を表示することは、この区別をより明瞭にすることができる）、また、当該著作物部分から理解される意味に実質的な変更が認められる場合には、同一性保持権侵害が否定される可能性が高いと考えることができる」とする指摘もあり[7]、その裏付けとして、ツイートを引用して批評した書籍に関して、書籍に引用する際にハッシュタグ部分の「#kutoo」を、大文字小文字のみ変更して「#KuToo」と表記したことにつき、「誤記であると認めるのが相当であり、その意味に実質的に変更はない上、本件書籍の読者も『#kutoo』を『#KuToo』と表記することにより、本件ツイートの意味内容を誤解することはない」として同一性保持権侵害の成立を否定した裁判例[8]や、「白血球が 2000 以下で」と記事に記載さ

れている箇所を「白血球が200以下で」とホームページに記載したことにつき、「転記の際の明らかな誤記と認めるのが相当であり、また、医学的常識に基づいて被告ホームページを読めばそれが誤記であることは明らかに理解し得るところであるから、その誤記によって本件記事の内容を改変したものとは認められない」として、当該誤記については同一性保持権侵害の成立を否定した裁判例[9]ほかが紹介されている。この見解を前提とすると、Q51で述べたように、スマートフォンをはじめとする携帯型端末であれば、端末の画面に映りこんでいる当該他人の著作物は、目の前に存在する現実世界にと存在する他人の著作物そのものであり、同じ画面内に映し出されたARコンテンツないしARコンテンツと当該他人の著作物とが一体となった作品とは容易に区別しやすい。これに対し、眼鏡型端末では、区別可能性がさほど明瞭とはいいにくい状況が想定されることから、AR端末の種類も、同一性保持権侵害の成否に影響する可能性があるといえるだろう。

5　名誉声望保持権

「名誉声望保持権」とは、著作者の名誉や声望を害する方法により著作物を利用することを禁止できる権利をいう（著作権法113条11項）。ここでいう「著作者の名誉声望とは、著作者がその品性、徳行、名声、信用等の人格的価値について社会から受ける客観的な評価をいい、人が自己の人格的価値について有する主観的な評価は含まれない」と解釈されており[10]、また名誉声望を「害する方法により著作物を利用する」とは「社会的に見て、著作者の創作意図や著作物の芸術的価値を害するような著作物の利用行為」と解釈されている[11]。

たとえば、Q47の2で述べたような、スマートフォンのカメラで歴史上の偉人の彫像を撮影して、ARアプリに取り込み、偉人名を認識させたうえで、アプリ上で美少女化された同じ偉人の3Dモデルを表示させ、彫像と色々な角度から並んで記念撮影（スクリーンショット）させたりする行為は、彫像の著作者の心情的には反発が出てくる可能性はあるものの、客観的評価として「著作者の創作意図や著作物の芸術的価値を害する」といえるかは慎重な検討が必要と思われる。

....

1)　関真也『XR メタバースの知財法務』（中央経済社、2022 年）44 頁。
2)　参考裁判例：大阪地判平成 17 年 1 月 17 日判例時報 1913 号 154 頁。
3)　参考裁判例：東京地判平成 27 年 2 月 25 日裁判所 HP。
4)　東京地判平成 18 年 3 月 31 日判例タイムズ 1274 号 255 頁。
5)　大阪地裁判平成 25 年 9 月 26 日判例時報 2222 号 93 頁。
6)　関・前掲注 1) 126 頁〜 130 頁。
7)　関・前掲注 1) 131 頁。
8)　東京地判令和 3 年 5 月 26 日裁判所 HP。
9)　東京地判平成 22 年 5 月 28 日裁判所 HP。
10)　知財高判平成 29 年 11 月 30 日裁判所 HP。
11)　東京地判平成 26 年 9 月 12 日裁判所 HP。

Q53　現実の物を AR で表示するときの法的課題とは（商標法関連）？

　現実世界のブランド品をトリガーに、AR アプリ上で競合ブランドを表示する場合、商標法上、どのような点に気をつけるべきでしょうか。

Point

　現実世界のブランド品と、AR アプリ上で競合ブランドの商標を重ねて表示することによって商標権を侵害するかについては、AR と現実との結びつきや AR 端末の形態や表示態様が影響してくると考えられる。また、物理的な商標をトリガーに AR 広告を再生する場合については、別途検討の必要がある。

1　現実世界のブランド品と、AR アプリ上で競合ブランドの商標を重ねて表示する場合

（1）AR の特性と問題の所在

　たとえば、現実世界のブランド靴をスマートフォンで撮影すると、AR アプリ上で競合ブランドの商標が、ブランド靴を覆い隠すように AR コンテンツとして表示される場合、これは商標権侵害と取り扱われるのだろうか。現実世界と仮想世界の融合である AR では、現実世界の実体物に仮想世界の AR コンテンツとしての商標を物理的に貼付したり刻印したりすることはできない。このため、従前の商標の「使用」の枠内に収まるとはいえないのではないか、という疑問が生じてくる。

　商標権侵害の成否の判断においては、登録された商品又は役務について商標を「使用」しているか否かが問題となる。AR の視覚ディスプレイ上で商標を「使用」する行為として想定されるのは、商品に標章を付したものを、電気通信回線を通じて提供する行為（商標法 2 条 3 項 2 号）に該当する場合である。ここでは、物理的に貼付や刻印できなくても「標章を付」するといえるかが問題となる。さらに、「商標としての」使用と認め

られるためには、自他商品の識別機能としての機能を果たす態様で使用されていること（識別機能）が必要であるため、AR でもこれを充足できるかも問題となる。

(2)「標章を付」する行為

「標章を付する行為」とは、「標章が自他商品識別標識として機能し得るように、商品と標章を密接に結び付ける行為」のことをいうと解されており[1]、物理的に貼付することまでは必ずしも必要なく、少なくとも、商品と標章が一体となって視認される結果となり、当該標章が識別機能を発揮するようになっている場合には、該当しうると解されている[2]。AR 利用でいえば、視覚ディスプレイ上で、現実世界の実物体である商品に、AR コンテンツとしての標章が覆い被さることで、何らかの結びつきが認められ、当該標章が当該商品の出所識別標識として認識されるようになっている場合は、「標章を付する行為」に該当することになる。

　本来次元の異なる世界の存在である、仮想世界の AR コンテンツが、現実世界の商品の出所識別標識として認識されるような結びつきが認められるのはどのような場面だろうか。まず、視覚ディスプレイ上、標章が当該商品に紐付けられた標章であることをうかがわせるような位置関係にあることが必要と考えられる。この点、AR によっては、ユーザー（AR コンテンツの視聴者）の位置や端末のかざし方によって、見え方や位置関係が大きく変わるものもありうるが、その場合でも、標章は商品から離れないように設定されている必要があるように思われる。次に、偶然商品がその位置にあったから、標章が表示されたというケースについては、結びつきを認めるべきではないように思われる。言い換えれば、特定の商品に位置指定マーカーを貼り付けておくケースや、特定の商品の画像をフリーマーカーとして登録しておくケースで、これらのマーカーを検知した場合、あるいは画像認識で商品の形状から商品を特定できるようセッティングしておき、実際に特定商品の存在を検知した場合に、あらかじめ紐付けて登録しておいた標章が商品に重なるように表示されるような場合には、結びつきが認められ得るように思われる。

（3）出所識別機能

　商標法 26 条 1 項 6 号は、「標章を付する行為」が認められても、需要者によって、当該標章が、何人の業務に係る商品又は役務であることを認識することができる態様により認識されていない場合は、商標権侵害が成立しない旨を定めているため、AR 利用においても、このような態様により認識されているといえるかが問題となってくる。

　この点は、AR 端末のタイプも影響してくる可能性がある。スマートフォンをはじめとする携帯型であれば、ユーザー自身が現実世界の商品にスマートフォンのカメラをかざして、AR アプリ内の AR コンテンツを呼び出すことが想定される。この場合、当該ユーザーは、現実世界の商品に貼付・刻印された商品本来の標章や、商品棚のポップその他の商品紹介を認識した上で、AR アプリを起動させていると考えるのが合理的であるから、AR の視覚ディスプレイ上で当該商品に重なる AR コンテンツの標章を目にしても、当該商品の商標であると混同するリスクは小さいものと整理しやすい。他方、眼鏡型のように現実世界の商品の様子が見えない状況であれば、商品本来の標章等を認識できないまま、AR の視覚ディスプレイ上で当該商品に重なる AR コンテンツの商標を目にすることになるため、これが当該商品の商標であると混同するリスクは大きくなり易いと整理できるだろう。

（4）侵害主体とプラットフォームの責任

　なお、AR コンテンツの起動につながる端末の操作を行っているのはユーザーであるが、「標章を付する行為」の主体は、現実世界の商品をトリガーとして、仮想世界の AR コンテンツを表示させるべく、登録した者と考えるのが妥当だろう。このような登録がなされなければ、ユーザーが現実世界の商品に向けて AR 端末をかざしたところで、当該 AR コンテンツたる商標が呼び出され表示されることはなく、「標章を付する行為」を実質的に行っていると評価しうるためである。このため、商標権侵害が認められた場合は、この登録者が主体として責任を問われることになるだろう。

　当該登録者が AR プラットフォームの機能を利用してこのような登録をしている場合でも、登録者が主体として責任を問われることには変わりは

ないが、プラットフォーム提供事業者の責任は別途検討の必要が生じる。従前の商標権侵害についてプラットフォーム提供事業者の責任が問われた裁判例として知られる、検索エンジンにおける検索結果表示画面に掲載された「石けん百貨」等の標章を表示した広告に、自らが運営するインターネットショッピングモールで扱われている商品のリスト表示画面をハイパーリンク先として設定する行為が、商標権を侵害するものであるとして、検索エンジン運営事業者の責任を問うた「石けん百貨」事件[3]、他人の商標と同一の標章を付した商品を、ウェブページのショッピングモールにて出店者が展示（出品）・販売していた行為が、商標権を侵害する者とであるとして、ショッピングモールの運営事業者の責任を問うた「チュッパチャプス」事件[4]を踏まえると、このような登録行為を「自らの行為として認容」していたような場合は、AR プラットフォーム提供事業者の責任が問われる可能性がある。もっとも、そのような状況が裁判所によって認定されるのは困難な条件を伴う可能性がある。

2　物理的な商標をトリガーに AR 広告を再生する場合

　AR では、他人の物理的な商標をトリガーに AR 広告を再生することが可能であるのを利用して、実際に、海外では、ハンバーガーチェーン事業者が、ライバル会社の広告を、ユーザーがスマートフォンのカメラで撮影すると、AR アプリ内で当該広告がめらめらと燃え上がり、燃え尽きると、ハンバーガーチェーン事業者のクーポンチケットが表示されるという、刺激的なキャンペーンも登場している。

　この場合、現実世界の商品に貼付・刻印されている商標は、トリガーとして機能するだけで、AR の視覚ディスプレイ上は登場しないので、問題となるのは、他人の商標の顧客誘引力にただ乗りして、自社商品の AR 広告に誘導することを目的として、当該登録商標及び当該 AR 広告の登録をすることが、商標権侵害に該当しないかという点である。

　この点、他人の商標の顧客誘引力にただ乗りして、自社商品の広告に誘導するという点では、検索連動型広告と共通しているが、検索連動型広告では、広告文の登録という広告主の行為がない限り、他人の登録商標を含む広告が検索結果画面で表示されることはないのに対し、AR 広告の場合は、他人の登録商標はもともと視認できる状態から出発している、という

大きな差異がある。この点を重視すれば、AR 広告主による商標権侵害は成立しないと整理しやすいだろう。

　他方、自社商品の AR 広告に誘導することを目的として、当該登録商標及び当該 AR 広告の登録をすることにより、すでに現実世界の他人の商品に貼付・刻印されている他人の商標に、広告主の商品の出所識別機能を新たに付与しているのだから、これを規範的に「標章を付する」行為と評価できるのであれば、商標権侵害は成立すると考える余地はあるのではないかとも指摘されており、両論あり得るところである[5]。

　このような議論状況を踏まえると、実際に他人の商品に貼付・刻印された商標をトリガーとして AR 広告を行うに際しては、他人の商品と AR 広告の商品の提供者が無関係であることをわかりやすく表示するよう、AR 広告の表示の仕組み等を工夫するのが望ましいといえる。

1)　小野昌延＝三山峻司編『新・注解商標法【上巻】』（青林書院、2016 年）113 頁。
2)　特許庁総務部総務課制度改正審議室編『産業財産法の解説　平成 14 年改正』（発明協会、2002 年）47 頁。
3)　大阪高判平成 29 年 4 月 20 日裁判所 HP。
4)　知財高判平成 24 年 2 月 14 日判例時報 2161 号 86 頁。
5)　関真也『XR メタバースの知財法務』（中央経済社、2022 年）227 頁〜 228 頁。

Q54　XR における広告・宣伝の法的課題とは？

　現実世界を再現した仮想世界において、看板だけ差し替えて、新たな広告・宣伝を行うことは問題あるでしょうか。あるいは、AR 広告が、現実世界の広告を阻害するような表示をすることは問題あるでしょうか。また、有名人の画像を AR 広告に利用することは問題があるでしょうか。

Point

　現実世界を再現した仮想世界において、看板を差し替えることは、紛争を招く可能性がある。AR 広告が、現実世界の広告を阻害するような表示をする場合、阻害された広告を巡る環境によっては、損害賠償責任が認められる可能性が理論的には考えられる。

1　仮想世界（VR・AR）における看板の差替え

　バーチャルな看板の差替えは、われわれはすでに日常的に目にしている。海外のスポーツイベントの中継映像で、選手の背景に設置された看板が日本語で書かれていることに違和感をもったことはないだろうか。日本語がわからない海外のイベント観客に、日本語の看板を提示しても広告効果は期待できないのではないだろうか、という疑問である。実は、これらの看板は現地で見ると現地語で書かれており、日本語の看板は中継映像の中にしか存在しない、バーチャルな看板である。このようなバーチャルな看板の差替えは各所で見られ、とりわけ現実世界の街並みでロケするような映像作品では、権利関係のトラブルを防ぐ観点から、あるいは新たなビジネスの機会を得る観点から、看板の差替えが実務上行われている。このことが紛争になってしまったのが、米国の映画「スパイダーマン」の事案である。同映画において、ニューヨークのタイムズスクエアその他の建物とそこに設置された看板広告が背景に写り込むのだが、この際、現実世界の広告は排除され、対価を支払った広告主の看板に差し替えられていた。これ

に対し、現実世界の広告主が商標権（トレードドレス）侵害等を主張して、映画会社を提訴したものである。第 1 審判決は、もともと現実世界の当該建物の広告自体頻繁に変更されていたこと、映画内の広告の差し替えがあったからといって、出所の混同があったとは認められてないとして、広告主の訴えを退け、控訴審判決もこれを指示した。

2　AR 広告による、現実世界の広告妨害トラブル

　AR 広告では、とりわけ眼鏡型端末を装着している場合、現実世界の広告を、AR 広告があたかも上書きするかのように表示され、結果として、現実世界の広告が、装着者の視界から消えてしまう状況が発生しうる、という特殊性がある。このようなトラブルが生じた場合、影響を受けた広告主は何か法的な権利を主張できるだろうか。

　現実世界において、既存の広告が、隣地あるいは近隣の建物や工事、看板の設置によって、視認性が下がった場合、実務上の一般的なルールとしては、隣地あるいは近隣の不動産の所有者あるいは、実際に管理・運営している者は、相互の利用調整のため、周囲の状況変化をある程度受忍せざるを得ないとされている。もっとも既存の広告主が全く権利侵害を主張できないというわけではなく、「特定の場所が、広告の眺望という観点から一定の価値を有するものと評価され、これを広告表示者において享受することが社会通念上独立した利益として承認されるだけの実質的な意義を有するものと認められる場合」は、例外的に法的保護の対象となると考えられている。[1]

　これまでの裁判例を見ても、結論が分かれている。公道沿いの歩道に面したビルに設置された看板が、同じ歩道上に後発的に設置されたエレベーターの出入り口によって、隠されてしまったという事案では、裁判所は、位置を考えるとエレベーターが設置される可能性は想像に難いものではない、として法的保護の対象外と位置づけた。[2]他方、道路上から目立つ道路脇の広告看板を、高い広告効果の期待の下、長年にわたり有償で維持していた広告主が、当該看板について有する権利は法的保護の対象となり得ると裁判所は述べている。[3]もっとも、結論としては、広告主である原告の訴えは認められなかった。その理由として裁判所は、①建物の所在地等の事情からして、広告主は、周辺に中高層建物が建築され、看板の観望が阻害

される事態の発生を予測していたものと推認されること、②広告主に対する外圧があったとは認められないこと、③当該看板が全く見えなくなったわけではないこと等を挙げている。

　それでは、AR 広告によって妨害される場合に、妨害される側の広告主の権利は法的保護の対象となるだろうか。AR 広告への社会の認識や AR 広告の影響範囲等を考慮する必要があると思われる。AR 広告自体新規のものであり、現時点では、AR 広告によって、自身の広告看板が影響を受ける可能性があるとは想像もしていなかった広告主が大半であると考えるのが合理的である。このため、上記の裁判例で、権利保護の方向で働くファクターとして指摘されている、後日隣地・近隣に自身の広告看板を阻害するような建物や工事、看板が設置される可能性を予測できた等の事情が認められる可能性は低い。

　他方で、AR 広告の影響範囲は、AR の視覚ディスプレイ上でしか発生せず、影響を受けるのは AR 端末のユーザーのみであり、非常に限定的である。加えて、AR 端末のタイプが携帯型（スマートフォン等）の場合は、ユーザーは、端末外の景色を容易に見ることができ、端末外では AR 広告の影響はゼロであるから、侵害の程度もかなり低いと言わざるを得ない。AR 広告による他人の広告の妨害については、上記を含めた各ファクターを踏まえた、個別の事案ごとの検討が必要となる。

3　有名人画像を AR 広告に利用する場合

　有名人画像を AR 広告に利用する典型的なケースとして想定されるのは、有名人のブロマイドをスマートフォン端末で撮影すると、AR アプリ内で当該有名人の着用している衣装のバーチャル情報を表示するというものである。このような有名人の肖像等を利用した AR 広告を作成・提供する行為は、いわゆるパブリシティ権に抵触しないだろうか。

　日本国内の実務では、タレント、俳優、モデル、スポーツ選手その他の有名人の氏名、肖像等は、商品の販売等を促進する顧客吸引力を有する場合があり、この、自己の氏名・肖像から生じる経済的利益ないし価値を排他的に支配する権利（つまり無断で第三者に使わせない権利）が「パブリシティ権」として、以下の場合に保護される[4]。

　・肖像等それ自体を、独立して鑑賞対象となる商品等として使用する場

合

・商品等の差別化を図る目的で肖像等を商品に付する場合

・肖像等を商品等の広告として使用する場合

　これまで AR 広告についてパブリシティ権侵害について判断した裁判例は見られないものの、特に区別して取り扱う理由は見当たらないため、従前と同様の基準によって判断されると思われる。具体的には、著名人の肖像の位置付け、利用される肖像の大きさ、肖像以外のコンテンツの種類、AR 広告ごとの具体的な情報を勘案して、「専ら肖像等の有する顧客誘引力の利用を目的とする」ものかを判断していくことになることが予想される。

....

1）　東京地判平成 17 年 12 月 21 日判例タイムズ 239 号 245 頁、東京地判平成 26 年 6 月
　　6 日 2014WLJPCA06068004。
2）　東京地判平成 26 年 6 月 6 日 2014WLJPCA06068004。
3）　東京地判平成 17 年 12 月 21 日判例タイムズ 239 号 245 頁。
4）　最判平成 24 年 2 月 2 日最高裁判所民事判例集 66 巻 2 号 89 頁。

執筆者紹介

中崎　尚（なかざき・たかし）

≪略歴等≫

　東京大学法学部卒業、2001年弁護士登録・アンダーソン・毛利法律事務所（当時）入所、2008年米国コロンビア大学ロースクール修了（LL.M.）、2009年夏まで米国ワシントンD.C. のArnold & Porter法律事務所に勤務。アンダーソン・毛利・友常法律事務所に復帰後は、インターネット・IT・システム関連を中心に、ビッグデータ、プライバシー、知的財産権法、クロスボーダー取引を幅広く取り扱う。個人情報保護委員会の各種制度調査を担当。

　日本国際知的財産保護協会（AIPPI Japan）編集委員、総務省「スマートフォン時代における安心・安全な利用環境の在り方に関するWG」委員、経産省おもてなしプラットフォーム研究会委員、経産省IoTデータ流通促進研究会委員、経産省AI・データ契約ガイドライン作業部会委員、経産省ブロックチェーン法制度検討会委員、内閣府知的財産戦略本部メタバース上のコンテンツ等をめぐる新たな法的課題への対応に関する官民連携会議構成員。

≪主な著書等≫

　「激変するAI周辺のルール、EUのAI規制法案とは？」知財ぷりずむ229号（2021年）、「連載：新技術と法の未来「第1回　仮想空間ビジネス」（座談会）」ジュリスト1568号（2022年）、「新たなカタチのコンテンツと知財〜NFT、XR（AR、VR）とメタバース〜」NBL1221号（2022年）、「仮想空間（メタバース）での取引における法律問題」法律のひろば75巻7号（2022年）、「Initiatives to Boost Data Business in Japan」ICLG: Data Protection（2022年）、「メタバースと法（第1回）総論—メタバースと法」NBL1223号（2022年）、「メタバースと法（第4回）メタバースとデータおよびセキュリティ」NBL1229号（2022年）、「メタバース・ビジネスの最新動向と実務における法的課題　〜金融規制・経済取引を中心に〜」（主催）株式会社セミナーインフォ（2022年11月）、「AI OU：how AI and machine learning are transforming everyday lives」（主催）The International Bar Association（2023年1月）、「メタバース法務と想定される課題　－改正法の施行に向けて対応すべきこと－」（主催）株式会社FNコミュニケーションズ（2023年3月）

Q&A で学ぶメタバース・XR
ビジネスのリスクと対応策

2023年 3 月31日　初版第 1 刷発行

著　者　中　崎　　　尚

発 行 者　石　川　雅　規

発 行 所　株式会社 商 事 法 務
　　　　　〒103-0027 東京都中央区日本橋 3-6-2
　　　　　TEL 03-6262-6756・FAX 03-6262-6804〔営業〕
　　　　　TEL 03-6262-6769〔編集〕
　　　　　https://www.shojihomu.co.jp/

落丁・乱丁本はお取り替えいたします。　　印刷／広研印刷㈱
© 2023 Takashi Nakazaki　　　　　　　　Printed in Japan
　　　　　　　　Shojihomu Co., Ltd.
　　　　ISBN978-4-7857-3025-3
　　　＊定価はカバーに表示してあります。

JCOPY ＜出版者著作権管理機構　委託出版物＞
本書の無断複製は著作権法上での例外を除き禁じられています。
複製される場合は、そのつど事前に、出版者著作権管理機構
（電話 03-5244-5088、FAX 03-5244-5089、e-mail: info@jcopy.or.jp）
の許諾を得てください。